Tüpker / Hippel / Laabs (Hg.)
Musiktherapie in der Schule

Rosemarie Tüpker
Natalie Hippel
Friedemann Laabs (Hg.)

Musiktherapie in der Schule

zeitpunkt musik
Reichert Verlag Wiesbaden 2005

Umschlagabbildung: Farbenwelle (Danny Huber)
Zeichnungen im Buch: Manfred Kühn

Bibliografische Information Der Deutschen Bibliothek
Die Deutsche Bibliothek verzeichnet diese Publikation in der Deutschen Nationalbibliografie; detaillierte bibliografische Daten sind im Internet über http://dnb.ddb.de abrufbar.

Gedruckt auf säurefreiem Papier
(alterungsbeständig – pH 7, neutral)

Dr. Ludwig Reichert Verlag Wiesbaden 2005
www.reichert-verlag.de
ISBN: 3-89500-471-5

Printed in Germany

Der Mensch ist nichts Festes,
Gewordenes und Fertiges,
nichts Einmaliges und Eindeutiges,
sondern etwas Werdendes,
ein Versuch, eine Ahnung und Zukunft,
Wurf und Sehnsucht der Natur
nach neuen Formen und Möglichkeiten.

Hermann Hesse
(Krieg und Frieden)

In allen Fallbeispielen sind die Namen der Kinder und Jugendlichen sowie andere persönliche Merkmale so verändert, dass die Anonymität gewahrt bleibt. Aus demselben Grunde sind die Namen der Schulen nicht genannt.

INHALT

Vorwort

Wenn Schulkinder leiden, so leidet immer auch die Schule: Das eigene Lernpotential ausschöpfen kann ein Kind nicht mehr, wenn es allzu sehr mit inneren Konflikten beschäftigt ist. Unbewusste Wirkmechanismen setzen da andere Prioritäten als sich curricular planen lässt: Vormittags Rechnen lernen und nachmittags traurig sein, weil die Eltern sich trennen, wäre vielleicht vernünftig, geht aber nicht. Existentielle Konflikte haben immer Vorrang. Und was für ein Kind, für einen Jugendlichen existentiell ist, entscheiden nicht die Erwachsenen. Und auch das Kind selbst hat das meist nicht in der Hand. Wenn die Selbstbehandlungsmöglichkeiten, die ein Kind mit seiner Familie und den alltäglichen Beziehungen seines Umfeldes hat, versagen, so versagt es meist auch in der Schule. Das kann sich in der Lernleistung zeigen, im sozialen Verhalten, in der Unlust auf Schule oder in konkreten (Krankheits-)Symptomen. Oder es zeigt sich darin, dass die Schule anfängt an dem Kind zu leiden, weil es aufsässig wird, störend, unbelehrbar und unlenksam. Dann leiden auch die LehrerInnen und die Klasse; es entsteht ein ungünstiger Kreislauf zum Nachteil Aller und Schule wird zu einem unwohnlichen Ort.

‚Musiktherapie in der Schule' ist ein Versuch, solche entmutigenden Kreisläufe zu unterbrechen und Schule für Kinder und Jugendliche zu einem Ort zu machen, an dem auch Auswege erfahrbar werden: eigene, besondere, individuelle, originelle Wege, von einem verstehenden Erwachsenen begleitet und unterstützt durch die Musik als einer Sprache der Gefühle, des Nicht-Sagbaren oder Un-Erhörten. Davon handeln die verschiedenartigen Fallbeispiele in diesem Buch.

Sie zeigen zugleich verschiedene Formen musiktherapeutischen Arbeitens in der Schule: solche, die eine Nähe zu Unterrichtsformen beinhalten, weil die besonderen Bedingungen einer Sonderschule und eine kleine Klassengröße dies erlauben (Guth), solche, die neu geschaffene Formen eines erweiterten Schulangebotes nutzen (Boß, Laabs, Paduch) und solche, für die ein neues spezielles Setting im Schulalltag geschaffen wurde (Klein, Sproten, Menebröcker). Die Suche nach Formen, die dem schulischen Alltag angemessen sind, spiegelt sich auch in den verschiedenen Begriffen der Angebote (Musiktherapie, musiktherapeutische Förderung, Improvisieren, Wegbegleitung...) und in der methodischen Verortung des eigenen Arbeitens (psychoanalytisch orientiert, morphologisch, erlebnisorientiert...). Einen Überblick über den Diskurs solcher Verortungen in der musiktherapeutischen Literatur gibt der einleitende Artikel von Natalie Hippel, in dem auch allgemeine Fragen des Spannungsfeldes Pädagogik – Therapie diskutiert werden. Noch einmal wird die Frage nach den Schwerpunkten von Musiktherapie und Musikpädagogik im Spiegel der Ausbildungserfahrung in dem Artikel von Rosemarie Tüpker beleuchtet.

‚Musiktherapie in der Schule' ist immer mit der übergeordneten Frage konfrontiert, ob und in welcher Form Therapie in die Schule gehört. Der Diskurs dieser Frage spielt in den hier vorgelegten Aufsätzen eine wichtige Rolle und bricht sich in konkreten Differenzierungen (Rollenkonflikte, Schweigepflicht, Freiwilligkeit, Kooperation mit Lehrern und Eltern etc.). Die einzelnen Beiträge zeigen hier durchaus unterschiedliche Lösungswege. Als Gemeinsamkeit lässt sich eher die Notwendigkeit einer sorgfältigen und wiederholten Reflexion hinsichtlich der Planung des Settings und der Rahmenbedingungen herausstellen als dass hier end-gültige Antworten gegeben werden sollten.

Musiktherapie an Schulen war – in Deutschland – bisher weitgehend ein Privileg der sogenannten Sonderschulen. Im ersten Teil des Buches soll aufgezeigt werden, wie Musiktherapie auch an Regelschulen ein Angebot schaffen kann, welches durch seine Erlebnis- und Handlungsnähe von Kindern und Jugendlichen gut aufgegriffen und sehr individuell genutzt werden kann. Ergebnisse einer Lehrerbefragung (Menebröcker in Hippel) zeigten – entgegen allen „Unkenrufen" – dass auch Lehrerinnen und Lehrer von Regelschulen sich durchaus therapeutische Hilfe für ihre Schülerinnen und Schüler wünschen – und zwar *in* der Schule. Sie spüren und kennen die Not ihrer SchülerInnen, können ihr aber mit den erlernten methodischen Mitteln und unter den gegebenen Rahmenbedingungen, vor allem den zu großen Klassenverbänden, nicht so begegnen, wie sie dies gerne täten. Die musiktherapeutischen Erfahrungen an Regelschulen zeigen, wie sich eine solche Hilfe in der Schule und in Kooperation mit den Lehrern organisieren lässt.

Die Zusammenarbeit an diesem Buch entstand aus der Studiengemeinschaft im Zusatzstudiengang Musiktherapie der Universität Münster. Die AbsolventInnen dieses Studiengangs sind als (Musik-)LehrerInnen und MusiktherapeutInnen ausgebildet. Sie haben damit selbst einen Weg durchschritten, der mit Schule begann, eine persönliche Suche nach neuen Wegen im Umgang mit Musik und mit Kindern und Jugendlichen beinhaltete und schließlich das Gefundene wieder in die Schule zurückbringen möchte. Nicht unerheblich ist auch die Tatsache, dass für die meisten andere umfassende Lebenserfahrungen Teil dieses Weges sind, durch die auch die außerschulische Perspektive (etwa die von Eltern) auf das Leiden von Kindern *in und an* Schule das Empfinden der Notwendigkeit therapeutischer Angebote an Schulen verstärkte.

Dieses Buch versteht sich als ein Anfang und es versteht sich als Kooperationsangebot an alle diejenigen, die sich für eine Schule einsetzen, in der Kinder und Jugendliche alltagsnah und ohne Ausgrenzung Hilfe erfahren können, bevor Probleme sich anhäufen, verfestigen oder zuspitzen. Die aktuelle Umorganisation des schulischen Alltags könnte die Chance beinhalten, das Erfahrungspotential der künstlerischen Therapien für die Schule zu nutzen, um Lernen und persönliche Entwicklung besser miteinander zu harmonisieren. Musik kann dabei helfen, nicht weil sie so schön harmonisch ist, sondern gerade *weil* sie Dissonanzen und Unausgewogenes, Schrilles und Extremes aushalten und fassen kann, und zur anderen Seite hin dem Tonlosen, Überhörten oder Verschwiegenen eine Stimme verleiht.

Rosemarie Tüpker
Natalie Hippel
Friedemann Laabs

Musiktherapie in der Schule – nur ein Wunschgedanke?

Natalie Hippel

Die Idee für das vorliegende Buch entstand bei einem Treffen ehemaliger und aktuell Studierender des Zusatzstudiengangs Musiktherapie der Universität Münster. Um in Münster Musiktherapie studieren zu können, ist das Erste Staatsexamen für Lehramt mit Hauptfach Musik Zugangsvoraussetzung[1]. Dies bedeutet, dass ausgebildete Musikpädagogen, häufig mit jahrelanger Erfahrung in verschiedenen Schulformen, das Studium Musiktherapie aufnehmen. Die Gründe für ein solches Studium sind sehr unterschiedlich: So taucht bei einigen Lehrern nach Jahren pädagogischer Arbeit mit Kindern und Jugendlichen das Gefühl des „Stillstandes" auf. Für bestimmte Kinder scheint der Blickwinkel als Lehrer nicht mehr auszureichen. Es fehlt ein neuer Zugang zu den Kindern. Bei anderen Lehrern geht es um den Versuch einer Neubestimmung der eigenen Position i.S. einer Reflexion und Bereicherung. Auch die Erkenntnis, dass der Lehrerberuf nicht (mehr) den eigenen Wünschen und Neigungen entspricht, ist ebenso einer der Gründe, eine musiktherapeutische Zusatzausbildung zu beginnen wie eine Verschiebung des Interesses vom „Lerngegenstand/-inhalt" Musik zu einem (über Musik vermittelten) Beziehungsverständnis. Eine weitere Gruppe bilden Frauen, die nach einer Erziehungspause nicht in den alten Beruf zurückkehren möchten, sondern ihre Erfahrungen in einer veränderten beruflichen Rolle umsetzen wollen.

Im Interesse der Noch-Studenten stand insbesondere die berufliche Aussicht nach dem Abschluss des Studiums. Ein Teil der Absolventen ist entweder direkt zurück in die Schule gegangen oder nach einer längeren Arbeitszeit als Musiktherapeut in Kliniken. Einige andere haben das Referendariat einschließlich des Zweiten Staatsexamens nachgeholt, entweder um ebenfalls als Lehrer zu arbeiten oder um sich diese Alternative offen zu halten. Gründe für diesen Schritt „Zurück in die Schule" liegen auf der Hand: Zum einen gibt es sehr wenige Musiktherapeutenstellen und zum anderen ist die Bezahlung recht schlecht bis unzumutbar. Um sich als Musiktherapeut niederzulassen und eine Praxis zu eröffnen, ist laut Psychotherapeutengesetz der „Heilpraktiker für Psychotherapie" notwendig. Trotz der im Studium verlangten Nachweise und der abschließenden Prüfung in allgemeiner Medizin und in psychiatrischer Krankheitslehre, ebenso der Durchführung verschiedener Praktika in der Psychiatrie und/oder Psychosomatik mit begleitender Supervision und der eigenen musiktherapeutischen Lehrtherapie wird dem Musiktherapeuten vom Gesundheitsministerium und Gesundheitsamt der „Heilpraktiker für Psychotherapie" in der Regel ohne eine weitere Prüfung verweigert, obwohl die Prüfungsinhalte die gleichen sind wie in der staatlich anerkannten Diplomprüfung.

---

[1] Für die nähere Zukunft ist im Zuge der Umstrukturierung der Studienabschlüsse (Bachelor, Master) eine Öffnung geplant.

Die in Münster ausgebildeten Musiktherapeuten versuch(t)en bei der Rückkehr in den Schulalltag innerhalb der (Regel-)Schule „Musiktherapie“ als (psycho-)therapeutisches Verfahren einzuführen und zu etablieren. Dabei stießen sie nicht selten auf zunächst (un-) überbrückbare Schwierigkeiten und Skepsis von Seiten der Kollegen und der Schulleitung. Doch der Wunsch, etwas im Schulalltag zu verändern, den Schülern zu helfen und sie mit ihren Problemen nicht allein zu lassen und die nötige Portion Idealismus ließen die Musiklehrer-Musiktherapeuten neben ihrer pädagogischen Tätigkeit ihre therapeutische Arbeit beginnen. In den einzelnen Aufsätzen dieses Buches berichten sie von den mühevollen Anfängen und den auftauchenden Problemen, Musiktherapie an der Schule einzuführen, aber auch von den Erfahrungen und den positiven Veränderungen in der musiktherapeutischen Arbeit mit Schülern.

Musiktherapie und Musikpädagogik – Gemeinsames und Unterscheidendes

Musiktherapie ist ein psychotherapeutisches Verfahren, welches ursprünglich seinen Platz nur im medizinisch-therapeutischen Bereich hatte. Wird von Musiktherapie in Verbindung mit Musikpädagogik gesprochen, denkt man in erster Linie an heilpädagogische Institutionen und an Sonderschulen. Bei der Klientel, die zur Musiktherapie in pädagogische Einrichtungen kommt, handelt es sich um Kinder, die hör-, seh-, körper- oder geistig behindert sind, aber auch um Kinder, die in ihrem Sozialverhalten so auffällig (verhaltensgestörte bzw. erziehungsschwierige Kinder) sind, dass sie eine Regelschule nicht besuchen können. Für lernbehinderte und sprachbehinderte Kinder gibt es ebenfalls eigene Schulen (Förderschule, Sprachheilschule).

Die Frage nach den Unterschieden und Gemeinsamkeiten zwischen der „Zwangsverwandtschaft“ (Decker-Voigt 1983b, 21) Musikpädagogik und Musiktherapie ist eine langjährige Diskussion. Beiden Bereichen gemeinsam ist, dass sie mit dem Medium Musik arbeiten. Eine weitere Gemeinsamkeit liegt nach Decker-Voigt „in der Wurzel der gemeinsamen musikalisch-künstlerischen Ausbildung“ (ebd.) des Musiktherapeuten und des Musikpädagogen. Beim Durchsehen der musiktherapeutischen und musikpädagogischen Literatur stößt der Leser auf Begriffe und Wortkombinationen, bestehend aus Musik, Therapie und Pädagogik, die Verwirrung hervorrufen, aber auch die Frage nach deren Unterschieden lauter werden lässt. „In zahlreichen Beiträgen zum Erleben von Musik und deren Bedeutung für psychische und physische Prozesse entstanden neue Überlegungen zur Didaktik musikalisch-pädagogisch-therapeutischer Arbeit“ (B. Mahns 1997, 113). Es finden sich Begriffe wie (vgl. Decker-Voigt 1983b, 21; Bruhn 2000, 2):

- „musikalische Heilpädagogik“ (Schwabe 1973)
- „Musiktherapie als Heilpädagogik“ (Schäfer 1976)
- „Musik in der Sozialpädagogik“ (Seidel 1976)
- „pädagogische Musiktherapie“ (Kemmelmeyer/Probst 1981)
- „therapeutisch orientierte Musikpädagogik“ (Marchand 1989)
- „Musik und Heilpädagogik“ (Langen/Piel 1993)
- „Musiksonderpädagogik“ (Lumer-Henneböle 1993)
- „heilpädagogische Musiktherapie“ (Goll 1993)
- „Musik-Sozialtherapie“ (Lenz 1998)
- „Musiktherapie in Sondererziehung und Rehabilitation (Merkt 2000)
- „musiktherapeutische Methoden in der Pädagogik“ (Hortien 2002)

Verwiesen sei auch auf die Diskussion, die in der *Musiktherapeutischen Umschau* in den 1980er und 90er Jahren zu diesem Thema geführt wurde.

Das Gemeinsame an den o.g. Ansätzen ist, dass sie „einen Unterschied zwischen Musikerziehung und Musiktherapie machen“ (B. Mahns 1997, 115). Während in der Musiktherapie „Ziele verfolgt [werden], die sich an der Symptomatik eines Verhaltens und/oder dem Verstehen der dahinterliegenden Ursachen orientieren“ (ebd.), beabsichtigt die Musikpädagogik „Bildungs- und Erziehungsziele mit und zur Musik“ (Schwabe 1973, 106). Wie solche vom Kultusministerium definierten Ziele aussehen, soll hier stellvertretend am Beispiel der Richtlinien im Fach Musik für die Grundschule des Landes NRW gezeigt werden. Demnach soll der Musikunterricht „einen Beitrag leisten zur grundlegenden Bildung, indem er die gestalterischen Kräfte der Kinder entwickelt, ihre Erlebnisfähigkeit erweitert und ihre Ausdrucksfähigkeit differenziert. Er hat die Aufgabe, die Freude der Kinder am Singen und Musizieren, am Musikhören und an der Bewegung nach Musik zu wecken und zu erhalten“

(Kultusministerium NRW 2004, 20). Weiterhin soll der Musikunterricht „den Kindern vielfältige musikalische Erfahrungen ermöglichen und ihnen dabei helfen, mit Medien sachgerecht und verantwortungsbewußt umzugehen“ (ebd.). Der Umgang mit Musik dient der Förderung des sozialen Verhaltens der Kinder. „Fähigkeiten und Bereitschaft der Kinder, sich musikalisch auszudrücken, können nur entwickelt werden, wenn die vielfältigen Formen tätigen Lernens im Mittelpunkt des Unterrichts stehen. In Verbindung mit dem eigenen musikalischen Tun muß ein Hörverhalten angebahnt werden, das dazu befähigt, Musik bewußt wahrzunehmen“ (ebd.). Theoretische Kenntnisse und Einsichten sollen ebenfalls im Musikunterricht vermittelt werden.

In der folgenden Tabelle werden einige Unterschiede zwischen Pädagogik und Therapie herausgestellt:

Pädagogik	**Therapie**
▪ ziel- und produktorientiert (ergebnisorientiert)	▪ prozessorientiert
▪ orientiert an vorgegebenen Richtlinien und Lehrplänen	▪ orientiert an einem gemeinsam besprochenen Behandlungsauftrag
▪ Vermittlung von Kompetenzen und Bildungsinhalten	▪ zielt auf innere, seelische Prozesse und Veränderungen
	▪ Thematisierung von (unbewussten) inneren Konflikten und Erlebnissen
▪ Schüler-Lehrer-Beziehung	▪ Therapeuten-Klienten-Beziehung
▪ bezogen auf die Gegenwart und Zukunft	▪ bezogen auf die Vergangenheit, Gegenwart und Zukunft
▪ Handeln des Lehrers: lenkend, strukturierend	▪ Handeln des Therapeuten: begleitend, mitsuchend, deutend

Die enge Verbindung zwischen Musikpädagogik und Musiktherapie lässt sich aus dem Sachverhalt erklären, „daß die Musiktherapie sich einerseits musikpädagogischer Methoden und Inhalte bedient, andererseits aber auch der Musikpädagogik neue Impulse gibt, indem sie die Bedeutung subjektiver Erlebnisweisen unterstreicht. Zu beachten ist in diesem Zusammenhang, daß viele musikalische Elemente oder Merkmale eine Entsprechung im allgemeinmenschlichen und damit auch therapeutisch relevanten Bereich finden. So kann es darum gehen, seinen ‚Rhythmus‘ zu finden, sich einem ‚Tempo‘ anzupassen, außer ‚Form‘ zu sein, etwas zu verändern (‚variieren‘), zu ‚improvisieren‘. Musik kann gleichermaßen zu Themen hinführen und sich aus ihnen ergeben“ (Tischler/Moroder-Tischler 1998, 12).

„Musikpädagogisch ist das *Erleben von Musik*, das sich am Gegenstand Musik orientiert (musikbezogener Aspekt). Musiktherapeutisch ist das *Erleben durch Musik*. Hier rückt die Musik mehr als Medium für die Eigenwahrnehmung in den Vordergrund (subjektbezogener Aspekt)“ (vgl. Tischler/Moroder-Tischler 1993 zit. in: Schmidt 1998, 207. Hervorhebungen im Original).

In der (Musik-)Pädagogik, der (Musik-)Therapie und auch der Sonderpädagogik wird auf unterschiedliche Art und Weise mit dem sie verbindenden Medium Musik gearbeitet. Die Unterschiede dieser drei Bereiche liegen nach Bruhn in der Ausrichtung der jeweiligen Wissenschaftsdisziplin:

- „*Pädagogik* bezieht sich auf die *Veränderung und Differenzierung* von Kenntnissen und Fertigkeiten von einem mittleren auf ein höheres Niveau.
- *Sonderpädagogik* bezieht sich auf das Lernen im Umgang mit einer *dauerhaften* Behinderung.
- *Therapie* bezieht sich auf die Beseitigung von Beeinträchtigungen und Behinderungen, auf eine *Veränderung* vom Krankhaften zum Gesunden“ (Bruhn 2000, 2).

Nach Schumacher (vgl. 1994, 209ff zit. in: W. Mahns 2004, 60) gibt es vor dem Hintergrund von Indikation, Zielsetzung und Methodik vier Differenzierungen musiktherapeutischen Arbeitens:

- Musiktherapie als Psychotherapie
- Musikalische Sozial- und Heilpädagogik
- Instrumentalunterricht für Behinderte
- Pädagogische Musiktherapie/Sozialpädagogische Musiktherapie

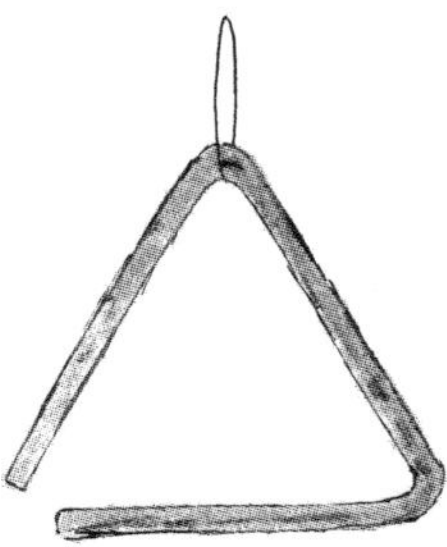

In allen künstlerischen Medien kann nach Frohne übend, erlebniszentriert und konfliktzentriert gearbeitet werden: „In welcher Modalität jeweils gearbeitet wird, hängt (...) von der therapeutischen Notwendigkeit ab und von der Art des zu bearbeitenden Problems“

(vgl. Frohne 1983, 187). Ein Ineinandergreifen der drei Modalitäten ist durchaus üblich. Bruhn greift diese Einteilung auf und erweitert sie um eine Modalität. So schlägt er einen neuen Weg vor, „nach dem Musiktherapie nicht mehr aufgrund einer scheinbaren Dichotomie zwischen Pädagogik und Therapie kategorisiert wird, sondern nach der Zielorientierung der therapeutischen Intervention, nach dem Zentrum des therapeutischen Arbeitsschwerpunktes" (Bruhn 2000, 4). Je nach der Ausrichtung ihres Schwerpunktes lässt sich die Musiktherapie unterscheiden in:

Konfliktzentrierte Musiktherapie
In der konfliktzentrierten Musiktherapie „werden die Gefühle und emotionalen Befindlichkeiten der Klienten erkundet, verborgene Konflikte herausgearbeitet und bewusst gemacht. Schließlich werden die Lebensumstände, die zu den Konflikten geführt haben, aufgedeckt, bearbeitet und so weit es möglich ist, verändert" (Petzold 1997 in: Bruhn 2000, 4). „Das konfliktzentrierte Vorgehen bearbeitet psychotherapeutisch im engeren Sinn verdrängte, traumatische und neurotische Konfliktinhalte, die während der künstlerisch-therapeutischen Gestaltungsversuche manifestiert werden" (Frohne 1983, 188). Konfliktzentrierte Musiktherapie wird sowohl im klinischen Bereich (Psychiatrie, Psychosomatik, Kurkliniken) als auch in allgemein bildenden Schulen, Sonderschulen und Wohnheimen angewandt.

Erlebniszentrierte Musiktherapie
Den Ausgangspunkt in der erlebniszentrierten Musiktherapie bilden zwar auch Konflikte, allerdings steht „nicht die Lösung dieser Konflikte durch Verhaltensänderungen, kognitive Umdefinitionen oder Hilfe zur Veränderung einer krankmachenden Lebenswelt" (Bruhn 2000, 5) im Vordergrund. Vielmehr geht es „um Erweiterung des Erlebnishorizontes, der Sicht-, Fühl- und Verhaltensweisen. Es geht um das Lernen, in Beziehung zu treten zu dem, was zum Erlebnis werden kann" (Frohne 1983, 188). Das Ziel dieser Form von Musiktherapie ist die „Förderung eines Gefühls persönlicher Identität und eines psychischen Reifungsprozesses, der das Ich stützt" (Bruhn 2000, 5). Anwendung findet die erlebniszentrierte Musiktherapie u.a. in der Arbeit mit Menschen mit geistiger Behinderung, mit Down-Syndrom, mit spastischen Störungen, aber auch bei mutistischen und autistischen Menschen. Generell lässt sich diese Form der Musiktherapie aber für alle Menschen einsetzen, die in ihrem Erleben eingeschränkt sind oder sich eingeschränkt fühlen.

Übungszentrierte Musiktherapie
In der übungszentrierten Musiktherapie, die überwiegend in der Sonderpädagogik angewandt wird, geht es darum, „Verhalten zu stabilisieren, neue Verhaltensmöglichkeiten zu trainieren, Fähigkeiten und Fertigkeiten zu üben bzw. Strategien und Techniken zur Aufgabenbewältigung zu erlernen. Das Vorgehen ist oft rein funktional und pädagogisch, psychagogisch oder auch verhaltenstherapeutisch ausgerichtet" (Frohne 1983, 187). Übungszentrierte Verfahren werden etwa in der Regulativen Musiktherapie

nach Schwabe angewandt, aber auch bei vielen Entspannungsverfahren, in denen Musik eingesetzt wird und in der Rehabilitation von neurologischen Patienten.

Therapeutisches Musizieren
Beim therapeutischen Musizieren geht es „um das Musikmachen mit behinderten, mit problembeladenen aggressiven oder auch zurückgezogenen Kindern, Jugendlichen und Erwachsenen und mit alten Menschen. Im Zentrum steht die musikalische Arbeit – als Effekt werden jedoch wie in der erlebnis- und übungszentrierten Musiktherapie emotionales Wachstum, Verbesserung von Kommunikationsfähigkeit, Dialogfähigkeit und Gemeinschaftssinn sowie Erhöhung der Fähigkeit zur Konzentration angestrebt" (Bruhn 2000, 7). Der Unterschied zur Musikpädagogik liegt in der Klientel. Neuere Entwicklungen betonen die vielfältigen Möglichkeiten der musikalischen Tätigkeit von Menschen mit Behinderung, die keine Therapie ist, sondern Teilhabe an der Musik als kulturelles Phänomen (vgl. Merkt 2000).

Musiktherapie in der Sonderpädagogik

In einer Sonderschule, in der ich einige Zeit als Musiktherapeutin arbeitete, kam es immer wieder zu folgenden Szenen:

- Während ich auf eine Gruppe warte, die zur Musiktherapie kommen soll, wird plötzlich die Tür des Musikraumes aufgerissen. Eine Lehrerin steht mit einem Schüler in der Tür und sagt: „Peter ist heute so unruhig, er stört schon den ganzen Tag. Ich dachte, ich bringe ihn mal zur Musiktherapie. Spielen Sie ihm doch eine Beruhigungsmusik vor. Das wird ihm sicherlich gut tun!" Es war ganz offensichtlich, dass der Schüler für eine Stunde aus der Klasse heraus sollte, um niemanden zu stören.
- In einem Gespräch mit einer Lehrerin über einen Schüler sagte die Lehrerin: „Nun ist der Schüler schon einige Wochen bei Ihnen, aber er stört immer noch. Es hat sich nichts gebessert!"
- „Der Schüler hat in der Projektwoche so gerne getrommelt. Er ist doch bestimmt für die Musiktherapie geeignet!"

Die Aufzählung von ähnlichen Szenen ließe sich beliebig fortführen. Es wird dabei deutlich, dass Musiktherapie häufig von Lehrern als eine „andere Form" von Musikunterricht betrachtet wird. Ein Kind verhält sich im Unterricht nicht regelkonform, es fällt durch sein Verhalten auf, es stört oder es zeigt eine besondere Vorliebe für Musik und schon ist es ein „Fall" für den Musiktherapeuten. Musiktherapie im Allgemeinen, aber auch Musiktherapie in der Sonderschule ist nicht gleichzusetzen mit Musikunterricht oder Musikerziehung, (wie es immer wieder passiert), da die Art des Prozesses und der Zielsetzung eine andere ist. Sie setzt im ersten Schritt nicht bei einem objektiv diagnostizierbaren Förderbedarf des Schülers/des Klienten an, sondern bei seiner inneren, seelischen Bewegung und Befindlichkeit.

Aus diesem Blickwinkel leiten sich dann im zweiten und dritten Schritt ggf. musiktherapeutische Förderangebote ab.

In der Heil- und Sonderpädagogik ist Musiktherapie „ein psychotherapeutisches Behandlungsangebot oder eine sonderpädagogische Fördermaßnahme für Kinder und Jugendliche, die Einrichtungen mit sonderpädagogischen Settings besuchen und die für Lern- und Entwicklungsprozesse relevante Störungen im Erleben, im Verhalten, im kognitiven oder im körperlichen Bereich zeigen" (W. Mahns 2004, 48). Wird Musiktherapie an einer Sonderschule für geistigbehinderte, hör-, seh- oder körpergeschädigte Kinder angeboten, versteht man darunter das „Training von Wahrnehmungsfähigkeiten (übungszentrierte Musiktherapie), während Musiktherapie bei verhaltensauffälligen Grundschulkindern in der integrativen Lerngruppe mehr die Psychodynamik der Gruppen- und Einzelarbeit (Musikpsychotherapie) im Vordergrund steht" (ebd. 49). Entscheidend für die Entwicklung eines spezifischen musiktherapeutischen Ansatzes ist das zugrunde liegende Menschenbild. Das Bild vom beeinträchtigten, verhaltensauffälligen und behinderten Menschen prägt den jeweiligen Ansatz (vgl. ebd. 50). Für W. Mahns selbst und eine Reihe anderer Autoren (Friedrich-Bartel, Niedecken, Schumacher, Irle/Müller, B. Mahns) „steht das Verstehen der Beziehungen im Vordergrund musiktherapeutischer Behandlungen" (ebd.). Die Klienten werden „unter dem Gesichtspunkt von Interaktion [gesehen], die durch ein dialogzentriertes, z.T. nonverbales Interaktionsangebot lebendig wird" (ebd.). In der Regel findet das musiktherapeutische Setting in einer Einzelsituation oder in kleinen Gruppen statt. „Die Störung, Beeinträchtigung oder Behinderung wird nicht direkt angegangen. Ein Effekt durch ein musiktherapeutisches Beziehungsangebot wird hier eher indirekt erreicht, indem der jeweils dahinter liegende Konflikt verstanden und auf der Ebene sinnlich-symbolischen Ausdrucks bearbeitet wird" (ebd. 50).

Musiktherapie in der (Regel-)Schule

In Gesprächen mit Lehrern von allgemeinbildenden Schulen über das Verhalten ihrer Schüler wird schnell deutlich, dass es in nahezu jeder Klasse verhaltensauffällige oder auch verhaltensgestörte Schüler gibt. Häufig ist an einen normalen Unterrichtsalltag nicht zu denken, da der Unterricht durch das Verhalten der Schüler massiv beeinträchtigt ist. Aussagen und Situationen von Lehrern wie „In der zweiten Hälfte der Stunde war kein geordneter Unterricht mehr möglich!" (Hauptschullehrerin einer sechsten Klasse, zit. in: Hortien 2002, 99) oder „In der sechsten Stunde ist „Video-Zeit", weil es den Schülern an Motivation fehlt", sind keine Seltenheit (vgl. ebd.). Hortien führt einige Untersuchungen auf, aus denen hervorgeht, dass zwischen 8 und 20 % der Kinder als auffällig bezeichnet werden können. Diese Auffälligkeiten zeigen sich in Hyperaktivität, Unruhe, Unkonzentriertheit, aggressivem Verhalten und häufigem Streit mit anderen. Besonders auffallend ist, dass unter den verhaltensauffälligen Kindern „mehr als zwei Drittel Jungen sind, jedoch nur ungefähr 15 Prozent Mädchen" (ebd.).

In einer von Hurrelmann durchgeführten Studie zur Situation auffälliger Kinder in der Grundschule stellte sich heraus, dass es sich bei 15 % der Kinder um hyperaktive, aggressive und leistungsschwache Kinder handelt (vgl. Mahns 2004, 55). Bei einer vom Arbeitskreis Grundschule in Hamburg erhobenen Untersuchung im Jahr 1992 wurden 116 Grundschulklassen zum gleichem Problemkreis befragt. Es zeigte sich, dass es je nach Einzugsgebiet pro Klasse durchschnittlich ca. 5 meist sozial auffällige Kinder gibt. Dies bedeutet bei einer Klassenstärke von 20 bis 25 Schülern, dass 20 bis 25 % der Kinder Auffälligkeiten aufweisen. Im Verhältnis zwischen Jungen und Mädchen zeigte sich außerdem, dass die Zahl der auffälligen Jungen mit 82,5 % weit über der der Mädchen (17,5 %) liegt (vgl. ebd.). Diese Zahl ist insofern in Frage zu stellen, da Mädchen innere Konflikte eher durch Rückzug und (zu) stilles Verhalten zum Ausdruck bringen, wodurch sie weniger „stören", aber nicht weniger leiden und in ihrer schulischen Entwicklung beeinträchtigt sind (s. Menebröcker in diesem Buch). Berücksichtigt man dieses Artefakt, so dürfte auch die Gesamtzahl der Kinder, die Hilfe in ihrer Entwicklung brauchen, erheblich höher sein.
Menebröcker (2001), Musiktherapeutin und Grundschullehrerin, versucht in der von ihr durchgeführten Studie zu „Musiktherapeutischen Förderangeboten in der Grundschule" eine Antwort auf die beiden grundlegenden Fragen zu finden:

1. Halten es die Lehrerkollegen überhaupt für notwendig, dass therapeutische Unterstützung in der Schule stattfinden sollte oder sind nur Therapeuten dieser Meinung?
2. Sind Lehrer tendenziell dazu bereit, Zeit in regelmäßige Gespräche und kooperative Maßnahen mit Kollegen und/oder Therapeuten zu investieren?

Den Anstoß für diese Untersuchung gaben ihr zahlreiche Gespräche mit musiktherapeutisch tätigen Lehrern, in denen sich herausstellte, dass viele Lehrer-Musiktherapeuten immer wieder vor den gleichen Problemen stehen: dem Durchführen eines Musiktherapieangebots an einer Schule und der Anerkennung von Seiten des Lehrerkollegiums. Ihrer Meinung nach sind Therapieangebote an Schulen nur dann sinnvoll, wenn sich Lehrer und Therapeuten als ein „Team" sehen, in dem sich in regelmäßigen Abständen über Prozesse ausgetauscht wird. Ohne diesen Austausch und aus Mangel an Verständnis für die therapeutische Arbeit kann es durchaus zu „kontraproduktiven Maßnahmen" von Seiten der Kollegen kommen (vgl. ebd. 34). Um die oben aufgeführten grundsätzlich gestellten Fragen zu beantworten, führte Menebröcker eine Lehrerbefragung durch, in der es um die allgemeine Einstellung von Lehrern zu einem schulischen Therapieangebot ging. Für die Befragung wurden 14 Schulen im Hinblick auf ihre soziale Problematik ausgesucht, davon 6 Schulen aus Bremen und 8 Schulen aus Niedersachsen. Insgesamt wurden von der Untersucherin 187 Fragebögen sowohl persönlich oder durch ihr bekannte Lehrer an das jeweilige Kollegium verteilt als auch von ihr unbekannten Schulleitern weitergereicht. 91 Fragebögen (48,66 %) kamen zurück, wobei es keinen merklichen Unterschied machte, ob der Schulleiter der Untersucherin bekannt (48,5 %) war oder nicht (48,9 %).

Der Fragebogen bestand aus insgesamt 14 Fragen, die teilweise in Unterfragen aufgeteilt waren oder noch Zusatzfragen enthielten. Nach Fragen (Frage 1, 2) zu allgemeinen Stichprobenmerkmalen (Alter, Geschlecht) und der Frage 3 nach der Einschätzung des Lehrers, in welchem Schulbezirks sich „seine" Schule befindet (in einem sozial problematischen, in einem durchschnittlichen oder in einem unproblematischen Einzugsgebiet) folgten einige Fragen (Frage 4-6) zu Verhaltensauffälligkeiten von Schülern. Dabei ging es um häufig beobachtbare Verhaltensauffälligkeiten von Schülern in der Klasse, um die geschätzte Anzahl verhaltensauffälliger Schüler, um Probleme mit verhaltensauffälligen Schülern und den Wunsch nach Unterstützung im Umgang mit auffälligen Schülern. Bei den Fragen 7 und 8 ging es zum einen darum, ob verhaltensauffällige Schüler nach Meinung des Lehrers einer therapeutischen Behandlung bedürfen, zum anderen, ob dem Lehrer außerschulische therapeutische Einrichtungen bekannt seien und ob er Kenntnisse über Inhalte und Methoden außerschulischer Therapieangebote hat. Des Weiteren wollte die Untersucherin wissen, ob Lehrer Eltern von verhaltensauffälligen Schülern empfehlen, außerschulische Therapie-Einrichtungen aufzusuchen. Mit der Frage 9 sollte herausgefunden werden, ob zwischen dem Lehrer und einem außerschulischen Therapeuten eine Kooperation stattfindet, wenn ja, wie diese Kooperation aussieht und ob der Lehrer sich u.U. mehr Kooperation mit dem Therapeuten wünsche. Die Fragen 10-12 bezogen sich auf therapeutische Angebote an der Schule des Befragten. Dabei ging es um bereits vorhandene therapeutische oder therapieähnliche Angebote zum Zeitpunkt der Befragung, um den Wunsch, solche Angebote an der Schule einzuführen, aber auch um die Frage nach den Erwartungen, die an ein therapeutisches Angebot von Seiten der Lehrer gestellt werden und die Frage, wer als Therapeut für ein solches Angebot geeignet sei. Mit der Frage 13 wollte Menebröcker herausfinden, ob sich Lehrer vorstellen können, eine therapeutische Zusatzqualifikation für die Arbeit in der Schule zu erwerben. Die Frage 14 gab den Befragten die Möglichkeit einiger persönlicher Anmerkungen zu dieser Befragung.

Die Antwort auf die beiden Ausgangsfragen überraschte nicht nur die Untersucherin, sondern widerlegt klar das gängige Vorurteil, dass Lehrer die Grenzen ihres Handlungsspielraumes nicht erkennen und sich „nicht helfen lassen wollen": Von den 91 befragten Lehrern an insgesamt 14 Grundschulen würden 98 % ein therapeutisches Angebot an der Schule begrüßen. Für einen großen Teil der Lehrer stellen die Verhaltensauffälligkeiten der Schüler ein belastendes Problemfeld dar, das allein mit pädagogischen Mitteln kaum zu bewältigen ist. Während 13 % der befragten Lehrer glauben, ohne eine fremde Unterstützung im Umgang mit problematischen Schülern zurechtzukommen, wünschen sich 82 % der Lehrer mehr Unterstützung. 75 % der Lehrer empfehlen den Eltern verhaltensauffälliger Schüler das Aufsuchen einer therapeutischen Einrichtung. Allerdings besitzen nur wenige Lehrer Kenntnisse über außerschulische therapeutische Einrichtungen sowie über Inhalte und Methoden der Therapieangebote. Auch die zweite Frage lässt sich positiv beantworten: 72 % der befragten Lehrer wünschen sich mehr Kooperation mit außerschulischen Therapeuten (vgl. ebd. 52 f)

Die Frage, warum Schüler in der Schule auffällig werden, lässt sich nicht einfach beantworten. Nach W. Mahns gibt es eine Vielzahl von Gründen. „Zunächst sind die prä-, perioder postnatalen Einflüsse zu nennen, die zu einer nachhaltigen geistigen, motorischen oder Sinnesschädigung führen können. Auch frühe Störungen, Hospitalisierung, sexueller Missbrauch oder andere traumatisierende Kindheitserfahrungen können zum Erscheinungsbild einer Behinderung führen“ (W. Mahns in W. Mahns 2004, 55). Aber auch weniger extreme Situationen wie geschwisterliche Konflikte, Streit, Krankheit, Arbeitslosigkeit oder eine andere Belastung in der Familie, Trennungs- und Scheidungssituationen, Probleme der Immigration oder kulturelle Spannungen zwischen Herkunftskultur und Schule, ein Umzug oder Konflikte mit Freunden oder im Sozialgefüge der Klasse schaffen einen Bedarf an Hilfe, um einer Verfestigung vorzubeugen und nicht die Schulleistungen zu beeinträchtigen. Später können jugendspezifische Gefahren wie Drogen-, Nikotin- und Alkoholkonsum hinzukommen. Diese Schüler benötigen eine besondere Behandlung, die jedoch nicht allein von den Lehrern in der Schule geleistet werden kann. Den (Musik-)Lehrern an Regelschulen fehlen für die psychotherapeutische Verwendung von Musik meistens die Voraussetzungen, da sie in der Regel „nicht psychotherapeutisch ausgebildet sind, um aufgedeckte Probleme zu bearbeiten“ (Hortien 2002, 101).

Musiktherapie in der Schule kann Kindern und Jugendlichen eine Hilfe bieten, die im Erleben, Verhalten, Kontakt zu Mitschülern und Lehrern, in den schulischen Leistungen oder im körperlichen Bereich Auffälligkeiten bzw. Störungen zeigen. Neben den sozialen Auffälligkeiten wie Beziehungsstörungen, mangelnde Gruppenfähigkeit oder Verwahrlosungstendenzen können auch individuell verschieden ausgeprägte psychische Manifestationen wie Zwänge, Ängste, Sprachhemmungen, Mutismus oder andere neurotische Symptome in Erscheinung treten. Alle diese Störungen beeinträchtigen sowohl das Lern- und Leistungsvermögen als auch die Integration der Kinder und Jugendliche in die Klassen- bzw. Schulgemeinschaft und andere Gruppen (vgl. W. Mahns 2004, 54).

Ein musiktherapeutisches Förderangebot in der Schule kann solchen Kindern und Jugendlichen helfen, frühzeitig eine Verfestigung der o.g. Störungen zu vermeiden (Prävention von Lernversagen), ein Aufspüren und Verstehen der tiefer liegenden Konflikte (Therapie) zu ermöglichen und so einen Weg zur schulischen Integration bereiten (vgl. W. Mahns 2004, 54). Neben Elementen musiktherapeutischer Arbeit im eigentlichen Sinne kommen besonders auch Ansätze der Erlebnispädagogik und Konzepte der Selbstwertstärkung zum Tragen. Methodisch werden hier außermusikalische Inhalte wie Märchen, bildnerisches Gestalten und Spielszenen mit einbezogen.

Für Musiktherapie an allgemein bildenden Schulen werden von W. Mahns vier Grundannahmen genannt:

- „Im Unterschied zu musiktherapeutischen Angeboten in der Sonderpädagogik handelt es sich hier um eine andere Klientel, um Menschen einer Altersgruppe (Kinder, Jugendliche), deren Störungen im Erleben, Verhalten, in der Schulleistung oder im körperlichen Bereich auf eine besondere Notlage hinweisen.

- Die musiktherapeutische Arbeit mit SchülerInnen findet innerhalb pädagogischer Institutionen statt, die üblicherweise einen Erziehungs- und Bildungsauftrag und keinen therapeutischen Behandlungsauftrag haben.
- Die Verknüpfung therapeutischer mit pädagogischer Begrifflichkeit beinhaltet den Hinweis auf eine bestimmte, besondere Methodik einer Musiktherapie mit Schulkindern.
- Zur Rolle des Schülers/der Schülerin in der Musiktherapie gehört sinnvollerweise das Gegenstück eines Therapeuten/einer Therapeutin bzw. eines/einer ‚Lehrer-MusiktherapeutIn'" (W. Mahns 2004, 53 f).

Musiktherapie an einer Schule bietet dem Schüler die Chance einer frühzeitigen Behandlung von Schwierigkeiten. Das Kind muss nicht erst „in den Brunnen gefallen sein", damit ihm geholfen wird. Es kann bereits in der Anfangphase auf ein Hilfsangebot zurückgreifen, bevor es zu einer Manifestation der Störung kommt. Wird Musiktherapie an einer Schule von einem hausinternen Lehrer-Musiktherapeuten angeboten, dürfen mögliche Gefahren nicht unberücksichtigt bleiben. So kann die Koppelung von Lehrerrolle und Therapeutenrolle zu einem Rollenkonflikt bzw. einer Rollendiffusion führen, was sich negativ auf den Schüler auswirken kann. Gerade bei frühgestörten Kindern kann der Wechsel zwischen Sich-Einlassen (in der Therapie) und Regelverhalten (in Unterricht und Erziehung) Spaltungsprozesse fördern. Dies gilt auch, wenn der Musiktherapeut dem Schüler ausschließlich in der Rolle des Therapeuten gegenübertritt. Denn als Lehrer-Musiktherapeut bleibt er im Erleben des Schülers ein Teil der Institution Schule (vgl. W. Mahns 1996, 271). Eine weitere Gefahr bildet der „unreflektierte Umgang mit der Dynamik von Macht und Ohnmacht, Idealisierung und Abwertung, Aggression und Angst, die sich in den Abhängigkeitsverhältnissen pädagogischer Institutionen einstellt, [der] zum Mißbrauch von Vertrauen führen [kann]" (ebd.). Eine dritte Gefahr besteht darin, dass die Musiktherapie eine Alibifunktion haben kann, „wenn die Notwendigkeit zur Veränderung ausschließlich beim Individuum gesehen wird und sich am möglicherweise inhumanen System nichts ändert" (ebd.).

Um diesen Gefahren vorzubeugen, ist es für den Lehrer-Musiktherapeuten unumgänglich, sein in der Ausbildung erworbenes Wissen in *Fort- und Weiterbildungen* zu erweitern sowie sich durch *Supervision* abzusichern. Außerdem ist für das therapeutische Arbeiten „ein *Behandlungskonzept* erforderlich, das nach außen hin eine strukturelle Transparenz und nach innen *Vertrauensschutz* gewährleistet und dadurch eine Unterscheidung von anderen Lern- und Entwicklungsprozessen ermöglicht" (ebd.). Weiterhin ist eine ständige Reflexion der äußeren und inneren Realitäten und Abhängigkeiten nötig, um die Begrenztheit der gemeinsamen Bemühungen zu erkennen (vgl. ebd.).

Für die Musiktherapie innerhalb einer schulischen Institution lassen sich einige wichtige Arbeitsprinzipien nennen:

Musiktherapie als Schutzraum; Verschwiegenheitsregel

Grundsätzlich wird über das, was in der Musiktherapie passiert, Dritten gegenüber nicht gesprochen. Für den Schüler ist es wichtig zu wissen und zu erfahren, dass er dem Therapeuten alles sagen und anvertrauen kann, ohne dass dieser es gleich verbreitet. Es ist jedoch auch durchaus möglich, dass der Schüler dem Therapeuten „erlaubt", einem Dritten (z.B. dem Klassenlehrer) etwas mitzuteilen. In der Regel werden die Stunden bzw. die musikalische Improvisation auf Kassette oder MD aufgenommen. Diese Aufnahmen dienen der eigenen Reflexion und Nachbearbeitung und werden Fremden nicht vorgespielt. Ausnahme bilden die Supervision und anonymisierte wissenschaftliche Reflexion oder Darstellung. Dies sollte dem Schüler vor Beginn der Aufnahme in kindgerechter Form mitgeteilt werden.

Sicherung der Zeitperspektive und von Kontinuität

Mit dem Schüler wird ein regelmäßiger Termin in der Woche vereinbart. Zu einer festgelegten Zeit und zu einem bestimmten Tag über einen längeren Zeitraum hat er „seine" Zeit mit dem Therapeuten. In den Ferien findet keine Therapie statt.

Leistungsfreier Raum; Respektieren der Grenzen des Anderen

In der Therapie ist fast alles erlaubt, ein „Falsch" oder „Richtig" gibt es nicht. Allerdings werden einige Regeln festgelegt: Der Therapeut und der Schüler bzw. die Schüler dürfen nicht verletzt werden. Dazu zählt auch, dass die Improvisation und/oder der Geräuschpegel nicht so laut werden dürfen, dass die Ohren zu schmerzen beginnen. Weiterhin darf kein Instrument oder sonstiges Spielmaterial zerstört werden. Jedem der Beteiligten ist es erlaubt, jederzeit „Stop" zu sagen oder durch ein vor der Therapie festgelegtes Zeichen anzuzeigen (z.B. das Anspielen der Triangel), wenn etwas zu viel oder unangenehm wird.

Vermittlung realer Entscheidungsmöglichkeiten; Freiwilligkeit

In der für den Schüler festgelegten Zeit hat er auch die Möglichkeit, dem Therapeuten zu sagen, was er gerne machen möchte, aber auch, wann er nicht mehr kommen möchte. Äußert der Schüler den Wunsch, die Therapie zu beenden, ist es wichtig, ein weiteres Gespräch folgen zu lassen, indem noch einmal über den Wunsch gesprochen werden kann. Bleibt der Schüler bei seiner Entscheidung, wird nochmals ein Termin vereinbart, indem über die Modalitäten des gemeinsamen Abschieds nachgedacht und verhandelt wird. So hat der Schüler jederzeit die Möglichkeit, selbst eine Entscheidung für sich zu treffen, ohne dabei von anderen bestimmt zu werden.

Dokumentation; Feedback

In einem Abschlussbericht des Therapeuten findet die Therapie auch ein formales Ende. Wichtig ist, dass mit dem Schüler über diesen Bericht gesprochen wird. Die Formulierung des Berichts sollte entwicklungsorientiert und positiv sein, so dass gewährleistet ist, dass dem Schüler kein Schaden entsteht (vgl. Schmidt 1998, 209).

Angemessener Raum

Wird Musiktherapie an einer Schule angeboten, stellt sich häufig die Frage, in welchem Raum soll sie durchgeführt werden. Sowohl der Musikraum (sofern es einen an der Schule gibt) als auch ein Klassenraum assoziieren bei dem Schüler, er würde aufgrund seiner erbrachten Leistung benotet werden. Auch wenn vom Lehrer-Therapeuten ausdrücklich darauf hingewiesen wird, dass es nicht um schulische Leistungen in der Therapie geht, bleibt doch ein schaler Beigeschmack. Daher wäre es empfehlenswert, einen Raum zu finden, der nicht für Schulzwecke verwendet wird. Dieser Raum wird nur für die Musiktherapie und vergleichbare Angebote verwendet und wird vom Lehrer-Therapeuten gestaltet und eingerichtet.

Instrumentarium

Wichtig für die Durchführung einer Musiktherapie ist das richtige Spiel- und Arbeitsmaterial. Dazu gehört in erster Linie ein gutes und vor allem spielbares Instrumentarium. Dies mag an dieser Stelle etwas verwirrend klingen, da es ja ohne Instrumente in der Musiktherapie nicht geht. Aber es kommt oft genug vor, dass das Musikinstrumentarium einer Schule sich in einem äußert desolaten Zustand befindet, bzw. erst gar keine Instrumente vorhanden sind. Weiterhin gehören etwa Malutensilien, Spielsachen, Spiele, Puppen, Stofftiere usw. in den Musiktherapieraum.

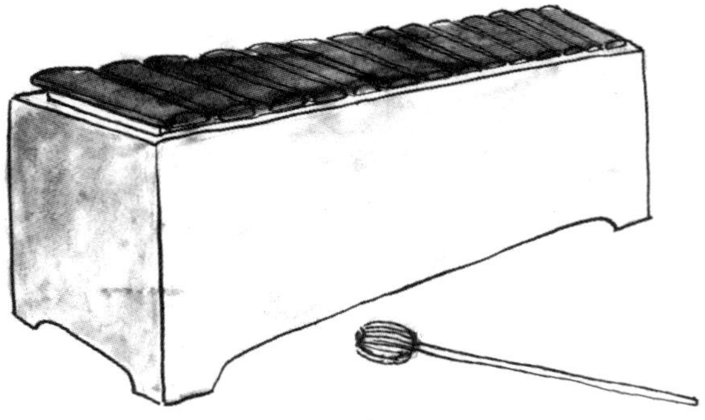

Ausklang

Eine Gesellschaft, die sich immer mehr auffächert und differenziert in unterschiedliche kulturelle und soziale Lebenswelten, steht zunehmend in der Schwierigkeit, einen einheitlichen Erziehungs- und Bildungsauftrag zu formulieren. Eine Vielzahl von heterogenen Lebenswegen und Biographien der Schüler in den Schulen trägt neue Themen, Probleme und Auseinandersetzungen in die Schullandschaft hinein. Dabei läuft die Schule der Gefahr entgegen, einen Großteil der Schüler nicht mehr anzusprechen und zu erreichen. Um jedoch den derzeitigen Lebensstandard zu halten, ist unsere Gesellschaft auf sowohl hohe schulische als auch berufliche Qualifikationen angewiesen (vgl. Schön 1998, 19). So bedeutet Individualisierung „ein mehr an biographischen Entscheidungsmöglichkeiten und Entscheidungszwängen. Selbständigkeit kann Selbstbestimmung und Selbstbewußtsein bedeuten, aber auch Hilf- und Orientierungslosigkeit, Isolierung und Überforderung. Der Bedarf an Beratung und Therapie hat hier eine wesentliche Ursache: biographische Umbrüche und Krisen, Entscheidungen mit oft kaum zu überblickenden Folgen wollen bearbeitet, besprochen, bewältigt werden. Die Schule kann diesen Bedarf nicht ignorieren, denn sie ist neben der Familie der wichtigste und längste Aufenthaltsort von Kindern und Jugendlichen geworden“ (ebd. 21). Demnach beschränkt sich die Aufgabe der Schule nicht mehr nur auf den Erziehungs- und Bildungsauftrag, sondern sie erstreckt sich zunehmend auch auf die Bewältigung der psychosozialen Probleme ihrer Schüler (vgl. W. Mahns 2004, 56). Nur durch ein gemeinsames Handeln von Eltern, Lehrern und Therapeuten, die dem Schüler in Krisensituationen zur Seite stehen, besteht die Chance, eine stabilere Gesellschaft zu schaffen.

Musiktherapeutische Förderung in einer Realschule

Petra Sproten

Musik – Schule – Adoleszenz

Therapeutische Förderung an allgemein bildenden Schulen ist in Deutschland noch selten. An weiterführenden Schulen wird sie – wenn überhaupt – ausschließlich in der so genannten Orientierungsstufe (fünfte und sechste Klassen) angeboten. Von daher erscheint es wichtig, die Möglichkeiten und Chancen einer therapeutischen Begleitung auch in höheren Jahrgangsstufen aufzuzeigen. Diese Ausführungen sind ein Plädoyer für (musik-)therapeutische Förderung an weiterführenden allgemein bildenden Schulen, die sich an adoleszente Schülerinnen und Schüler mit Mängeln und Fehlentwicklungen in der emotionalen und sozialen Entwicklung wendet.
Die Wahl der Musik als Mittel greift Besonderheiten der Adoleszenz auf und hilft bei der Integration des Angebotes in die Rahmenbedingungen der allgemein bildenden Schule. Nach Kühn (2001) wird die vielseitig verwend- und verwertbare Musik zum unverzichtbaren (Er-)Lebensgefühl durch die Erkenntnis ihres identitätsstiftenden Charakters und die Möglichkeit, mit ihr der Furcht vor der Leere entgegenzuwirken. Dennoch ist die therapeutische Förderung durch Musik natürlich nicht zwangsläufig für jeden Jugendlichen geeignet und viele der gewonnenen Erkenntnisse können auch auf andere Therapiemethoden (z.B. die Kunsttherapie) übertragen werden.

Die Adoleszenz als eine Um- und Aufbruchphase der Identitätsentwicklung, in deren Zentrum die Ablösung vom Elternhaus steht – Rousseau (1762) bezeichnet sie als „zweite Geburt" – ist immer auch verbunden mit erhöhter psychischer Belastung, die zu einer ausgeprägten Symptombildung und Therapie- bzw. Förderbedürftigkeit führen kann. Die Wechselwirkung mit eventuell vorhandenen individuellen psychischen Schwierigkeiten führt bei manchen Jugendlichen zu Lösungs- oder Bewältigungsversuchen, die sich als gefährliche Sackgassen erweisen (z.B. Magersucht, Drogen, suizidales Verhalten). Besondere Aufmerksamkeit ist not-wendig, um Verhaltensauffälligkeiten als Warnzeichen zu verstehen und einer Verfestigung entgegenzuwirken (vgl. von Moreau 1999, 24).
Verhaltensauffälligkeiten sind Störungen in der emotionalen und sozialen Entwicklung. Aus bindungstheoretischer Sicht gehören sie zu den weniger schwerwiegenden neurotischen Symptomen, die vermutlich mit unsicher vermeidender oder unsicher ambivalenter Bindungsorganisation korrespondieren (vgl. Hedervari-Heller 2000, 92). Sie haben stets multifaktorielle Ursachen im Sinne eines bio-psycho-sozialen Modells und eine individuelle Geschichte: Neben traumatischen Ereignissen spielen neurotische Entwicklungen eine

Rolle; auch treffen Jugendliche in der Schule manchmal auf Bedingungen, die für sie in ihrer Situation schwer verarbeitbar sind, die sie krank machen oder die schon vorhandene Probleme verstärken (vgl. B. Mahns 1997, 1).
Winnicott (1991) sieht in auffälligem Verhalten einen Hinweis darauf, dass der Jugendliche Hoffnung auf Hilfe hat, weil er seine Umwelt zwingt, in irgendeiner Weise Stellung zu nehmen (vgl. Irle 1996, 30). Im alltäglichen Unterricht ist diese Stellungnahme oft zwangsläufig geprägt durch eine Disziplinierung mit autoritären Mitteln. Die innere Not, die immer hinter Verhaltensauffälligkeiten steckt, wird selten verstanden. Die Jugendlichen nehmen sie oft selbst nicht bewusst wahr oder können nicht darüber sprechen, da sie sie ja gerade im Umgang mit Gleichaltrigen zu überspielen suchen. Außerdem fehlt häufig die Vertrauensbasis zu Lehrern (und damit auch der Glaube, dass von dieser Seite Hilfe zu erwarten sei), falls sich – bei Klassenstärken bis zu 35 SchülerInnen – überhaupt einmal die Möglichkeit zu einem intensiveren Gespräch ergibt.
Da der Schulbesuch allgemein verpflichtend ist, scheint die Schule grundsätzlich ein guter Ort für präventive Interventionen zu sein. Hinzu kommt, dass der Anteil von Jugendlichen mit Verhaltensauffälligkeiten und Lernstörungen in der Schule zunimmt, was therapeutische Hilfestellung umgehend und vor Ort sinnvoll macht. In diesem Zusammenhang ist anzumerken, dass das Land Luxemburg per Schulgesetz an allen weiterführenden Schulen einen schulpsychologischen Dienst aufgebaut hat, der auch an Gymnasien therapeutische Behandlungen, u.a. mit musiktherapeutischen Methoden ermöglicht (vgl. Schiltz, 2002). Die Untersuchung Menebröcker zeigt, wie wünschenswert eine vergleichbare Hilfestellung auch an deutschen Schulen ist (vgl. dieser Band S. 21 ff). (Musik-)Therapeutische Förderung ist ganz im Sinne des allgemeinen Erziehungs- und Bildungsauftrages der Realschule und stellt eine not-wendige und – auch nach meiner Erfahrung – von Lehrern durchweg befürwortete Ergänzung des schulischen Angebotes von Förderung und Beratung dar.
Eine Integration in die Beratung ermöglicht eine sehr enge Zusammenarbeit ohne Zeitverlust und ggf. die „Versorgung“ mehrerer Schüler in einer Gruppe. Therapeutische Förderung stellt dem be-*raten*-den den be-*handeln*-den Aspekt zur Seite. Sie kann „mit Zeit“ auf Jugendliche zugehen, sie in der gemeinsamen (musikalischen) Aktion und im Gespräch für ihr Erleben und Verhalten sensibilisieren und so die Möglichkeit bieten, über den Anlass der aktuellen Situation hinaus die bewussten und unbewussten Ursachen zu ergründen. Als ein weiterer Aspekt kommt hinzu, dass hier auch Jugendlichen geholfen werden kann, deren Eltern möglicherweise die schwierige Lage ihrer Kinder gar nicht kennen bzw. verstehen und daher nicht aktiv Hilfe für sie suchen.

Zur musiktherapeutischen Arbeit mit Jugendlichen

Grundlage therapeutischer Förderung ist die Eröffnung eines verstehenden Beziehungsraumes, in welchem – zur Realisierung eigener Entwicklung und Autonomie – die individuelle psychische Notlage von verhaltensauffälligen Jugendlichen, die ihre Ursache in unbewussten, nicht oder nur unzulänglich verarbeiteten interaktionellen Konflikten hat und sich in Störungen des Erlebens und Verhaltens äußert, zum Ausdruck kommen darf. Diese bildet den Dreh- und Angelpunkt der musiktherapeutischen Behandlung einer in die Krise geratenen Selbstbehandlung, die einem psychotherapeutischen Verständnis entspringt und sich im Austausch von Musik und Sprache (sowie ggf. auch weiteren Ausdrucksformen) vollzieht. Durch die gemeinsame Beziehungsarbeit und in der Mitverantwortung der Jugendlichen können neue Wege und Perspektiven eröffnet, Handlungsspielräume erweitert und Defizite, Traumatisierungen und Konflikte bearbeitet werden (vgl. Haffa-Schmidt 1999, 31/32). Der Jugendliche mit seinen individuellen Möglichkeiten steht im Mittelpunkt; es geht nicht nur um Behandlung eines Symptoms, sondern darum, „unter Einbeziehung der Gesamtpersönlichkeit den Sinn der Symptome im Kontext von innerpsychischem Erleben, Interaktionsverhalten und familiärem bzw. gesellschaftlichem Umfeld zu verstehen" (Mahns 1997, 69). Es wird – und das soll im Rahmen der Arbeit an einer Schule noch einmal deutlich hervorgehoben werden – keine Anpassung oder Korrektur im Sinne einer „Normalisierung" angestrebt.

Als Musiktherapeutin sehe ich mich – unter Berücksichtigung dieser Überlegungen – als Begleiterin in einer von persönlichen Schwierigkeiten geprägten Notlage, die ein echtes, gefühlsmäßig in das Geschehen involviertes, klares Gegenüber und gleichzeitig eine verstehende Beobachterin ist. Ich möchte die Jugendlichen ernst nehmen, ihnen Halt gebende Strukturen anbieten, sie fordern und fördern, sich selbst nach den Bedingungen ihres Handelns zu befragen und bestimmen zu lernen, welchen Weg sie gehen bzw. vermeiden wollen.[1] Dazu gehört, ihr jetziges Handeln als jetzige Möglichkeit zu begreifen, ein Problem zu bewältigen. Das wichtigste Medium für mich ist dabei die Musik, weil ich selbst die Musik als not-wendend erlebte und erlebe und weil die Musiktherapie einen Spielraum bieten kann, „der dem jugendlichen Bedürfnis nach Selbstausdruck, nach narzißtischer Selbstdarstellung und nach Selbstfindung entgegenkommt" (von Moreau 1999, 25).

Innerhalb der Therapie bedarf es allerdings eines weit gesteckten musikalischen Spielraums, damit sich die seelische Verfasstheit der Jugendlichen in Szene setzen kann. „Wenn Musiktherapie (…) einen Beitrag leisten will zu einer Hinführung des Menschen zu seinen besseren Möglichkeiten, muß sie in Theorie und Praxis die Lebenswirklichkeiten der Menschen begreifen, in deren Dienst sie sich stellen will" (Kühn 2001, 91). Diese Aussage bezieht sich hier auf die Breite des musikalischen Angebots: Die Improvisation (mit besonderem Stellenwert), das Singen aktueller Songs (auch mit eigenen Texten) und ebenso das angeleitete Spiel (ggf. zur Musik vom Band), das Malen sowie die Bewegung zur und die Rezeption von Musik.
Im Zusammenhang mit dem musikalischen Spiel(en), das im Allgemeinen als Ausdruck eines „*Werdens*" verstanden wird, ist es wichtig, das Bedürfnis des Jugendlichen nach Anerkennung seines noch unsicheren Selbstkonzeptes zu berücksichtigen und eine Form zu finden, die seine (bzw. die gesellschaftlichen) Vorstellungen vom „Erwachsen-*Sein*" be-

---

[1] Erikson (1998) beschreibt, dass der Wunsch nach Unterstützung oft hinter Übertragungen und äußerer Fassade verborgen wird: „Nur scheinbar sitzt dem Therapeuten also ein hohnvoller, trotziger und abgewendeter junger Mensch gegenüber; in Wirklichkeit wird von ihm erwartet, daß er die Aufgabe einer Mutter übernimmt, ein kleines Kind von der Vertrauenswürdigkeit des Lebens zu überzeugen." (ebd. 170).

dient. Nur so kann er die Chance wahrnehmen, Neues zu probieren (wie es die Adoleszenz erfordert) und sich in spielerischen Handlungen symbolisch auszudrücken (vgl. Petersen 2001, 57 ff).

Zwei Prämissen machen die *musikalische Improvisation* zu einem wichtigen Bestandteil der musiktherapeutischen Arbeit: Zum einen ermöglicht das gemeinsame freie Spiel über die Musik als sinnlich-symbolische Aktionsform zwischenmenschliche Interaktion, zum anderen gestaltet sich in diesem schöpferischen Prozess in der musikalischen Form das Seelische selbst. Durch das Mitspielen des Therapeuten intensiviert sich die Formenbildung (deshalb ist auch das *gemeinsame* Spiel so wichtig); sein Spielen gestaltet sich von dem her, was im Seelischen des Patienten auf Ausdruck drängt. So wird es Patient und Therapeut – morphologisch ausgedrückt – möglich, die „Lebensmethode" des Patienten (eine unbewusste Methode, die das Verhalten und Erleben strukturiert, oder Teile davon) zu erkennen (vgl. Tüpker 1996a, 225) und in Musik und Sprache zu bearbeiten. Die Behandlung geschieht dabei nicht erst in Worten, sondern bereits innerhalb der musikalischen Spielhandlung selbst, indem unmittelbar mitvollzogene Affekte therapeutisch wirksam werden (vgl. B. Mahns 1997, 69). Der improvisatorische Dialog ermöglicht auch eine Art „Probehandeln" und kann dazu beitragen, eine verbale Auseinandersetzung vorzubereiten.

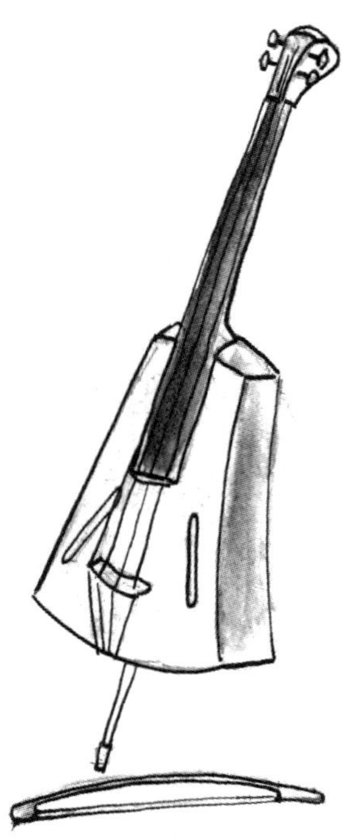

Neben der freien Improvisation (vgl. Hippel/Laabs 2001, 54) mit vielleicht nur einem Hinweis wie: „Spiel, was dir in die Finger kommt…" sind vielfältige Spielanlässe denkbar; sie ergeben sich aus dem Gespräch, aus einer bestimmten Situation oder werden von Patienten oder dem Therapeuten „mitgebracht". („Spielesammlungen" finden sich z.B. bei Hegi 1997; Lenz/Tüpker 1998). In der Arbeit mit Jugendlichen werden Spielanlässe in übungszentrierte (mit musikalischen, sozialen und emotionalen Inhalten), erlebnisorientierte (mit Themen wie „Stimmungsbilder" oder „Filmszenen mit aktuellem Bezug") und konfliktzentrierte Vorgehensweisen (vgl. Haffa-Schmidt 1999, 32) eingebunden. Improvisation ist in der Arbeit mit Jugendlichen nie ein „Muss", sondern vielmehr eine jederzeit verfügbare „Option". Ein geeignetes Instrumentarium ist wichtig: *Instrumente* sind Symbolträger; der Spieler kann Gefühle projektiv auf sie übertragen, Gefühle abreagieren, Spannungszustände regulieren und die Trennung zwischen Ich und Nicht-Ich in symbolischer Weise verarbeiten (vgl. B. Mahns 1997, 81). Musikinstrumente eignen sich besonders „zur Bearbeitung von nicht bewältigten Konflikten. Die symbolische Befriedigung von Wünschen wird im Musikmachen eher zugelassen" (ebd. 82). Dazu müssen die zur Verfügung gestellten Instrumente auch für musikalische Laien den spontanen Ausdruck von Gefühlen und Bedürfnissen ermöglichen, also Aufforderungscharakter haben und in ihrer Handhabung überschaubar sein, um keine Leistungsängste zu schüren. Es sollte eine möglichst breite Palette von Instrumenten verschiedener Größe und Klangfarbe angeboten werden – bei der Arbeit mit Jugendlichen auch elektronische Instrumente und Mikrofone – die unterschiedliche Spielweisen erlauben.

Eine Möglichkeit, erste Kontakte zu den Instrumenten aufzunehmen, bietet das *strukturierte Spiel*, das ursprünglich aus dem pädagogischen Bereich kommt. Zu einem Musikstück vom Band (das aus einem beliebigen Bereich stammen kann, in diesem Zusammenhang am besten aus dem der Popularmusik) werden entweder der Rhythmus, Teile der Harmonien oder Teile der Melodien „mitgespielt"; d.h. es gibt klare Aufgaben, die so angelegt sind, dass sie sofort oder nach einigen Übungsdurchgängen „richtig" gelöst werden können. Gerade in der Anfangsphase einer Therapie mit Jugendlichen kann so – unter Zuhilfenahme der ihnen bekannten Musik – Vertrauen und Sicherheit nicht nur im Umgang mit der neuen Situation und den Musikinstrumenten, sondern auch mit dem eigenen Selbst aufgebaut werden (vgl. Haffa-Schmidt 1999, 32). Die Mitspieler werden zu einem Teil der Musik, was ein Gefühl des „Könnens" impliziert und die Entstehung eines Gruppengefühls möglich macht.
Musiktherapie ist nicht gleichzusetzen mit *Instrumentalunterricht*, eine Tatsache, die man den Jugendlichen und vielleicht besonders den Eltern gegenüber betonen muss. Reichert (2001) beschreibt aber anschaulich, dass das Erlernen eines Instruments manchmal auch einen Teil des musiktherapeutischen Spielfeldes ausmachen kann (vgl. ebd. 51 ff).

Ein sehr wichtiger Aspekt ist der Einsatz von *nicht-musikalischen Medien*, wenn es darum geht, zwischen der Welt des musikalischen Spiels und der der Sprache zu vermitteln, wenn also „Transportmöglichkeiten", Übersetzungen und Zwischenstücke gesucht werden (vgl.

Tüpker 1996a, 126). Solche Medien sind u.a. Farbstifte, Zeichenblätter, Mandalas und Lebensspiralen zum Ausmalen, bunte Tücher und Gedichtsammlungen.

Grundsätzlich werden die Musik und außermusikalische Materialien immer dann verwendet, wenn sie bestimmten situationsbedingten Bedürfnissen der Beteiligten entsprechen; Vorschläge der Gruppenmitglieder werden möglichst aufgegriffen und integriert. Durch die aktive Begegnung besteht die Möglichkeit, dass die Kreativität der Jugendlichen gefördert wird, ihre Ausdrucksfähigkeit sich erweitert und ihr Selbstwertgefühl gestärkt wird.

Auch wenn die musiktherapeutische Behandlung nicht zuerst in Worten geschieht und die musikalische Handlung und die Wirkung auf den Spielenden bereits identitätsbildend sein kann (vgl. Esch 1999, 43), ist die *Sprache* unverzichtbarer Bestandteil der Arbeit. „Die sprachliche Bearbeitung der Erlebnisse kann Einsicht und Verstehen der Struktur seelischer Vorgänge erleichtern. Sinnlich-symbolischer Ausdruck, der Unbewußtes zum Klingen bringt und Gestalt werden läßt, bedarf zum tieferen Verstehen der Sprache" (B. Mahns 1997, 79). Auf welche Weise aber kann gesprochen werden? Eine verbale Aufarbeitung als „Reden über" in der Metakommunikation auf der *symbolischen Ebene* (wie z.B. in der Interaktion von „Tier zu Tier" oder von „Mensch zu Comicfigur" in der Arbeit mit Kindern), ist *nicht mehr*, das Gespräch auf der *realen Ebene* ist eher *noch nicht* möglich. Jugendliche beginnen, über sich selbst nachzudenken, sind aber in vieler Hinsicht unsicher und bedürfen besonders einer sicheren und vertrauensvollen Atmosphäre, um über sich selbst zu sprechen. Damit es nicht zu übermäßigen Widerständen kommt, bedarf es großer Sensibilität des Therapeuten in Bezug auf Fragen, Nachfragen (die ja auch stark vom Unterrichtsgespräch besetzt sind), Deuten und auch Ermunterungen wie: „Erzähl doch was von dir!" Gerade zu Beginn der Therapie ist größte Behutsamkeit wichtig, weil eventuell Misstrauen vorherrscht nach dem Motto: „Was geht den/die das an?" Hier ist meines Erachtens zusätzlich die Bereitschaft des Therapeuten gefragt, sich zu öffnen und sich als Realperson zu zeigen, die (scheinbar) Alltägliches auch von sich erzählt, wenn es die Situation erfordert. Esch macht darauf aufmerksam, dass sich Jugendliche oft zunächst vor allem musikalisch handelnd mitteilen; das Sprechen bekomme erst später einen größeren Stellenwert (vgl. ebd. 1999, 43). Andererseits ermöglicht das Gespräch *über* die Musik, z.B. die Musikvorlieben des Jugendlichen, möglicherweise erste Anknüpfungspunkte für die sprachliche Kommunikation.

Schule als Behandlungsort

„Können wir nicht den Gong ausschalten?" fragt Paula eines Tages, als uns der Des-Dur Schulgong mitten in die Improvisation „platzt"... Wenn die Schule tatsächlich zum Behandlungsort wird, so handelt sie mit und wird mit-„behandelt". Sie beauftragt direkt anstelle der Eltern die Förderstunden und unterstützt organisatorisch deren Durchführung. Indirekt wirken Hausordnung, Regeln, Zeiteinteilungen (z.B. auch die Ferienzeiten, in denen keine Förderstunden stattfinden), Sitten und Gebräuche mit. „All dies wird von dem

Klienten unbewußt mit in die Behandlung hineingetragen, spielt eine Rolle und hat Auswirkungen auf sein Verhalten und sein Befinden hier und jetzt" (Irle 1996, 24).
Die musiktherapeutische Förderung wird für Jugendliche mit seelisch bedingten Störungen im Erleben, im Verhalten, in der Schulleistung und/oder im körperlichen Bereich angeboten. In Fällen tief greifender Störungen oder Erkrankungen ist – nach Absprache mit den Jugendlichen und den Eltern – die Zusammenarbeit mit außerschulischen Einrichtungen unerlässlich.

Die Förderung ist ein vom Unterricht sowohl inhaltlich als auch zeitlich (innerhalb der Stundentafel oder im Anschluss an die Regelstunden) deutlich abgegrenztes Zusatzangebot. B Mahns stellt fest, dass es „erfahrungsgemäß erst dann zu einer Veränderung des Verhaltens kommt (...), wenn Kinder die Möglichkeit bekommen, ohne äußeren Leistungs- und Verhaltensdruck ihre inneren Konflikte auszudrücken und im Spiel zu bearbeiten" (B. Mahns 1997, 52). Diesen Aspekt gilt es auch bei Jugendlichen und gerade im Rahmen von Schule besonders zu berücksichtigen.
Musiktherapeutische Förderung in der Schule bedarf besonderer Aufmerksamkeit, was den Behandlungsauftrag, die Kooperation und Zusammenarbeit mit Eltern und Kollegen, die Doppelrolle Lehrer-Therapeut sowie den therapeutischen Schutzraum betrifft. Für die Arbeit mit Jugendlichen erscheinen mir die *Freiwilligkeit* der Teilnahme und die *Schweigepflicht* besonders bedeutsam: In Bezug auf die Teilnahme ihrer Kinder werden die Eltern selbstverständlich informiert, in die Entscheidung aber nur so weit involviert, wie die SchülerInnen es wünschen. Innerhalb der Therapie muss die Schweigepflicht grundsätzlich eingehalten werden. Das gilt auch für die Klassenlehrer und die Eltern, obwohl sie als (immer noch) wichtige Bezugspersonen möglichst einbezogen werden sollten. Dies ist mit den Jugendlichen zu besprechen; für einen intensiveren Kontakt zu Dritten bleibt aber immer ihr ausdrückliches Einverständnis Voraussetzung.
Die musiktherapeutische Förderung wird, da meist kein eigener Raum zur Verfügung steht, im Regelfall im Musikraum durchgeführt. Dieser kann eine andere „Note" bekommen, indem man eine Sitzecke für Gespräche und z.B. das Malen einrichtet, wobei der Tisch eventuell dekoriert ist (Kerze, Tuch o.ä.) und etwas zu trinken zur Verfügung steht.

Der organisatorische „Vorlauf" sieht folgendermaßen aus: Austausch mit der Schulleitung, Austausch mit der/dem KlassenlehrerIn, Information der Eltern der entsprechenden Klassen, Hospitation im Unterricht, Einladung der ausgewählten SchülerInnen zu einem Vorgespräch (verbindlich), Information der betroffenen Eltern, Durchführung von zwei freiwilligen „Probestunden", endgültige Teilnahmebereitschaft bis zum Ende des Halbjahres oder Absage, Elterninformation. Wenn die Jugendlichen zu den Förderstunden kommen möchten, ist es Teil des Arbeitsbündnisses, dass sie zu jeder Stunde erscheinen bzw. sich bei Krankheit oder schulischer Verpflichtung entschuldigen.

Erfahrungen aus der Praxis

In Absprache mit der Schulleiterin einer Realschule ergab sich die Möglichkeit, eine halbjährige (unentgeltliche) musiktherapeutische Förderung für verhaltensauffällige SchülerInnen der siebten Jahrgangsstufe in Kleinstgruppen oder im Einzelkontakt anzubieten. Da nach Ansicht der Schulleiterin für dieses Projekt kein Unterricht ausfallen durfte, sollten die Förderstunden im Anschluss an den Regelunterricht stattfinden. Meine anfängliche Befürchtung, dass jugendliche SchülerInnen nicht freiwillig länger in der Schule blieben, erwies sich später nur in einem Fall als begründet; dagegen wirkte sich die Ruhe im Schulhaus positiv aus, die Stunden mussten nicht pünktlich auf die Minute beendet werden und es wurde außerdem niemand akustisch gestört.
Die Klassenleiterinnen der siebten Klassen zeigten sich grundsätzlich offen, äußerten aber auch Bedenken in Bezug darauf, wie Eltern auf therapeutische Angebote reagieren könnten. Wir fanden im Gespräch schließlich die Bezeichnung „musikalisches Förderangebot“: Der Begriff der „Förderung“ schließt die intendierte Zielsetzung ein; er ist den Eltern bekannt und unterstreicht den offiziellen Stellenwert des Angebotes.

Den interessierten Jugendlichen stellte ich bei einem Treffen im Musikraum die Arbeit in ihrer Sprache vor: „Wir machen in kleinen Gruppen Musik; es sind eure Stunden, ihr bestimmt, was getan wird. Es handelt sich nicht um Unterricht und es gibt keine Bewertung.“
Dieses erste Gespräch wie auch die beiden Probestunden, an denen die SchülerInnen freiwillig teilnehmen konnten, würde ich inzwischen aufgrund der gemachten Erfahrungen zumindest für „stille“ Jugendliche im Einzelkontakt anbieten wollen, selbst wenn es später zur Arbeit in der Gruppe kommt. Auf diese Weise bestünde die Möglichkeit, intensiver auf das Gegenüber eingehen zu können und eher eine vertraute Atmosphäre zu schaffen, die gar keine Ähnlichkeit mehr mit der Klassensituation hat.

Als Kriterien für die Gruppenbildung dienten die jeweiligen Verhaltensweisen sowie die Überlegung, dass bei Jugendlichen die Arbeit in getrennt geschlechtlichen Gruppen eher die Voraussetzung für Vertrauen, Gemeinschaftsgefühl, Verbalisierung von musikalischem Geschehen und das Ansprechen von Konflikten schafft (vgl. Haffa-Schmidt 1999, 35). Aufgrund der Situation und besonders der Persönlichkeiten der SchülerInnen kam es für die längerfristige Arbeit zu sehr individuellen Konstellationen, von denen hier im Folgenden eine Einzelförderung und eine Zweier-Gruppe näher beschrieben werden.

Zwei Fallbeispiele

Auch auf die Gefahr hin, erst allmählich ein umfassenderes Bild der bisherigen und jetzigen Lebensumstände der Jugendlichen zu gewinnen, hatte ich mich entschlossen, kein „Erstinterview" durchzuführen, um einen möglichst unbelasteten und angstfreien Beginn zu gewährleisten. So ergaben sich meine ersten Informationen, die sich im Laufe der Zeit in der immer vertrauter werdenden Beziehung zu den Jugendlichen erweiterten, aus dem Vorgespräch mit ihnen selbst, einer Unterredung mit den Klassenleiterinnen, den Telefonaten mit den Eltern und den ersten beiden Probestunden.

Kiki und Azem: „Die besten Rapper in der Galaxie"

Kiki und Azem sind gute Freunde, beide 13 Jahre alt und leben jeweils mit Mutter und Geschwistern zusammen, ohne Kontakt zum Vater zu haben. Kikis Eltern stammen aus Jugoslawien, Azems aus der Türkei, beide Jungen sind in Deutschland geboren. Sie kamen zu Beginn des siebten Schuljahres vom Gymnasium zur Realschule, zeigen aber auch hier nach Aussagen der Klassenleiterin „sehr mäßige Schulleistungen" und drohen sitzen zu bleiben.

Kiki fällt mir im Unterricht dadurch auf, dass er ständig auf eine kindliche Art und Weise auf sich aufmerksam macht: Er spielt den „Kasper", neigt zu Übertreibungen, ist voller Unruhe, unkonzentriert und leicht ablenkbar. Er spricht schnell, viel und laut, hat eine „große Klappe" und kann anderen kaum zuhören.
Ich habe den Eindruck, dass Kikis Verhalten nicht unbedingt aus einem „unsicheren Arbeitsmodell" (im Sinne der Bindungstheorie, vgl. Magai 1995) resultiert, sondern möglicherweise eher aus den neuen Anforderungen und Entwicklungsaufgaben, die Pubertät und Adoleszenz an ihn stellen: Er erweckt den Eindruck, Kind bleiben zu wollen.
Kikis musikalische Vorliebe ist deutsche Rap-Musik; seine sonstigen musikalischen Vorerfahrungen beschränken sich auf das Singen im Schulchor. Ich hoffe, dass die musiktherapeutische Förderung ihm dabei helfen kann, ein Stück weit zu sich selbst zu finden, indem Strukturen angeboten werden, die Halt geben und ihm die Möglichkeit eröffnen, sich zu „erden". So wären Selbstexploration und die Entwicklung eines Bewusstseins für den eigenen Ausdruck denkbar, der nicht zwingend kindlich bleiben oder spezifisch männliche Züge tragen muss. Ich möchte Kiki begleiten bei der Weiterentwicklung zum Jugendlichen, der zwar das Kind noch in sich trägt, aber auch über sich reflektiert und Verantwortung für das eigene Tun übernimmt.

Azem vermittelt mir vom ersten Augenblick an den Eindruck einer unterdrückten Wut. Diese Wut darf nicht an die Oberfläche, weil er „cool" sein will, aber sie bahnt sich in Konfliktsituationen und in Situationen, die Azem als solche einschätzt, einen aggressiven Weg. Es kommt zu verbalen und tätlichen Angriffen gegen MitschülerInnen und Schuleigentum. Ich sehe in seinem gepflegten Äußeren, den „lässigen" Bewegungen und der Sprache einen Hinweis darauf, dass er sehr gerne schon erwachsen wäre. Er hat auch etwas Distanziertes, Verhaltenes, Resignatives an sich. Im Umgang mit Kiki fällt mir andererseits eine große Geduld und Nachsicht auf. Er findet Wege, ihn zum Zuhören zu bewegen und erscheint in vielen Situationen wie sein großer, beschützender Bruder. Der Freund bringt ihn seinerseits zum Lachen.
Azem hat keine musikalischen Vorkenntnisse, hört aber viel aktuelle Musik (vorwiegend Rap) und beschäftigt sich mit dem Gedanken, als DJ zu jobben. Nach meinem Empfinden leidet Azem unter dem „Dazwischen" der Adoleszenz. Sein ausgeprägtes geschlechtsrollenspezifisches Verhalten und das erhöhte Maß von Ärger und Kummer lässt in mir die Idee eines unsicher-ambivalenten Arbeitsmodells aufkommen. Ich glaube, dass ihm die Musik dabei helfen kann, erlebte Beziehungen hörbar zu machen und vielleicht auch zu verstehen, Beziehung zu gestalten und sie – trotz der absehbar kurzen Therapiedauer – als verlässlich zu erleben. Sie könnte ihn darin unterstützen, seine Gefühle wahrzunehmen und auszudrücken, bevor sie mit Überdruck herausbrechen, seine Schwächen zu akzeptieren und außerdem eigene positive Impulse – so auch „erwachsene" Anteile wie Verantwortung übernehmen oder Durchhaltevermögen – zu stabilisieren.

Einblicke in den Therapieverlauf

Die beiden Probestunden mit Kiki und Azem sind geprägt von atemlosem Ausprobieren der Instrumente und auch der Stimme, so als hätten die Jungen nur auf eine solche Möglichkeit gewartet. Sprachliche Kommunikation gestaltet sich ebenso „atemlos", ist im „normalen" Rahmen (will heißen: Es spricht immer nur einer, man hört sich zu, man beschäftigt sich nicht parallel mit anderen Dingen) nicht möglich. Die Probestunden werden nicht als solche wahrgenommen, für die Jungen steht scheinbar gar nicht in Frage, ob es weitergeht. Diese Selbstverständlichkeit erweist sich später allerdings als nicht verlässlich und muss dann hart erarbeitet werden.
In der zweiten Probestunde äußern Kiki und Azem den Wunsch, in der Musikförderung „Deutschen Rap" machen zu dürfen. Sie fragen, ob sie auch „echt schlimme Wörter" benutzen und „Leute abziehen" dürften. Ich spüre die Herausforderung – bisher war ja (fast) alles „erlaubt" –, ich werde auf die Probe gestellt. Ich erwidere, dass ich die „schlimmen Wörter" gerne auf mich zukommen lasse; „abgezogen" würde hier allerdings niemand. In dem anschließenden Gespräch darüber, wer und warum überhaupt abgezogen werden sollte, erzählen sie mir, dass gewisse Mädchen in der Klasse sehr „nerven". Mit dieser Konkretisierung verliert das Thema zunächst an Bedeutung. Die Kommunikation läuft wiederum schnell und laut und immer parallel zu anderen Aktionen ab. Mir kommt der Gedanke, dass ein Rap dem entspricht und von daher sehr passend ist als „Aufhänger" und Einstieg in die gemeinsame Arbeit.

Die musikalische Förderung von Kiki und Azem ist (und bleibt) geprägt von einem ständigen Wechsel zwischen Nähe und Distanz. Meine Beständigkeit und Zuverlässigkeit wird in dieser Hinsicht immer wieder auf die Probe gestellt, z.B. dadurch, dass die Jungen Verabredungen nicht einhalten. Zur dritten Stunde kommen beide nicht. Während ich wie ein „Tiger im Käfig" herumlaufe und auf sie warte, durchzucken mich Gedanken wie: Die Nähe war zu groß, sie müssen auf Distanz gehen; das Angebot ist nicht richtig; sie testen mich (im Sinne eines Übertragungsprozesses: Ich soll zeigen, ob die Beziehung trotz ihres Verhaltens bestehen bleibt). Von einer Lehrerin erfahre ich dann, dass sich die Klasse kurzfristig auf eine Exkursion begeben hat, die bis in den Nachmittag dauert. Ich bin erleichtert über diesen Grund, werde allerdings einmal mehr auf mein „Dazwischen" in der Institution Schule aufmerksam, weil ich nicht informiert wurde. Allerdings ändert sich das im Laufe der Zeit mit der Etablierung des Angebots. Ich beschließe, Azem und Kiki in der nächsten Stunde noch einmal auf ihre Verantwortung für die Förderstunden (und auch mich) anzusprechen. Eine Woche später ist Kiki krank und Azem erklärt, dass er sich abmelden möchte.

> *Er habe im Moment unheimlich viel Druck und auch nicht mehr so richtig Lust. Ich möchte ihm eine Improvisation darüber anbieten, unterdrücke aber diesen Impuls, weil Azem eindeutig reden will. Ich antworte, dass ich ihn zunächst einmal fragen möchte, was das für ein Druck ist und dass mich seine Aussage zur „Lust" überrascht, nach allem, was schon in den letzten Stunden passiert sei. Azem berichtet sehr ruhig, dass er sich auf dem Schulgelände mit einem Neuntklässler geprügelt hätte, nach-*

dem der ihn provoziert habe. Dann sei er „verraten" worden, Zeugen hätten falsch über ihn ausgesagt (es ging um „Nachtreten"). Jetzt bekäme er eine Klassenkonferenz (Maßnahme der Allgemeinen Schulordnung) und viele seiner Mitschüler würden ihn schneiden und beschimpfen. (...) Ich frage ihn, ob ihn an diesem Förderangebot störe, dass es in der Schule stattfinde, mit der er gerade so im Stress sei (ich denke an Risiken und Chancen der Therapie in der Schule...). Er bejaht, dann spricht er darüber, dass er doch eigentlich Lust hätte herzukommen, jetzt aber erst einmal seine Ruhe brauche. Ich denke, dass nur Klarheit Azem weiterhelfen könne, rede von den Möglichkeiten, die hier für ihn bestünden, aber auch von seiner Zusage und Verantwortung. Ich möchte einerseits keinen zusätzlichen Druck ausüben, andererseits ihn aber auf die mögliche Wirkung nach Außen hinweisen und spreche nach kurzer Überlegung auch davon, dass seine Teilnahme an diesen Stunden den Lehrern zeigen würde, dass er bereit sei, an sich zu arbeiten. (Anmerkung: In diesem Sinne schreibe ich später einen kurzen Brief an seine Klassenlehrerin, den er vorher liest.) Er berichtet dann davon, wie sauer seine Mutter sei; sie wolle jetzt, dass er nach der Schule immer sofort nach Hause käme. Aber eigentlich wüsste sie ja, dass er montags noch in der siebten Stunde Musik mache. (...) Mir fällt die Verbindung Lehrerin, Mutter, Therapeutin auf, möglicherweise der Versuch einer „Einordnung". Ich denke, dass seine Entscheidung positiv ausfallen wird (in diesem Moment nehme ich wahr, dass mir der Schweiß den Rücken herunter gelaufen ist); er bleibt aber dabei, die Stunde bis zur Konferenz „freihaben" zu wollen. Ich spüre, dass dies auch eine Frage seiner Selbstachtung ist und erkläre mich einverstanden. (Auszug aus der Stundenbeschreibung)

In den nächsten vier Therapiestunden spielen Nähe und Distanz nach wie vor eine Rolle, es bleibt aber in dieser Phase innerhalb des Settings. Die Jungen sind verlässlich: Sie kommen pünktlich, bringen notwendiges Material mit und arbeiten intensiv und eigenverantwortlich an „ihrem" Projekt. Sie nutzen die Komposition eines eigenen Rap´s zum unmittelbaren Erleben und Gestalten emotionaler und sozialer Inhalte und zum Einüben sozialer Kompetenzen. Ich denke viel darüber nach, in welche Richtung die Förderung läuft und ob ich nicht die Zügel in die Hand nehmen und mehr auf die freie, gemeinsame Improvisation hinarbeiten sollte. Grundsätzlich will ich mich nicht hinter Strukturen verstecken und genaue Vorstellungen und Pläne über den Verlauf der Arbeit entwickeln; aber ich möchte die Möglichkeit zur Improvisation nutzen, wenn sie sich ergibt. Ich fasse den Beschluss, die Jungen zunächst einmal auf ihrem selbst gewählten Weg zu begleiten. Bezeichnenderweise steht dies auch *innerhalb* der Stunden gar nicht in Frage. Vieles bewegt sich und erscheint „richtig" – die kritischen Fragen stellen sich vorwiegend in der Zeit zwischen den Stunden ein.

Im Therapieverlauf zeigt sich an vielen Stellen, dass der Austausch von Sprache und Musik (auch wenn sie nicht gemeinsame Improvisation ist) der Erweiterung von Handlungsspielräumen und der Bewusstmachung/Bearbeitung von Konflikten dienen kann. Als kurzes Beispiel sei hier eine Szene aus der fünften Stunde angeführt, in der ein Song Ausgangspunkt für ein Gespräch ist: Im Song „Heal the world" (ein Popsong des Sängers Michael Jackson), den die Jungen mit Inbrunst und Hingabe singen, kann Kiki sich leise, Azem sich träumerisch zeigen. Beides ist für sie sonst nicht mit ihrem jeweiligen Selbstbild vereinbar. Nach der gemeinsamen musikalischen Aktion, die Kontakt eröffnet und innere Berührung ermöglicht hat, kommen wir ins Gespräch über die Schule, bei dem niemand dem anderen ins Wort fällt und die Jungen benennen ganz nebenbei – und natürlich auch auf sprachlichen Umwegen – die Ursachen ihrer Probleme: Kiki möchte im Mittelpunkt stehen, Azem kann nicht mit Provokationen umgehen. Scheinbar ablenkend spricht Azem dann von dem eigenen Rap. Gemeinsam erarbeiten sie, wie man einen Rap am besten komponiert: Eigene (deutsche) Texte über den Alltag werden zu einem Rap-Playback, das Azem mitbringen will, gesungen. Auf einen einfachen Nenner gebracht, singen die Jugendlichen also vom „Heilen", dann wird sprachlich lokalisiert, was es zu „heilen" gilt und schließlich wird die musikalische Methode festgelegt. In den folgenden Stunden kommt es auch mehrfach zu gemeinsamem improvisatorischem Spiel zur Musik vom Band, das sich als beziehungsstiftend erweist.

In der siebten Stunde, bei einem Probedurchgang des Rap, beginnt Azem frei zu rappen.

> *Plötzlich ist seine ganze Wut zu hören: „Zu Tode rappen, ich schick' dich auf den Strich, wenn Azem reimt, dann hörst du, wie dein Vater weint, ich mach' dich fertig, ich krieg' dich, Zähne ausschlagen, ich bin hier am rappen und mach' dich damit fertig." Ich improvisiere dazu am Klavier, die ganze Zeit über. Dann beginnt ein neues Stück auf der CD, er fragt mich: „Sollen wir das mal versuchen?" Er bezieht mich ein, wünscht meine Unterstützung, es soll noch weitergehen.*
> *Azem spricht von Michael Jordan, „Pascal die Fresse einhauen", dann: „Hallo, ich bin dein Vater, hab' viel Theater, ganz ein Privater, ich mach' dich hier einfach zum Doofen, ich reiß' dir hier gleich den Arsch auf..." Er bricht abrupt ab, es folgt eine längere Pause, dann spricht er wieder über sich selbst: Ein knallharter Skater im Revier. Jetzt singt er kurz mein Klavier-Motiv mit! Als die Jungen danach noch ein neues Stück probieren wollen, erinnere ich an den Schluss. Wenig später singt Azem noch einmal ins Mikro: „Manchmal redet ihr nur blabla." (Ich denke, das ist auf mich bezogen). Er wirkt aber erleichtert. (Auszug aus der Stundenbeschreibung)*

Ich weiß nicht, ob es sich bei Azems Text um Zitate aus anderen Rap-Songs handelt, aber so oder so deuten sich hier negative Gefühle zum Vater an. Es ist möglich, dass Azem schlecht behandelt wurde und/oder sich verraten fühlt; es geht um Tod, Aggressionen und Trauer (der Vater weint). Ich bin betroffen, möchte Azem schützen (fühle mich musikalisch dazu aufgefordert, als er mein Motiv mitsingt), habe aber rückblickend in der Situation offenbar „nur" das Angebot eines Abbruchs parat. Kiki lenkt dann das Gespräch auf praktische Fragen und schafft so einen Übergang. Azem geht gelöst und mit einem positiven Blick auf die nächste Stunde.
Ich mache mir Gedanken, wie ich mich jetzt verhalten soll. In der Therapiestunde wollte er kein Gespräch führen und ich glaube, ihn so weit zu kennen, dass nur ein Schritt in diese Richtung zu einem sofortigen Rückzug führen würde. Aber werde ich ihm damit gerecht? Auch verspüre ich den Wunsch, Kontakt zu seiner Mutter aufzunehmen, doch das scheint mir undenkbar. Andererseits hat er ja offenbar das alles in der Musik ausgedrückt, an die Musik abgegeben, ihr anvertraut und damit Ballast abgeworfen. Vielleicht geht es hier auch darum, Sprache und Musik zur Verfügung zu stellen, um Aggressionen auf diesem Feld auszudrücken und loszulassen. Am liebsten würde ich Azem die Weiterarbeit in einer Ein-

zelförderung anbieten, aber das ist organisatorisch nicht möglich. Ich nehme mir also vor, ihm weiterhin so nah wie möglich und so fern wie nötig zur Seite zu stehen.

Die letzte Förderstunde ist besonders intensiv: Die musikalische Arbeit, in der jeder der Jungen seinen Beitrag zum Gelingen leistet, ebenso wie die Gespräche. Im Zusammenhang mit dem Thema Familie kann Azem die (begründete) Hoffnung formulieren, dass seine Mutter hinter ihm stehen werde, auch wenn er das Schuljahr wiederholen müsse und sie sehr enttäuscht darüber sein würde. Er erzählt von sich aus, dass er sehr guten Kontakt zu einem der Brüder seines Vaters habe, der ihn regelmäßig besuche und ihm auch z.B. CD-Rohlinge schenke, die er aber eigentlich doch gar nicht annehmen könne. Ich verstehe das als unausgesprochene Frage und sage, dass ich das ganz in Ordnung fände, ebenso wie mich der Kontakt für ihn freue. Für Azem, der ohne Vater aufwächst, ist es wahrscheinlich besonders wichtig und gleichzeitig auch schwierig, Beziehung zu einem männlichen Erwachsenen aufzubauen. Mir kommt es in diesem Moment darauf an, ihm das Beziehungsangebot des Onkels als Chance zu bestätigen. (Dabei kann ich nur hoffen, dass es wirklich eine ist). Auffällig ist, dass heute die Gespräche offenbar den Raum öffnen für konzentriertes Arbeiten an der Musik. Der Rap wird abgeschlossen, auch Azem zeigt Freude über das Ergebnis.

Kiki konnte im Umgang mit der Musik beginnen, seine Stärken und Schwächen zu reflektieren und im Zusammenhang damit sein Verhalten zu verändern. Seine Entwicklung wurde auch im Alltagsleben registriert. Ich denke, dass die therapeutische Begleitung trotz ihrer zeitlichen Begrenztheit für Kiki eine sinnvolle Erfahrung war. Bei einer Fortsetzung der Förderung wäre jetzt die Arbeit in einer größeren Gruppe angezeigt, in der er weiter stabilisiert und befähigt werden könnte, kompliziertere Gruppenprozesse mitzugestalten.
Ich denke – und so äußert er sich auch selbst – dass Azem ebenfalls viel „geschafft" hat. Aber ich empfinde gleichzeitig, dass vieles auch gerade erst angefangen hat und fühle mich nicht gut mit diesem Ende, welches durch den Rahmen des Projektes vorgegeben ist. Eine Weiterarbeit in der Einzelförderung könnte ihm jetzt noch mehr Spielraum bieten, auf individuelle Weise – ohne Berücksichtigung seiner üblichen Rolle – Konflikte zu benennen und zu bearbeiten.

Paula: „Das singende Burgfräulein"

Paula fällt mir in der Hospitationssituation durch ihre in sich gekehrte, nach außen völlig abweisende Haltung auf. Zunächst habe ich das Bild des punktuellen „Sich-Tot-Stellens", später ersetzt durch das eines „Hundertjährigen Schlafes". Ein periodischer Rückzug in das eigene Phantasieleben hilft vielen Jugendlichen, die eigenen Bedürfnisse und Ziele auf die tatsächlichen Realisierungsmöglichkeiten abzustimmen. Paula scheint sich aber so sehr von der Realität abzukehren, dass dieser Versuch, ein Problem zu bewältigen, zu großen Schwierigkeiten führt.
Paulas schulische Leistungen sind schlecht, obwohl sie die siebte Klasse wiederholt. Im letzten Sommer wechselte sie vom Gymnasium zur Realschule und hat bis jetzt noch keine Anbindung an die neuen Klassenkameraden. Sie ist ein sehr hübsches schlankes Mädchen mit langem braunem Haar, körperlich viel entwickelter als die anderen Schülerinnen. Sie stylt sich auch modischer und ist geschminkt.
Paula ist 13 Jahre alt. Sie wächst als Scheidungskind in neuer Familienkonstellation auf (die Eltern trennten sich, als sie acht oder neun Jahre alt war). Paula vermisst ihren leiblichen Vater sehr; Mutter und Tochter haben nach Auskunft der Mutter große Probleme, die die Mutter aber ausschließlich auf Paulas Veränderungen in der Adoleszenz zurückführt.
Aus bindungstheoretischer Sicht liegt die Vermutung nahe, dass Paula möglicherweise ein unsicher-vermeidendes Arbeitsmodell entwickelt hat, in dem Bindungsverhalten und -gefühle unterdrückt werden, um erwarteten weiteren Kummer zu vermindern. Damit korreliert z.B. die Vermeidung von Ärger oder negativen Gefühlen bei emotionaler Belastung und die Verhinderung wichtiger sozialer Erfahrungen, insbesondere solcher, die zu eigenem Wissen über mimische Ausdrucks- und Kommunikationsmöglichkeiten führen.
Für die musiktherapeutischen Förderstunden mit Paula hege ich die Hoffnung, dass in der Musik und einer konsequent annehmenden therapeutischen Grundhaltung Beziehung ermöglicht, Misstrauen und Angst abgebaut sowie eine für die Entwicklung von Ich-Identität notwendige Stabilität erfahrbar gemacht werden können – und dass Paula sicher aufwacht.

Einblicke in den Therapieverlauf

Schon in den Probestunden wird deutlich, dass die Musik für Paula Ausdrucksmittel sein kann. Sie hat gute Erfahrungen mit Musikprojekten in der Grundschule gemacht, besitzt Vorkenntnisse (hat z.B. auch kurze Zeit Klavier gespielt), fragt nach Instrumenten, ist neugierig und gibt nicht auf („tapfer"), auch wenn sich Widerstände zeigen (z.B. im Umgang mit einem Streichpsalter). In der musikalischen Interaktion wirkt Paula viel lebendiger als sonst: Sie greift kleine Motive auf, bildet Formen, variiert Rhythmus, Dynamik und Melodie und kommuniziert über die Musik. Hier entsteht auch Blickkontakt und ihre Mimik verändert sich. Mit Beendigung der musikalischen Aktion ist aber das Lebendige verflogen, sie zieht sich wieder in die abweisende „Schneckenhaus-Haltung" zurück und scheint zu denken: Ich kann nicht anders, als mich auf die Musik einlassen – aber das darf doch wohl nicht wahr sein! In diesem Sinne äußert sie sich in den Gesprächen nach Improvisationen und anderen musikalischen Aktionen – wenn überhaupt – scheinbar widerwillig und nur sehr kurz, oft aber beeindruckend präzise.

Den Umgang mit der Stimme lehnt sie zunächst ab, in der zweiten Therapiestunde erzählt sie aber, bei einem Musicalprojekt in der Grundschule („Ritter Rost") die weibliche Hauptrolle, das „Burgfräulein Bö", gesungen zu haben. Über diese positive Erfahrung aus Kindertagen, die wir später gemeinsam noch einmal aufleben lassen, kann Paula langsam ihr Ich-Ausdrucksmittel, die Stimme, wieder entdecken. Bemerkenswert ist, dass sie sich insbesondere dem Lied zuwendet, in dem Burgfräulein Bö als Ersatz für den feigen Ritter Rost im Kampf gegen den Drachen ihre Tapferkeit und ihren Mut unter Beweis stellt. Ich denke, dass Paula in diesem „Angriffslied" (so der Titel) ihrem Wunsch Ausdruck gibt, sich nach außen richtende Abarbeitungsmöglichkeiten für Aggressionen zu finden und aktiv gegen Ohnmachtsgefühle angehen zu können: Ein „Singen gegen die Angst". Paula weckt in mir in der Gegenübertragung das deutliche Gefühl, sie beschützen und halten zu wollen. Wir gestalten auch ältere Popsongs, musikalisches Material, das sie noch aus ihrer Kinderzeit kennt, das aber eigentlich der Jugend- und Erwachsenenwelt entstammt und für sie persönlich auch eng mit den Eltern, die diese Lieder hörten, verbunden ist.

Kurze Gespräche über persönliche Vorlieben werden möglich: So zeichnet Paula gerne und sehr gut und sie liebt Pferde. Trotzdem ist da diese „unsichtbare Mauer", eine „Mir-ist-eigentlich-alles-egal-Haltung", mit der sie meine Beständigkeit und Zuverlässigkeit immer wieder auf die Probe stellt.

Es wird deutlich, dass Paula nicht möchte, dass ich ihrer Mutter über die Therapiestunden berichte. Also beschränke ich mich auf knappe schriftliche Mitteilungen über das, womit wir uns inhaltlich beschäftigen und meine Freude über Paulas regelmäßige Teilnahme. Diese Schreiben sind offen, so dass auch Paula Einblick nehmen kann.

In der sechsten Therapiestunde kommt es zu einer gemeinsamen Improvisation, in der sie sehr zart und sehr leise Metallophon spielt. Da ist wieder Dornröschen, im hundertjährigen Traum, umgeben von der Unrast der Welt, aber unantastbar; dieses Bild drängt sich mir auf. Die zurückhaltende Dynamik und Formgebung in der musikalischen Gemeinsamkeit weist hin auf den Wunsch nach Intensivierung gerade dieser Formenbildung, nämlich der zarten, die behütet sein will. Später kann Paula dann die Möglichkeit nutzen, frei und doch geborgen ihre Musik in eine Zeichnung zu „übersetzen" (eine Palme auf einer einsamen Insel). Dieser Vorgang bedeutet – ohne dass bereits die Welt der Sprache betreten wird – einen wichtigen Schritt, auch weil Paula einen Teil ihres Alltagslebens, den sie mit ihrem Selbstbild vereinbaren kann, in die Therapie integriert.

In der nächsten Stunde improvisieren wir wieder gemeinsam; sie spielt diesmal Konga, ich Klavier.

> *Die Improvisation beginnt mit „Frage" und „Antwort". Paula nimmt das auch deutlich wahr und geht darauf ein: Klopfen, kratzen, schlagen. Witzig, chaotisch, laut, aufmüpfig. Als wir diese Stelle später anhören sagt sie: „Das war ich aber nicht." Ich bin dermaßen überrascht, dass ich nur antworte: „Doch klar, wir beide." Dann verebbt alles und ich spüre den Wunsch, ihr eine sichere*

Grundlage anzubieten. Mir fällt die kleine ruhige Dur-Melodie ein, die sie einmal auf dem Klavier gespielt hat. Paula erkennt sie sofort wieder, lächelt überrascht. Sie spielt einen präzisen, oft abwechslungsreichen Grundrhythmus dazu. Die Musik ist ausgeglichen, rund und harmonisch. Paula hat – wie oft in der Musik – das „letzte Wort", spielt bewusst den letzten Ton. Anschließend lächelt sie und seufzt auf; eine sprachliche Äußerung, die ihr auf den Lippen zu liegen scheint, nehme ich ihr ab: „Schön." Sie stimmt überzeugt zu und hat Lust, dazu zu malen. Wir hören die Improvisation insgesamt dreimal. Ich male ebenfalls, ein Gewitter zum Anfang der Musik, einen Regenbogen und ein zartes Pflänzchen mit starkem Wurzelwerk (die gemeinsame Melodie). Überall sind „P's" (der Buchstabe „P" steht für Paula); das Ganze wird getragen von einem dreifachen Boden, unten verstärkt durch Wappen. Ich spreche als erste, um ihr das quasi „vorzuleben", und deute das Bild, betonend, dass das meine persönliche Sicht sei: „Du bist im Gewitter, ebenso wie im Regenbogen. Das Pflänzchen bist du (da sagt sie zärtlich: „Oh, du…"), mit vielen Talenten, die du noch nicht immer als solche erkennen kannst, im aktiven Wachsen. Du hast etwas von Burgfräulein Bö und das Ausrufezeichen ist dein letzter Ton…" Sie hört sich das alles gespannt und aufmerksam an, sagt aber nichts dazu. Dann frage ich, was sie gemalt habe. Sie sagt, dass sie erst unsicher gewesen sei, was sie malen sollte, (dazu gehört auf der einen Blattseite ein Sonnenaufgang(-untergang), die abstrakte Krone einer Palme, spitzer und nicht vollständig, außerdem links unten einige abstrakte Zeichen); sie wisse auch nicht, warum sie dann dieses andere Bild gemalt habe (auf der Rückseite des Blattes: ein Licht ohne Quelle, ein fliegendes Einhorn, der Unterleib und die Hinterläufe „zerfließen" in eine Wolke, aus der Einhornwolke regnet es). Sie sagt, sie habe das Bild im Kopf gehabt, sie habe immer Bilder im Kopf. Sie sähe jemanden wegrennen, fliehen, ganz weit weg, in ein Licht. Ich frage, ob das Licht gut sei, und sie bejaht. Sie kann nicht sagen, welches Tier das sei, die Wolke erwähnt sie und den Regen. Nachher nimmt sie das „Fliehen" zurück: „Jemand rennt, befreit sich von Allem und läuft und läuft. Ich weiß nicht, warum ich das gemalt habe …". Diesmal beendet Paula die Stunde, packt ihre Sachen ein. Wir sprechen noch kurz über Organisatorisches (sie will mich anrufen wegen nächster Woche, da ist Elternsprechtag). Sie bringt ihre Konga weg, geht irgendwie erwachsener als sonst. (Auszug aus der Stundenbeschreibung)

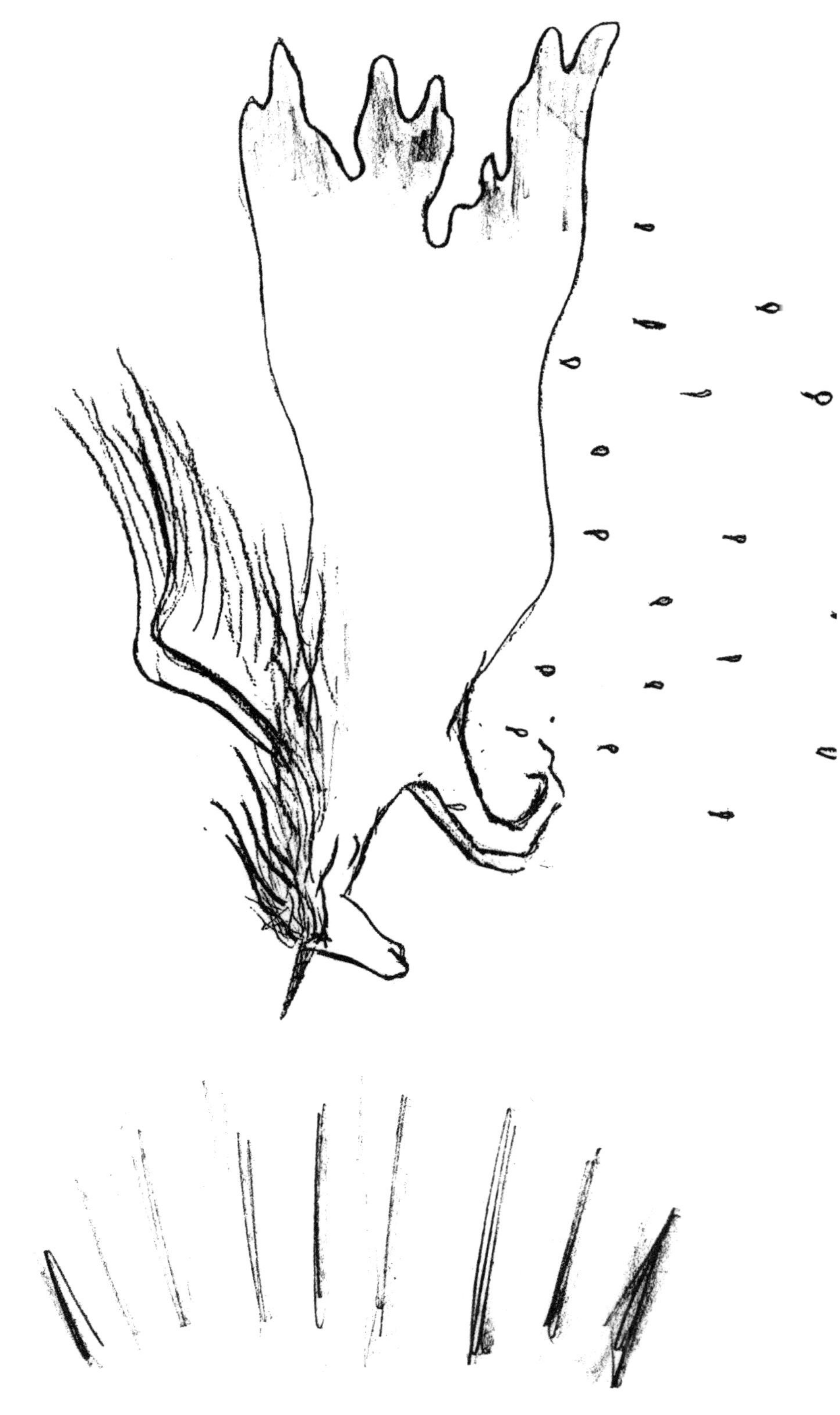

Zur Improvisation

Ich bitte eine befreundete Musiktherapeutin um ihre Bilder zur Musik. Sie beschreibt:

> *Ein nicht eindeutiger, würdevoller, großer Raum, wo wer anders gegenwärtig ist, z.B. göttliche Geister; an die Hand nehmen, Initiationsritus. Am Anfang geht es um Bekanntmachung, der Erwachsene macht das Angebot, etwas Geheimnisvolles zu zeigen. Das Kind geht etwas zögernd mit und die beiden erleben etwas Beeindruckendes. Als es genug ist, verlassen sie (Hand in Hand) den Ort. Der Erwachsene begleitet das Kind so lange, bis es seine Eindrücke verarbeitet hat.*

Paula folgt ihrer eigenen Melodie, die aus Kindertagen stammt und die sie in der Therapie wieder entdeckt und hier anvertraut hat. Die „Auspolsterung" – ganz im Sinne von: ausfüllen, groß machen, erweitern (Rhythmus der Konga) – führt zu einem Einhüllen und Weiterführen in Richtung ihrer eigenen „Idee".

Zur Zeichnung

Paula versucht in ihrer ersten Zeichnung zunächst, an die der letzten Stunde anzuknüpfen (Sonne, abstrakte Palme), aber das scheint heute nicht zu „passen". Das Element des Lichts übernimmt sie dann in dieses zweite Bild (ohne Bezeichnung der Quelle). Die zielgerichtete starke Vorwärtsbewegung, die in der Zeichnung sichtbar wird, gipfelt im Horn des fliegenden Fabelwesens (eine Verbindung zu Paulas Äußerung ist vielleicht auch in der Zielgerichtetheit des „Rennens" und im raschen Tempo beider Bewegungen zu sehen). Die Erleichterung durch Ablassen von Regen verdeutlicht das „Sich-von-allem-Befreien" und auch eine gewisse Trauer (Tränen). Gleichzeitig kommt der Gedanke an Menstruation (Frau-Sein) auf, auch wenn ein Einhorn grundsätzlich kein Geschlecht hat und hier nicht einmal der Unterleib ausgebildet ist. Das Einhorn bewegt sich hin zu einer Lichtquelle, aus eigenem Willen und eigener Kraft, aber geleitet. Hier ist die Entsprechung zu dem in der Improvisation zu hörenden „An-die-Hand-Nehmen".
Ganz allgemein lassen sich in Improvisation und Zeichnung Aspekte der Adoleszenz wieder erkennen, die den Gedanken eines Initiationsritus (der in unserer Gesellschaft leider verkümmert ist) nahe legen.

Ich treffe Paulas Klassenlehrerin und sie eröffnet das Gespräch mit der Mitteilung, dass Paula sich in letzter Zeit „total gemacht" habe, viel offener geworden sei, was ihrer Meinung nach sicherlich auch durch die Musik mit bedingt sei. Die Mutter zeige jetzt mehr Interesse an schulischen Dingen, komme zum Elternsprechtag und zu Elternabenden. Die Klassenlehrerin berichtet weiter, dass die Veränderung Paulas schon nach den ersten Wochen dieses Halbjahres begonnen habe und – nachdem Vicki neu in die Klasse gekommen und Paulas Freundin geworden war – noch einmal eine andere Qualität erhalten habe.

In den letzten beiden Stunden bis zu den Sommerferien wirkt Paula sehr viel gelöster und zeigt, dass sie ein sehr humorvoller Mensch ist. Sie macht nach wie vor nicht viele Worte, aber sie spricht über persönliche Themen, z.B. ihre Hobbys und ihre Berufswünsche. Sie äußert sich erstmals positiv über das Verhältnis zu ihrer Mutter, die ihre Ausdauer lobe; Paula hat vor, den Lieblingssong der Mutter aufzunehmen und ihr die Aufnahme zu schenken. Es scheint auch, als verlagere sich die Idealisierung des Vaters in Richtung Wertschätzung: Sie geht jetzt davon aus, das Schuljahr schaffen zu können. Ihr Problem sei immer Mathe (obwohl sie viel dafür arbeite); sie vermutet, dass ihr Manko wohl mit einem halbjährigen Ausfall in der Grundschulzeit zusammenhänge. Die Mutter habe Stress mit dem Vater gehabt; der sei dann mit Paula in Spanien gewesen. Paula sollte wohl etwas für die Schule tun, „aber meine Eltern haben nicht darauf geachtet". Sie beschreibt die damalige Situation realistisch und ohne einseitige Schuldzuweisung in Richtung Mutter oder Vater.

Auch unsere Kommunikation wird zum Thema: Als sie, nach ihren Wünschen gefragt, wieder einmal mit: „Egal" antwortet, bitte ich sie halb scherzhaft, doch einmal etwas anderes zu sagen. Darauf meint sie, dass sie eben zu allem Lust habe und sich nicht entscheiden könne. Es entwickelt sich ein Gespräch darüber, dass das so bei mir nicht angekommen ist und welche Gründe es dafür gibt. Auch ihre Mimik können wir thematisieren. Dazu machen wir interessante Versuche mit einem Spiegel und mit verschiedenen Instrumenten: „Wie klingt traurig, wütend, ausgeglichen…?"

Wir sprechen über den bevorstehenden Abschied und Paula fragt, ob sie nicht weitermachen könne. Wir einigen uns darauf, in jedem Fall nach den Sommerferien noch den Song für ihre Mutter aufzunehmen. Sie ist einverstanden, dass ich über unsere Arbeit schreibe, und sie möchte die Darstellung auch gerne lesen.

Eine schöne kleine Szene noch zum Schluss: In der vorletzten Stunde ist Paula in das Improvisieren am Keyboard so versunken, dass ich sie frage: „Paula, bist du wach?" Sie antwortet: „Klar. Ich habe nur ein bisschen vor mich hin geträumt."

Nachklang

Paula, Kiki und auch Azem „schaffen" das siebte Schuljahr. Kiki meldet sich nicht mehr bei mir wegen eines Treffens im Studio (das wollte ich nach Absprache arrangieren); bei der Übergabe der gebrannten CDs meint er, das sei nicht mehr so wichtig, er habe ja jetzt eine eigene gute Aufnahme. Ich erkundige mich, wie die Musikförderung insgesamt empfunden wurde, und er antwortet, es sei cool gewesen, mal was anderes in der Schule zu machen und den Rap bis zum Ende „durchzuziehen". Außerdem habe er auch irgendwie was über sich gelernt. Auf meine Nachfrage, was das denn sei, sagt er: „Na ja, dass ich mich auch anders verhalten kann." Azem spricht nicht viel; es gehe ihm „ganz gut", er habe aber etwas Stress mit der neuen Klassenlehrerin. Die Musikförderung sei „ganz gut" gewesen, „mal was anderes"; in den Ferien habe er sich mit seinem Onkel getroffen. Dann geht er zum Klavier und spielt ein paar Töne.

Paula meldet sich kurz nach den Ferien mit einem wunderschön verzierten Brief: Sie würde sich freuen, „weiter Musik zu machen und zu hören, zu singen und zu malen". Dazu kommt es dann allerdings nicht: Ihr fehlt die Zeit für ein Treffen, da sie sich jetzt verstärkt in der Schule (im Chor) und beim Sport engagiert – eine Entwicklung, die mich freut.

Bezüglich der Zusammenarbeit mit Eltern und Kollegen zeigte die Erfahrung, dass es für Elternarbeit einer *sehr* guten Vertrauensbasis mit den jugendlichen SchülerInnen bedarf, nicht zuletzt weil sie durch die Gepflogenheiten der Institution Schule daran gewöhnt sind, dass Elterngespräche oft nur geführt werden, wenn es darum geht, „Beschwerden" loszuwerden. Im Gegensatz dazu schien es den Jugendlichen eher recht zu sein, dass ich mit ihren Klassenlehrerinnen über sie sprach: Sie sahen mich als der Institution Schule zugehörig; für Kiki und Azem wurde ich sogar Verbindungsglied zu den LehrerInnen.

Ich bin sicher, dass, wie Irle für das Internat formuliert, auch die Schule heute ihren „pädagogischen Auftrag nur dann ganz erfüllen kann, wenn (sie) Verhaltensauffälligkeiten psychologisch versteht und therapeutische Ergänzungsmaßnahmen anbietet" (Irle 1996, 30).
Neben einer Unterstützung von offizieller Seite ist dafür ein hohes Maß von persönlichem Einsatz erforderlich, der von Zusammenarbeit mit anderen MusiktherapeutInnen, Öffentlichkeitsarbeit, Interventionen bei der Schulbehörde, Überzeugungsarbeit an der eigenen Schule und eben einer Utopie getragen wird. Vielleicht können diese Ausführungen dazu ein wenig Mut machen.

Vom Leid, das keiner hört – Musiktherapie mit den stillen Kindern

Erika Menebröcker

Einleitung

Seit Februar 2002 arbeite ich wieder als Lehrerin an einer Grundschule in Niedersachsen, nachdem ich meinen Erziehungsurlaub dafür nutzen konnte, zusätzlich Musiktherapie in Münster zu studieren. Mit dieser Ausbildungskombination stehe ich nun im facettenreichen Spannungsfeld von Therapie und Pädagogik. Es steht außer Frage, dass sich aufgrund der therapeutischen Ausbildung neue Handlungsmöglichkeiten im Umgang mit schwierigen Schülern ergeben haben. Als relativ schwierig erwiesen sich jedoch meine Bemühungen, musiktherapeutische Angebote in den Schulalltag integrieren zu wollen: Es dauerte eineinhalb Jahre, bis sich eine Möglichkeit ergab, an meiner Schule ein musiktherapeutisches Zusatzangebot einzurichten. Mein Angebot, ein „musiktherapeutisches Förderangebot" im Rahmen meines Stundendeputats als Lehrerin umzusetzen, scheiterte zunächst daran, dass aufgrund der unzureichenden Stundenversorgung der Schule grundsätzlich keine Förderstunden eingerichtet werden konnten. Als die Schule ein Jahr später ein geringes Kontingent von Förderstunden erhielt, wurden diese Stunden üblicherweise den Lernbereichen Deutsch und Mathematik zugeteilt. Bis heute gibt es somit an meiner Schule noch keine Möglichkeit, musiktherapeutische Fördermaßnahmen von Seiten der Schulbehörde finanziert zu bekommen.

Inzwischen wird jedoch eine „Stille Gruppe" vom Schulverein finanziert. Auch wenn sich die Bezahlung nicht mit meinem Stundenlohn als Lehrerin vergleichen lässt, sehe ich durchaus positive Aspekte in einer Trennung der (finanziellen) Zuständigkeiten: Da diese Stunde zusätzlich zu meinem Stundenkontingent stattfindet, werde ich im Bedarfsfall nicht für andere Aufgaben (z.B. Vertretungsunterricht) abgezogen. Die Kontinuität der therapeutischen Arbeit ist damit gewährleistet.

Als ich mit meinem musiktherapeutischen Anliegen an den Schulverein herantrat, hatte ich mich bewusst dazu entschlossen, eine Gruppe für gehemmte und extrem schüchterne Kinder anzubieten. Die Idee hierzu entstand bereits während meiner Diplomarbeit: Mehrere Musiktherapeuten an Schulen, die ich zu ihren Erfahrungen befragte, konnten gerade in Bezug auf ihre Arbeit mit sehr stillen Kindern von positiven Verhaltensänderungen innerhalb kurzer Zeit berichten. Im Gegensatz dazu dauerte es bei Kindern, deren Verhalten sich massiv gegen das soziale Umwelt richtete, häufig länger als ein Jahr, bis anhaltende Veränderungen zu beobachten waren (vgl. Menebröcker 2001). Da die Akzeptanz eines musiktherapeutischen Angebots im Lehrerkollegium offensichtlich sehr von den sichtbaren

„Erfolgen“ abhängt (vgl. ebd.), erschien mir im Hinblick auf eine Etablierung der Musiktherapie eine Gruppe für die stillen Kinder als besonders geeignet.

Die „Stille Gruppe“

Die Gruppe besteht aus fünf Kindern: zwei Jungen aus unterschiedlichen vierten Klassen, zwei Mädchen aus unterschiedlichen dritten Klassen und einer Zweitklässlerin aus meiner eigenen Klasse. Entgegen meinen eigentlichen therapeutischen Prinzipien – kein Kind gleichzeitig in Therapie *und* Unterricht – unterrichte ich auch einen der beiden Jungen (Malte) in Musik. Da beide Kinder jedoch nie von mir im Unterricht „gemaßregelt“ werden müssen, kam es bisher auch noch nicht zu Konfliktsituationen bzw. zu Rollenkonflikten, im Gegenteil: Im folgenden Fallbeispiel wird m.E. deutlich, dass dieser „doppelte Kontakt“ der Entwicklung eines Kindes durchaus förderlich sein kann.
Die Gruppe findet parallel zum Schulunterricht statt. Die Kinder wurden von den Kolleginnen vorgeschlagen bzw. sind mir selbst als besonders zurückhaltend aufgefallen. In Gesprächen und Unterrichtshospitationen klärte ich im Vorfeld mit den Kolleginnen ab, ob das Angebot für das vorgeschlagene Kind in Frage kommt bzw. ob es in die Gruppe passt. Bevor ich den Kontakt zu den Eltern der vorgeschlagenen Kinder aufnahm, hospitierte ich bei jedem Kind in der Klasse, um einen ersten Eindruck von den Kindern zu bekommen. Anhand eines von mir zusammengestellten Fragebogens machten die Klassenlehrerinnen einschätzende Angaben zu der beobachteten Problematik der Kinder. Der Fragebogen erwies sich auch als sehr hilfreich dabei, diejenigen Kinder herauszufiltern, bei denen ein *offensichtlicher Leidensdruck* bestand, da sich bei einigen vorgeschlagenen Kindern erst bei der Auswertung herausstellte, dass sie zwar ein stilles und zurückhaltendes Wesen zeigen, sie aber dennoch als weitgehend emotional stabil und mit guten sozialen Kontakten beschrieben werden können.

Da es im folgenden Fallbeispiel vor allem um Maltes Entwicklung geht, möchte ich auf die anderen Kinder nur in zusammenfassender Form eingehen:
Vier Kinder der Gruppe sprechen nicht gern vor der Klasse, sie melden sich äußert selten, man hat den Eindruck, dass sie am liebsten auch nicht aufgerufen werden wollen. Bei allen lassen sich Angstsymptome verschiedenster Art im Unterricht beobachten, wie z.B. Weinerlichkeit, Kneten der Hände, nervöse Unruhe, Haare streichen. Alle klagen gelegentlich bis regelmäßig über Bauch- oder Kopfschmerzen. Zum Teil äußert sich die innere Anspannung in Leistungsverweigerung und Absonderung. Bei einem Mädchen hat sich im letzten Halbjahr in Ansätzen eine Schulphobie entwickelt. Sie ist parallel zur „Stillen Gruppe“ in psychotherapeutischer Behandlung.

Malte

Malte ist zehn Jahre alt. Als er in die musiktherapeutische Gruppe kommt, geht er in die vierten Klasse und gehört dort aufgrund seines etwas schmächtigen Körperbaus zu den eher kleineren Jungen seines Jahrgangs, zumal er auch relativ früh (mit knapp sechs Jahren) gegen den Rat der ErzieherInnen eingeschult worden war.
Ich lernte Malte als Musiklehrerin seiner Klasse kennen. Er fiel mir sofort auf, da er häufig zusammengekauert und schüchtern im Stuhlkreis saß. Er beteiligte sich nicht an Unterrichtsgesprächen. In der Gruppenarbeit zeigte er sich sehr zurückhaltend und erstarrte manches Mal förmlich, wenn er gemeinsam mit anderen Kindern Ergebnisse aus der Gruppenarbeit der gesamten Klasse vorstellen sollte. Gelegentlich kam es vor, dass er sich bei Anforderungen an seine Person auf dem Stuhl zusammenkroch und still vor sich hin weinte. Nach solchen Reaktionen verließ er den Musikraum häufig erst dann, wenn er sicher sein konnte, dass alle Mitschüler schon den Eingangsraum oder gar die Schule verlassen hatten. Bevor er in die „Stille Gruppe“ kam, war er in diesen Momenten nicht ansprech- bzw. erreichbar.
Die Klassenlehrerin schildert, dass Malte schon von der ersten Klasse an ein stark gehemmter Junge war. Das oben beschriebene Verhalten zeigt er auch im Klassenunterricht. Oftmals wartet er mit seinen Aufgaben, bis sie ihm einer abnimmt. Er zeigt sich auch in der vierten Klasse als sehr unselbstständig. Er hält Frustrationen häufig nicht aus, verweigert die Mitarbeit oder weint. Seine Klasse nimmt ihn, wie er ist („er ist halt komisch“). Es fällt aber positiv auf, dass seine Mitschüler ihn auch nach drei Jahren immer wieder nett ermuntern, an Aktivitäten teilzunehmen. Seine sozialen Kontakte innerhalb der Klasse beschränken sich auf einen einzigen Jungen.
Seine Eltern sehen die Probleme nicht so gravierend, zu Hause zeigt er sich ganz anders, hilft im elterlichen Betrieb mit: Stolz erzählen sie, dass er seit seinem fünften Lebensjahr Gabelstapler, Trecker und andere landwirtschaftliche Großgeräte fahre.
Malte erhält gegen Ende der vierten Klasse von seiner Lehrerin eine Hauptschulempfehlung. Seine Leistungen sind schwach, seine Beteiligung am Unterricht absolut nicht ausreichend.

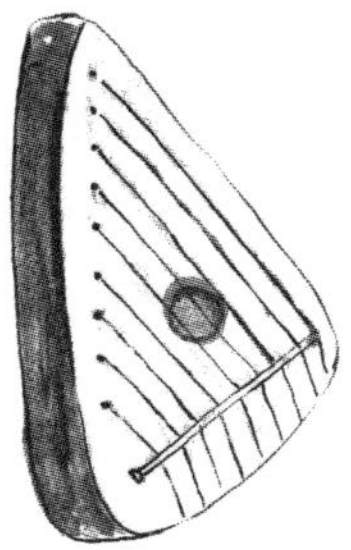

In der folgenden Fallstudie, die einen Zeitraum von vier Monaten umfasst, gehe ich auch auf Maltes Verhalten während einiger Musikunterrichtsstunden in seiner Klasse ein, da sich hier – parallel zur Musiktherapie – sein schulischer Entwicklungsprozess sehr gut beobachten lässt. Diese Musikstunde fand immer zwei Stunden später als die Therapiestunde statt. Ergänzen werde ich meine Beobachtungen durch Rückmeldungen der Klassenlehrerin.

Erste Gruppenstunde

An der ersten eigentlichen Gruppenstunde können aus organisatorischen Gründen nur Jan und Malte teilnehmen. Beide sind relativ gespannt, keiner ist so recht zum Gespräch bereit. Spontan ergibt sich für mich der erste Anknüpfungspunkt: Wie ist das, wenn man in der Schule in einer Situation steckt, in der man sich nicht zu reden traut? Wie fühlt sich das an? Erstaunlicherweise ermutigt meine sehr direkte Frage beide Jungen, sich lebhaft zu diesem Problem zu äußern. Malte sagt, dass das zu Hause ganz anders sei. Da fahre er z.B. Trecker! Je mehr er von Zuhause erzählt, desto flüssiger wird seine Sprache. Auf meine Frage, was in der Schule anders sei, antwortet er, dass er sich manchmal in Deutsch und Mathe melde, aber „dann weiß ich nicht weiter und dann melden sich die anderen".
Auch Jan kennt diese Situation gut. Beide berichten, dass ihnen dann gar nichts mehr einfalle, sie häufig auch nicht mehr wüssten, warum sie sich eigentlich gemeldet hätten. Jan tut es danach manchmal im Kopf weh, bei Malte eher im Bauch. Malte wirkt zunächst etwas erstaunt, dass es anderen (Jan) ähnlich geht wie ihm.

> *Beiden Jungen tut es offensichtlich gut, ihre Ängste anzusprechen. Im Klassenverband von ca. 25 Schülern gibt es sicherlich nur selten eine Gelegenheit, so frei und offen über die eigenen Ängste zu reden, ohne sich möglicherweise dem Spott anderer Mitschüler auszusetzen. Es ist deutlich zu spüren, wie sich die beiden Jungen mehr und mehr entspannen, während sie über die unangenehmen Momente im Unterricht sprechen.*

Nach diesem Gespräch, das ca. zehn Minuten dauert, biete ich den Jungen an, die Instrumente im Raum auszuprobieren. Ich frage sie, ob wir zusammen spielen wollen oder ob jeder für sich alleine die Instrumente ausprobieren möchte. Sie entscheiden sich sofort für letzteres. Es folgt eine sehr verhaltene Phase des Experimentierens.
Malte probiert die Basedrum aus, tritt aber nur sehr sanft und zaghaft. Nach einer Weile sitzen beide am Schlagzeug, ich gebe ihnen Sticks. Meine Ermunterung, dass man hier auch laut spielen dürfe, verändert das Spiel nicht wesentlich. Sie sind motiviert, aber zurückhaltend. Beide wechseln ab und zu die Instrumente, tauen merklich auf, lachen.
Gegen Ende schlage ich eine gemeinsame Abschlussmusik vor. Beide wollen gemeinsam am Schlagzeug bleiben, ich nehme ein Xylophon. Wir improvisieren ein Stück, das sehr lebendig ist. Beide sind mit Freude dabei. Nach dem gemeinsamen Aufräumen verabschieden wir uns, Malte kommentiert: „Schade, dass das nur einmal in der Woche ist..."

Ich habe nach der Stunde ein gutes Gefühl, beide wurden erreicht, es war eine erste Vertrautheit zu spüren. Die Klassenlehrerin gibt mir die Rückmeldung, dass Malte sehr fröhlich in die Klasse zurückgekommen sei.

Musikunterricht, zwei Stunden später

Malte setzt sich gleich neben mich, grinst: „Wir haben uns heute schon gesehen?" Als ich die Klasse frage, wer eine Spielidee für die Boomwhackers[1] habe, meldet Malte sich und erfindet eine kurze Spielsequenz in der Mitte des Stuhlkreises. *Ich bin sehr verblüfft. Erste Auswirkung der Gruppenstunde, Sicherheit?*
In der zweiten Hälfte der Musikstunde fällt er wieder in das alte Verhaltensmuster zurück, als er gemeinsam mit seiner Gruppe etwas mit den Boomwhackers einüben soll. Er macht erst kurz mit, fängt dann aber an zu weinen und setzt sich abseits. Ich spreche mit Malte, frage ob sein Bauch wieder weh tut. Er nickt. Ich erreiche ihn, er wird klarer. Malte will nicht wieder bei der Gruppe mitmachen, als wir aber die Ergebnisse vorführen, ist er unter den „Zuschauern", als wäre nichts gewesen…

Diese Stunde war ein Wechselbad der Gefühle, nicht nur für Malte, sondern auch für mich. Nachdem er sich am Anfang so locker und mutig gezeigt hatte, wirkte sein Stimmungswechsel auf mich umso heftiger. Wie muss es sich für Malte angefühlt haben, aus diesem neuen, geradezu euphorisch wirkendem Selbstbewusstsein so abrupt abzustürzen? Positiv zu vermerken ist, dass er sich nun jedoch auf meine Hilfsangebote einlassen konnte und er es relativ schnell schaffte, aus seiner tiefen Verzweiflung herauszufinden.

Zweite Gruppenstunde

Die Gruppe ist das erste Mal vollständig. Alle fünf Kinder sitzen im Kreis, keiner spricht. Ich gebe einen Impuls in die Gruppe: „Gibt es ein Instrument, das ihr jetzt gerne spielen möchtet? Möchtet ihr etwas ausprobieren?"
Schweigen, keiner sagt etwas.
Jan schlägt Stoptanz vor, die anderen schütteln den Kopf, haben keine Lust.
Schweigen.

Ich fange an, mich leicht unwohl zu fühlen. Verspüre den Impuls zu agieren. Es fällt mir schwer, das Schweigen der fünf Kinder auszuhalten. Ob sie sich auch so unwohl fühlen wie ich?

Ich schlage vor, dass wir trommeln. Begeistert guckt keiner, alle holen sich aber schweigend Trommeln. Keines der Kinder kommt auf die Idee seine Trommel auszuprobieren, bevor

[1] Farbige Klangröhren aus Kunststoff, mit denen sich je nach Anschlagsfläche unterschiedliche Klänge erzeugen lassen.

ich dazu auffordere. Das freie Ausprobieren gerät sehr kurz, es dauert keine Minute. Als ich eine kurze Pause mache, hören die Kinder ebenfalls schlagartig auf.
Schweigen.

Ich schlage das „Erfinderspiel" vor: Einer von uns macht etwas auf der Trommel vor, was von den anderen imitiert werden soll. Keiner möchte anfangen, ich gebe zwei Beispiele, die auch von allen nach- bzw. mitgespielt werden Außer Jan traut sich aber kein weiterer, etwas vorzumachen.

Die ersten 15 Minuten sind um und außer mir hat bisher kaum einer gesprochen. In mir regen sich erste Zweifel, ob sich überhaupt eine Dynamik in einer Gruppe entwickeln kann, in der alle Teilnehmer derart zurückhaltend sind?

Ich schlage ein weiteres Spiel vor, bei dem jeder einmal den Anfang und das Ende des gemeinsamen Trommelns durch sein Spiel anzeigen soll, während alle die Augen geschlossen halten. Dieses Spiel klappt ganz gut, bis Malte an die Reihe kommt. Alle warten gespannt auf sein Anfangssignal, das aber nicht erfolgt. Nach einer Weile fängt Malte lautlos an zu weinen und vergräbt seinen Kopf in den Armen. Es dauert eine Weile, bis ich ihn wieder hervorlocken kann. Es herrscht betretenes Schweigen.
Auch bei der gemeinsamen Abschlussmusik reagiert Malte nicht, bleibt sitzen, ist nicht zu bewegen. Als die anderen Kinder in ihre Klassen gehen, spreche ich mit ihm, versuche herauszubekommen, warum dieses Mal keine Freude bei ihm aufkommen konnte.
Maltes Antwort: „Heute waren zu viele da."

Es melden sich nach der Stunde erneut ernsthafte Zweifel bei mir, ob es richtig war, ausschließlich gehemmte Kinder in einer Gruppe zusammenzufassen. Alle verbalen Impulse kamen von mir. Oder bin ich einfach nur zu ungeduldig?
Maltes Klassenlehrerin berichtet, dass er heute relativ bedrückt in die Klasse zurückgekommen sei. „Heute waren zu viele da." Drückt sein Verhalten möglicherweise seine Angst davor aus, die anderen könnten ihm wieder seinen gerade frisch „eroberten" Raum streitig machen?

Musikunterricht

Malte hält sich zurück, ich nehme ihn kaum wahr, zumal der Rest der Klasse heute sehr aufgedreht ist.

Dritte Gruppenstunde:

Die Gruppe ist komplett. Malte wirkt heute gelöst, erzählt zu Beginn ein wenig von Zuhause. Als ich ein Spiel vorschlage, bei dem sich jedes Kind ein Instrument aussuchen soll (Aprilwetter, Friedemann 1983, 43), gerät er jedoch unter Stress, da er sich längere Zeit nicht für ein Instrument entscheiden kann, während die anderen schon auf dem Boden sitzen und erste Spielversuche machen. Er läuft vor den Instrumentenschränken auf und ab, wird immer nervöser.

Auch mir wird mulmig: Was passiert, wenn er sich nicht entscheiden kann? Kommt dann der Absturz?

Malte wirkt sehr erleichtert, als er sich letztendlich doch mit einem Glockenspiel zu uns setzt.

Mir geht es ebenso.

Seine Anspannung fällt merklich ab, er traut sich sogar als erster, auf seinem Instrument eine Sonne zu spielen. Es entsteht eine sehr harmonische Improvisation, mit zaghaften, aber sicht- bzw. hörbaren „Sonnen". Alle sind mit dem Spiel und den Sonnen sehr zufrieden. Es entwickelt sich ein lockeres Gespräch, an dem sich alle beteiligen. Die Kinder erzählen von Zuhause und davon, was sie heute vorhaben. Sie erzählen sogar noch weiter, als es bereits geklingelt hat und wir aufräumen müssen.

Was für eine schöne Stunde, welch ein Kontrast zum letzten Mal!

Musikunterricht

Malte begrüßt mich strahlend, er hat bereits einen Platz für mich direkt neben sich im Stuhlkreis reserviert. Er meldet sich von sich aus, als es darum geht, mit einem Besenstiel einen Rhythmus vor der gesamten Klasse vorzumachen. Er beteiligt sich auch an der Gruppenarbeit, in der eine kleine Performance mit Besenstielen eingeübt werden soll. Ohne sichtbare Probleme führt er mit seiner Gruppe vor der Klasse das Ergebnis vor. Da die Klasse ein Video im Sinne von „Stomp" aufnehmen möchte, werden alle Gruppen mit der Videokamera gefilmt. Erst als wir uns alle gemeinsam das Video angucken, wird bei Malte wieder Anspannung spürbar: Als seine Gruppe dran ist, kauert er sich nervös zusammen und knetet an seinen Händen. Ich beobachte, wie er sich jedoch schon bald wieder entspannt, sich zu den Mitschülern umdreht („Wie gucken die anderen?"), und dann offensichtlich den Rest der Aufnahme genießt. Nach dieser Stunde verlässt Malte sehr fröhlich den Musikraum.

Die Klassenlehrerin berichtet, dass Maltes Veränderung auch mehr und mehr im Klassenunterricht beobachtbar wird. Er zeigt sich ausgeglichener, stabiler. Er geht Anforderungen immer seltener aus dem Weg. Gelingt ihm eine Arbeit nicht auf Anhieb, hat er nun immer häufiger die Energie, neu zu beginnen. Es geschieht immer seltener, dass Malte im Unterricht weint. Seiner Klassenlehrerin ist sein Verhalten fast unheimlich, mir auch. Kann nach nur so wenigen Stunden therapeutischer Begleitung bereits eine derart spürbare Verhaltensänderung möglich sein? Fast täglich tauschen wir uns über sein Verhalten im Unterricht aus. Malte wird von Tag zu Tag stabiler.

Vierte Gruppenstunde

Während die anderen Kinder noch etwas nervös wirken, sitzt Malte freudig entspannt auf seinem Stuhl und scheint sich auf das zu freuen, was ihn da erwartet. Es macht ihm inzwischen auch nichts mehr aus, als erster ein Spiel zu beginnen. Problematisch wird es jedoch immer noch, wenn er sich für ein Instrument entscheiden soll. Bei unserer heutigen freien Abschlussmusik sitzen alle im Stuhlkreis, während Malte immer hektischer vor den Instrumenten auf und ab läuft und seine Hände knetet. Zwischendurch bleibt er stehen, starrt auf die Instrumente. Dann rennt er wieder los, hin und her.

Es kommt mir das Bild von einem Tiger im Käfig. Ich spüre eine heftige Gegenübertragung: Was passiert als nächstes? Folgt ein „Absturz"?

Malte scheint mehr und mehr in Stress zu geraten. Ich entscheide mich dafür, ihn diesem Stress bis zu einem gewissen Grad auszusetzen und nicht einzugreifen. Malte hat in den letzten Wochen gelernt, auch immer besser mit unangenehmen Momenten fertig zu werden. Ich hoffe darauf, dass er es auch hier schaffen wird. Nach einer Weile ermutige ich ihn doch. Ich frage ihn, ob wir auf ihn warten sollen. Keine Reaktion. Ich frage, ob wir anfangen sollen, er könne ja später dazu kommen. Malte reagiert, nickt. Wir beginnen zu spielen, währenddessen geht er mit schnellen Schritten immer um uns herum, knetet seine Hände.

Ich befürchte, dass er nun „abstürzt". Hätten wir nicht doch lieber auf ihn warten sollen?

Als wir unsere Musik beenden, ohne dass er mitgespielt hat, räumt er jedoch mit uns auf, als wäre nichts Besonderes passiert. Die anderen Kinder gehen in ihre Klassen, Malte bleibt noch einen Moment da. Er wirkt noch leicht angespannt. Ich versichere ihm, dass es nicht schlimm sei, dass er nicht mitgespielt habe. Relativ entspannt geht er auch wieder in seine Klasse.

In der nächsten Zeit mussten die Musiktherapiestunden leider ausfallen, da ich sechs Wochen krank war. Wie mir die Klassenlehrerin mitteilte, fand Malte es sehr schade, dass die Stunden nicht stattfanden. Aber auch ohne die musiktherapeutische Begleitung zeigte er sich im Unterricht zunehmend selbstbewusst und stabil.

Fünfte Gruppenstunde

Alle sind froh, dass die Stunde wieder stattfindet, ich wieder gesund bin. Die Gruppenatmosphäre hat sich verändert: Während zwei der Mädchen immer noch kaum ein Wort

sagen mögen, zeigen die anderen drei sich zu Beginn der Stunden immer gesprächiger. *Ich verspüre deutlich ihren Wunsch, einfach nur „plaudern“ zu dürfen.* Insbesondere Malte ist kaum zu bremsen, er möchte immer wieder und immer noch mehr von zu Hause erzählen.
Als ich die *Kinder* bitte, sich für ein Spiel ein Instrument auszusuchen, verblüfft mich Malte erneut: Kaum habe ich ausgesprochen, rast er buchstäblich auf die Instrumente los und baut sich das gesamte Drumset auf. *Ist das derselbe Junge, der noch in den letzten beiden Stunden unentschlossen vor den Instrumenten auf und ab marschierte?*
Als er sich zusätzlich sogar noch die große Pauke und den Gong holt („Eigentlich brauche ich noch mehr!“), fällt es auch den anderen Kindern auf, dass hier etwas Ungewöhnliches im Gange ist. Alle finden es sehr witzig, wie sich Malte mehr und mehr einbaut. Die Pauke stellt er nach kurzem Ausprobieren wieder weg („Die hört man ja gar nicht richtig.“). Malte rast durch den Raum, strahlt, redet.
Wir improvisieren eine fröhliche Musik, bei der Malte eindeutig „den Ton“ angibt. Seine aufgedrehte gute Stimmung springt auf uns über, es wird viel gelacht. Am Ende kommen wir sogar noch in den Genuss eines kurzen Schlagzeugsolos von Malte („Ich zeig' euch jetzt mal, wie die das im Fernsehen machen!“). Alle haben eine ausgesprochen gute Laune, als wir die Stunde beenden und aufräumen.

Die sechste und die siebte Gruppenstunde ähneln der fünften Stunde sehr. Auch die anderen Kinder werden nun mutiger. *Zieht Malte sie mit?* Die gemeinsame Musik verändert sich, die Kinder werden auch einzeln hörbar, sie trauen sich mehr und mehr, sich von den anderen abzuheben. Stellt sich bei einem Spiel die Frage, wer beginnen soll, wollen inzwischen alle anfangen. Wie bereits in der fünften Stunde, holt Malte sich bevorzugt die Teile des Drumsets, gelegentlich ergänzt durch den großen Gong. Er wirkt sehr stabil, ich kann nur sehr selten leichte Anzeichen von Unsicherheit oder Anspannung beobachten.
Das Thema Abschied bahnt sich langsam an, da die Sommerferien vor der Tür stehen und Malte nach den Ferien auf jeden Fall zu einer anderen Schule gehen wird. Gelegentlich spricht Malte indirekt diesen Abschied an, indem er mich nach meinem Wohnort fragt oder sich erkundigt, ob ich auch an der anderen Schule sein werde.

Musikunterricht

Maltes Klasse hat einen „Werdersong“ getextet. Die Kinder wollen ihn auf der Abschlussfeier vorsingen. Als wir gemeinsam über die instrumentale Begleitung des Liedes nachdenken und ich frage, wer Lust hätte, bei der Aufführung die Basedrum zu spielen, meldet sich Malte sofort. Man merkt den anderen Kindern ihr Erstaunen an, als er sich wie selbstverständlich das große Instrument aufbaut. Bei aller positiven Entwicklung Maltes bin auch ich perplex und wiederhole „ganz nebenbei“, dass wir das Lied in zwei Wochen vor der gesamten Schule vorführen werden. Malte bleibt davon scheinbar ganz unbeeindruckt, sitzt „cool“ hinter dem Schlagzeug und wartet darauf, dass es losgeht. Gemeinsam besprechen wir, wann er seinen Einsatz haben soll: Bei jeder Strophe klatschen alle zusammen viermal in eine Pause hinein – diese Stelle soll Malte auf der Basedrum begleiten. Bei der ersten

Probe trifft Malte nicht seinen Einsatz, was seine Mitschüler jedoch nicht zu stören scheint: Alle applaudieren begeistert. Es rührt mich, wie sehr die Klasse Malte unterstützt, ohne dass ich Einfluss darauf nehme. Es werden weitere Instrumente durch andere Kinder ausprobiert (Kongas, Rasseln). Diese Instrumente werden aber sehr schnell wieder verworfen, finden nicht das Gefallen der Klasse. Obwohl Malte weiterhin häufig seinen Einsatz verpasst, fordert die Klasse letztendlich, dass *nur er* das Lied instrumental begleiten soll!
Es ist deutlich zu spüren, wie sehr Malte die Situation genießt. Auch als wir die Aufführung im Detail besprechen, lassen sich keine Zweifel an seinem Entschluss beobachten.

Nach der Musikstunde erzählt die Klassenlehrerin, dass ihr Malte glücklich von seiner Aufgabe erzählt habe. Sie freut sich sehr für Malte, hat aber ebenfalls ein mulmiges Gefühl, was die Aufführung vor der Schule betrifft: Wird er sich dann immer noch trauen, eine Sonderrolle einzunehmen? Ich rate ihr, das Lied gelegentlich im Unterricht zu singen. Malte könne sich für die Begleitung eine große Handtrommel aus dem Musikunterricht ausleihen. In den nächsten zwei Wochen wird fleißig geübt, die Klassenlehrerin berichtet mir von einem ausgeglichenen und unauffälligen Malte, den zurzeit auch Misserfolge nicht aus der Bahn werfen können.

In einer weiteren Musikstunde wird Malte mit seinen alten Problemen konfrontiert. Am Ende der Stunde wünscht seine Klasse sich, dass wir zu einem Popstück „mit Vortänzer“ tanzen: Während die Klasse im Kreis steht und jeder auf der Stelle Tanzschritte macht, geht immer ein Kind in die Mitte, macht neue Schritte vor, die von den anderen imitiert werden. Nach einer kurzen Weile wechselt das Kind mit einem anderen Kind aus dem Kreis den Platz, usw.
(Dieses Spiel ist bei der Klasse seit ca. einem Jahr sehr beliebt – nur bei Malte nicht! Er imitierte – wenn auch zögerlich – zwar stets die Vorgaben der Solisten. Wenn er jedoch

selbst aufgefordert wurde etwas vorzumachen, verkroch er sich stets hinter seinem Nachbarn oder setzte sich abseits.)
Als das Tanzspiel vorgeschlagen wird, frage ich mich sofort, wie wohl Malte heute reagieren wird. Es ist schon länger her, seit wir es das letzte Mal gespielt haben. Er reagiert zunächst ganz locker auf den Vorschlag, stellt sich mit im Kreis auf.
Malte geht nicht in die Mitte, als er aufgefordert wird. Auch zwei andere Kinder möchten nichts vormachen, lehnen ab. Im Gegensatz zu Malte wirken sie jedoch souverän und entspannt, machen weiter fröhlich im Kreis mit. Maltes Bewegungen, die zu Beginn noch recht locker waren, werden jedoch immer verhaltener. Zweimal wurde er aufgefordert, zweimal hat er nicht gewollt.
Malte verlässt den Musikraum als letzter. Er wirkt sehr bedrückt, weint aber nicht. Ich frage ihn, ob er sich beim Tanzen sehr unwohl gefühlt habe. Er nickt. Ich versichere ihm, dass es nicht schlimm sei, dass er nicht mitgetanzt habe, und erinnere ihn an seinen „mutigen Auftritt" beim „Werdersong". Er entspannt sich ein wenig, wendet jedoch ein, *dass die anderen jetzt bestimmt über ihn reden, darüber, dass er sich nie etwas traut.* Zum ersten Mal fasst Malte seine Verzweiflung in Worte. Er spricht aus, warum er es häufig vorzog, als letzter die Klasse oder sogar die Schule zu verlassen.
Wir sprechen über diese unangenehmen Situationen. Ich versuche ihm nahe zu bringen, inwiefern diese Momente für ihn von großer unangenehmer Bedeutung sind, während alle anderen Kinder sie höchstwahrscheinlich schon nach wenigen Momenten vergessen haben. Als ich ihn frage, ob er nach solchen Situationen gehänselt werde, verneint er heftig.
Als Malte nach Hause geht, ist er nicht so fröhlich wie sonst. Gleichzeitig hoffe ich, dass ihn die heutige Erfahrung weiter gestärkt hat, zumal er das erste Mal in der Lage war, über seine Verzweiflung zu reden.

Vor der letzten Gruppenstunde findet ein Gespräch mit Maltes Eltern statt. Sie erzählen, wie sehr sich Malte immer auf die Gruppe freue. Sie haben bereits mit der Klassenlehrerin ausführlich über Maltes positive Entwicklung während der letzten drei Monate gesprochen. Sie freuen sich sehr, dass Malte auch im Unterricht sehr viel stabiler und selbstbewusster geworden ist. Aufgrund seiner Entwicklung haben sie beschlossen, Malte gegen den Rat der Klassenlehrerin zunächst für die Realschule anzumelden. Gleichzeitig würden sie die musiktherapeutische Begleitung gerne weiter fortsetzen. Auch ich sehe die Notwendigkeit einer weiteren psychotherapeutischen Betreuung Maltes. Da ich zurzeit aber nur innerhalb meiner Schule musiktherapeutisch arbeite, sehe ich zunächst keine Möglichkeit, die Therapie selbst weiterzuführen. Ich verspreche aber, mich um andere geeignete Möglichkeiten zu kümmern.

Die achte **Stunde** ist Maltes letzte Stunde. Auch Clara aus der zweiten Klasse wird nach den Ferien nicht mehr dabei sein. Ich schlage vor, dass diese beiden Kinder sich zunächst ein Abschiedsspiel wünschen dürfen. Clara wünscht sich eine ganz freie Improvisation („Jeder spielt, was er will!"). Alle sind aktiv, holen sich schnell Instrumente, es entsteht eine recht fröhliche Musik, bei der sich Malte jedoch nach ca. zwei Minuten ausklinkt. Er hört zu spielen auf, sitzt einfach nur da. Als wir alle aufhören zu spielen, fängt er leise zu weinen

an. Ich frage, was passiert sei, er antwortet nicht. Alle sind sehr betreten, verunsichert. Ich gehe zu ihm hin, frage, ob er vielleicht traurig sei, dass dieses seine letzte Stunde sei. Er nickt.
Ich bin sehr berührt, sage ihm, dass auch ich gerne weiter mit ihm Musik machen würde, im Moment wüsste ich jedoch noch nicht, wie wir diese Musikstunden organisieren könnten. Malte schlägt den Mittwochnachmittag vor, ich spüre, wie wichtig ihm die Musiktherapie ist. Ich sage ihm, dass ich mich um eine Möglichkeit kümmern werde, versprechen könnte ich jedoch nichts.

> *Ich habe ein ganz schlechtes Gefühl in dieser Situation. Malte hat sich so sehr auf mich eingelassen, ich spüre, wie wichtig auch meine Person für seinen Entwicklungsprozess ist.*

Bei der Abschlussfeier zwei Tage später begleitet Malte den Gesang seiner Klasse souverän auf der Basedrum. Er wirkt locker, entspannt und kann die Aufführung genießen. Ich freue mich sehr für ihn. Es steht aber immer noch die Frage im Raum, ob und wie es weitergehen soll.

Resümee

Maltes Entwicklungsprozess hat mich sehr beschäftigt. Sicherlich, als Musiktherapeutin bin ich der festen Überzeugung, dass mit Hilfe der Musiktherapie neue Verhaltensmuster bzw. neue psychische Strukturen entstehen können. Das Tempo, mit dem dieses bei Malte geschah, verblüfft mich jedoch bis heute. Seine Entwicklung kann bestimmt nicht als Maßstab für die musiktherapeutische Arbeit mit sozial gehemmten Kindern gesehen werden. Sie bestärkt mich aber in meinem Ansatz, dass der Ort „Schule“ ein sehr geeigneter Ort ist, Kinder mit ähnlichen Problemen (musik-)therapeutisch in ihrer Entwicklung zu begleiten. Wäre der Prozess ein ähnlicher gewesen, wenn die Musiktherapie außerschulisch stattgefunden hätte? Diese Frage lässt sich nicht überprüfen, sie ist m.E. jedoch bedenkenswert.
Auch die anderen Kinder der Gruppe sind offener, mutiger geworden. Sie nutzen diese Zeit für sich, genießen die Stunde als leistungsfreien Raum, in dem sie ihren Bedürfnissen und Wünschen nachgehen können. Ihre Entwicklung drückt sich nicht so spektakulär wie die von Malte aus. Er war für mich aber auch derjenige in der Gruppe, dessen Leidensdruck am deutlichsten zu spüren war.
Ab der vierten Stunde hatte ich bei Malte immer häufiger das Gefühl, als würden sich seine Wünsche und Bedürfnisse, die so lange unter Verschluss waren, nun mit aller Kraft einen Weg nach außen bahnen: Der plötzliche ungehemmte Erzähldrang, das Rennen um das begehrte Drumset, der Auftritt bei der Schulaufführung wurden der Ausdruck seiner inneren Kräfte, die nun endlich Raum bekamen.
Die Schritte, die Malte in den Therapiestunden und den Musikstunden gehen konnte, stärkten sein Selbstwertgefühl. Die Musik in der Gruppe ermöglichte ihm, Zugang zu seinen unbewussten Gefühlen zu bekommen. Er konnte angstauslösende Gefühle zum Ausdruck bringen und sich im geschützten Rahmen mit ihnen auseinandersetzen.

Im Fall von Malte war es seinem Entwicklungsprozess förderlich, dass ich ihn im Anschluss an die musiktherapeutische Kleingruppe am selben Tag auch im Musikunterricht traf. Da er die meisten Therapiestunden offensichtlich gestärkt verließ, reichte seine oftmals geradezu euphorische Stimmung häufig dazu aus, im Klassenunterricht neue Wege zu beschreiten. Mit kleinen Hilfen durch mich war es ihm zunehmend möglich, sich auch in der großen Gruppe Dinge zu trauen, die er zuvor im geschützten Rahmen geübt hatte (z.B. das Spielen auf der Basedrum). Misserfolge konnten immer erfolgreicher von mir aufgefangen werden, die tiefe Verzweiflung, unter der Malte lange Zeit zu leiden hatte, trat immer seltener bzw. in abgeschwächter Form auf.

Anhand dieses Fallbeispiels wird deutlich, dass die Befreiung von psychischen Konflikten nicht „nur" dem seelischen Wohlbefinden dient, sondern sich auch förderlich auf die schulischen Lernleistungen auswirkt (vgl. W. Mahns 1995, 197-213). Mahns merkt an, dass das Aussprechen bzw. Ausdrücken der inneren Not, im günstigsten Fall das Delegieren eines Teils der Last auf Vertrauenspersonen den Weg für die Aufnahme von Lerninhalten frei machen kann: „Lernen bedarf nämlich stets eines fruchtbaren Bodens, d.h. einer Beziehungssicherheit und Freiheit von allzu belastenden seelischen Konflikten. Insofern nutzt auch die gezielte Förderung bestimmter ‚Teilleistungsschwächen' nur dann etwas, wenn der Schüler innerlich frei und bereit ist" (ebd. 1995, 200).
Maltes kurzfristige positive Entwicklung, die sich auch deutlich auf den schulischen Leistungsbereich auswirkte, begründet m.E. die Entscheidung der Eltern, ihn bei fortgesetzter psychotherapeutischer Begleitung zunächst die Realschule versuchen zu lassen.

Ob es vor allem die seelischen Konflikte waren, die Malte während seiner Grundschulzeit in seinen Leistungsmöglichkeiten stark eingeschränkt haben, kann vermutet werden, ist aber aufgrund der kurzen gemeinsamen Therapiezeit nicht zu belegen.

Musiktherapeutische Arbeit im Rahmen des fachunabhängigen Ausgleichsunterrichts an einer Gesamtschule

Reinhild Boss

Der vorliegende Beitrag beschreibt das Konzept der musiktherapeutischen Arbeit an einer Gesamtschule. Er ist so angelegt, dass potenzielle Fragen der LeserInnen beantwortet werden. Verbunden ist damit die Hoffnung, dass es gelingt, musiktherapeutische Angebote auch an anderen Schulen zu etablieren.

Einrichtung eines neuen Förderangebotes

„Unterrichten und Erziehen, so lautet der Auftrag, den die Schulen und ihre Lehrerinnen und Lehrer zu erfüllen haben. Das fällt aber immer schwerer, weil Erziehungsbemühungen kaum Unterstützung finden und Unterrichten auf Grund der Erziehungsdefizite bei Kindern und Jugendlichen oft nicht mehr möglich ist. In den Medien werden Erziehungsnotstand und Werteverfall beklagt. Was ist los mit den Kids?" (Junkers 2004, 3). Das Zitat aus dem Editorial der aktuellen Ausgabe der Zeitschrift *Neue deutsche Schule* spiegelt die Erfahrungen vieler KollegInnen wider und verweist auf die Ursachen der Probleme in der Beziehung zwischen LehrerInnen und SchülerInnen. Es ist ein deutlicher Hinweis darauf, dass immer mehr SchülerInnen intensiver durch die Schule betreut werden müssen als früher und dass auch der Bedarf an individueller psychologischer Betreuung steigt. Eine Einschätzung, die von vielen KollegInnen geteilt wird.
Meiner Erfahrung nach ist es eine Frage der Priorität, ob Lehrerstunden für eine musiktherapeutische Arbeit an der Schule bereitgestellt werden oder nicht. An der Gesamtschule war Überzeugungsarbeit zu leisten gegenüber dem damaligen Schulleiter. Unterstützt wurde ich von Seiten der drei SozialpädagogInnen und der Schulpsychologin, die das Team des sozialpsychologischen Dienstes der Schule bilden. Den Ausschlag, das Förderangebot der Schule um ein musiktherapeutisch ausgerichtetes zu erweitern, gab jedoch die Befürwortung des zuständigen Dezernenten, dem ich meine konzeptionellen Überlegungen nahe bringen konnte. In der Regel entfielen vier Stunden im Rahmen meiner Lehrerstunden auf die musiktherapeutische Förderarbeit.

Organisatorischer Rahmen

Organisatorisch sind die Stunden dem fachunabhängigen Ausgleichsunterricht zugeordnet. Der FuAU ist ein Angebot des sozialpsychologischen Dienstes der Schule und als Beratungsangebot für SchülerInnen in Zusammenarbeit mit den KlassenlehrerInnen konzipiert.

Die Fachaufsicht wird durch die an der Schule tätige Schulpsychologin wahrgenommen. Ein monatlicher Austausch im Team bietet die Möglichkeit zu kollegialer Supervision.
Die eine Stunde in der Woche, in der die SchülerInnen von mir betreut werden, liegt parallel zum Unterricht; daher sind Unterrichtsstunden in Fächern auszuwählen, in denen leistungsschwächeren Kindern durch ihr Fehlen geringst mögliche Nachteile erwachsen (in der Regel sind es Stunden in Fächern, in denen keine Klassenarbeiten geschrieben werden, vor allem Musik, Religion und Gesellschaftslehre, seltener Technik). Es ist hierbei wesentlich, Rücksprache mit den betroffenen KollegInnen zu halten, da sie damit umgehen müssen, dass die SchülerInnen z.T. die Hälfte der erteilten Unterrichtsstunden versäumen. Eine verbindliche Vereinbarung über Zeit und Raum, die eingehalten wird, ist ausschlaggebend für den Erfolg der Arbeit und lässt sich weitgehend umsetzen. Schwierigkeiten ergeben sich aus der Koordination der Stundenpläne der SchülerInnen mit meinem eigenen Stundenplan sowie dem Belegungsplan der Fachräume Musik; sie waren bislang lösbar, jedoch nicht, ohne dass ich Nachteile in der Gestaltung meines persönlichen Stundenplanes in Kauf genommen hätte.
In den Musikräumen der Schule steht ein vielfältiges Instrumentarium zur Verfügung (umfangreiches Orff-Instrumentarium, Gong, Schlagzeug, Gitarren, Akkordeon, Klavier, Keyboard).

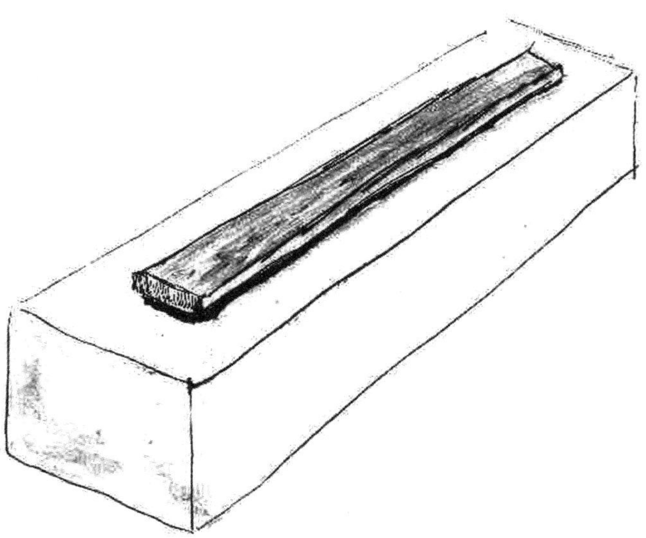

Auswahl der SchülerInnen

Nur in Ausnahmefällen habe ich mit SchülerInnen einzeln gearbeitet, hauptsächlich betreue ich Gruppen. Berücksichtigung fand meine Vorgabe, dass nicht mehr als sechs SchülerInnen in einer Gruppe zusammengefasst werden sollten. Häufig entstehen gemischte Gruppen oder Mädchengruppen, seltener reine Jungengruppen.
Die Auswahl erfolgt auf unterschiedliche Weise. Z.T. werden SchülerInnen von den SozialpädagogInnen vorgeschlagen, denen die Kinder in ihrer Arbeit aufgefallen sind. Im Verlauf des beginnenden fünften Jahrgangs hospitiere ich in einer Klasse, der ich mich nach Absprache mit den SozialpädagogInnen und nach Anfrage an alle KlassenlehrerInnen des Jahrgangs zuordne. Durch intensive Gespräche mit den KlassenlehrerInnen vermittle ich meine Art zu arbeiten und bereite damit den Boden für Akzeptanz und Unterstützung. Daraus erwachsen die Vorstellung, für welche Kinder das musiktherapeutische Angebot sinnvoll sein könnte, und die Entscheidung, welche Kinder ausgewählt werden. Die Halbjahreskonferenz der Jahrgangsstufe 5 weist die SchülerInnen dem Förderangebot zu. Die Eltern werden über das Halbjahreszeugnis von der Zuweisung in Kenntnis gesetzt. Die Arbeit beginnt mit der zweiten Hälfte des fünften Jahrgangs und es gelingt häufig, sie über zwei Jahre fortzuführen bis zum Ende des ersten Halbjahres Jahrgang 7.

Damit Schwierigkeiten, die aus dem Rollenkonflikt Lehrerin/psychologische Begleiterin erwachsen, die Arbeit nicht behindern, sind alle Kinder, die ich im FuAU betreue, keine SchülerInnen von mir. Ausgewählt werden SchülerInnen, die offensichtlich emotional gestört und/oder sozial auffällig sind und große Lernschwierigkeiten haben und die bei der Bewältigung ihrer Probleme einer intensiveren Betreuung bedürfen als sie durch die KollegInnen im Rahmen ihrer pädagogischen Arbeit trotz aller Anstrengungen zu leisten wäre. Bereits in den ersten Gesprächen, die ich mit den KlassenlehrerInnen über die Kinder führe, bitte ich sie einzuschätzen, wieweit den Kindern selbstreflexives Arbeiten möglich und vermutlich von Nutzen sein würde, um SchülerInnen auszuwählen, die offen gegenüber selbsterfahrungsbezogener Arbeit sind. Widerstand, der ein erstes Einlassen verhindert, wird dadurch deutlich minimiert. Der Auswahlprozess als erste Phase intensiver Auseinandersetzung schafft erfahrungsgemäß ein positives Klima, das spürbar in die beginnende Arbeit hineinwirkt. Die Kinder müssen gruppenfähig sein und ich bitte die KlassenlehrerInnen Acht zu geben, dass nicht von vorneherein Antipathien unter den ausgewählten SchülerInnen ein Miteinander verstellen. Das Prinzip der Freiwilligkeit ist für meine Arbeit grundlegend.

Erste Stunde

Nach kurzen Vorinformationen kommen die SchülerInnen gemeinsam mit ihrem/r KlassenlehrerIn in den Musikraum. Zunächst erfahren sie von mir, was sie erwartet. Dann frage ich sie, ob sie selbst bereits Vorstellungen haben, was sie verändern oder erreichen möchten. Und abschließend begründet der/die KlassenlehrerIn, warum er/sie die Kinder ausgewählt hat. Je deutlicher sich den Kindern mitteilt, wie positiv der/die LehrerIn dem Angebot gegenübersteht, und je klarer für sie zu spüren ist, wie intensiv und verbindlich wir gemeinsam die Arbeit vorbereiten, desto deutlicher entstehen Motivation und Vorfreude und dadurch ein erstes Arbeitsbündnis mit den Kindern. Ich vereinbare drei Probestunden mit ihnen. Danach entscheiden sie, ob sie weiterhin teilnehmen wollen oder nicht.

Zusammenarbeit mit den LehrerInnen

Eine gute Zusammenarbeit mit den KlassenlehrerInnen ist generell und gerade bei der Bildung der Gruppen von großer Hilfe. Trotz der Verschwiegenheitsregel tausche ich mich mit den KollegInnen immer wieder im Verlauf eines Halbjahres aus. So können sie Veränderungen im Verhalten der Kinder besser verstehen und sie vor dem Hintergrund der Kenntnis des laufenden Prozesses innerhalb der Gruppe unterstützen. Andererseits ist ein gemeinsames Bemühen um Verständnis auch für meine Arbeit wertvoll. Bislang sind die KollegInnen sehr sorgsam mit den ihnen anvertrauten Informationen umgegangen, was wesentliche Voraussetzung ist für mein Vorgehen.

Zusammenarbeit mit den Eltern

In den seltensten Fällen nehmen Eltern zu mir Kontakt auf und informieren sich über das Förderangebot, an dem ihre Kinder teilnehmen. Auf Wunsch der Kinder vermittle ich gelegentlich ihre Anliegen den Eltern gegenüber. Ab und zu bitten mich die KlassenlehrerInnen, Eltern anzurufen. Eher selten gehe ich, und das nur nach Rücksprache mit den Kindern, auf die Eltern zu. FuAU ist konzeptionell ein Förderangebot für SchülerInnen und von daher ist keine regelmäßige Beratungsarbeit der Eltern vorgesehen. Ich betrachte das als großen Mangel. Ohne Zweifel könnte wirkungsvoller gearbeitet werden, wenn Eltern eingebunden wären.

Diagnostik

Anders als in der Kinderpsychotherapie kann ich anamnestisches Material, das Rückschlüsse auf entwicklungsbedingte Anpassungsschwierigkeiten, Abwehrmechanismen, typische Objektbeziehungsmuster und Selbststruktur zulässt, nicht durch Erstinterviews mit Eltern und Kind gewinnen. Die über die LehrerInnen vermittelten Informationen über die SchülerInnen sind wertvoll, aber im Hinblick auf die familiäre Entstehungsgeschichte nur bedingt aussagekräftig. Notwendig ist also mein eigenes genaues, möglichst unvoreingenommenes Beobachten der Kinder über eine längere Zeit.
Ausgangspunkt der gemeinsamen Arbeit sind zunächst - und dann im Verlauf immer wieder - die eigenen, den SchülerInnen bewussten Entwicklungsbedürfnisse (z.B. sich mehr zu trauen, sich besser konzentrieren und lernen zu können, körperliche Unruhe in den Griff zu bekommen, Lösungen für familiäre Schwierigkeiten oder für Probleme mit Mitschi-

lerInnen und LehrerInnen zu finden). Im Prozess der Auseinandersetzung mit den Kindern werden mir dann zunehmend Ziele deutlich, die aus dem Verständnis der Abwehrmechanismen und aus Übertragungskonstellationen erwachsen, so dass mein Handeln auch durch sie geleitet wird. Ich bin bemüht, Unabhängigkeit gegenüber den Erwartungen der LehrerInnen zu wahren und den Kindern den für ihr persönliches Wachstum notwendigen Freiraum einzuräumen. Den Kindern Unterstützung zu geben, dass Implizites explizit werden kann und dass ihnen Zusammenhänge von inneren Vorgängen und Verhalten innerhalb und außerhalb der Gruppe deutlich werden, soll ihnen ermöglichen, den eigenen Anteil an der Entstehung der bewusst erlebten Schwierigkeiten zu erfassen. Die unbewusste Konfliktdynamik wird dadurch nicht grundlegend geändert, wie das in der Kinderpsychotherapie zu erwarten wäre. Immer wieder kleine Veränderungsschritte in Teilbereichen des Erlebens und Handelns auszuprobieren, hilft jedoch dabei, neue Erfahrungen zu machen und als Folge auf der bewussten Ebene mehr Flexibilität im eigenen Handeln zu entwickeln.

Abgrenzungsfragen: Pädagogik – Therapie – Beratung

Eine klare Abgrenzung Pädagogik versus Psychotherapie ist problematisch, „da (heute) ja keineswegs Konsens darüber besteht, was unter „pädagogischen“ oder „therapeutischen“ Theorien in eindeutiger Weise zu verstehen ist bzw. an welche „pädagogisch“ oder „psychotherapeutisch“ relevante Theorien dann im einzelnen gedacht wird.“ (Datler 1997, 110). Mit meiner eigenen Einschätzung nehme ich eine vermittelnde Position ein.

Schule hat einen eindeutig pädagogischen Auftrag. Von daher ist meine Arbeit eingebettet in die Arbeit des sozialpsychologischen Dienstes der Schule und wird als Unterricht bezeichnet (FuAU). Nach außen hin findet der Begriff Musiktherapie überhaupt keine Anwendung. Der fehlende verbindliche Rahmen eines Arbeitsbündnisses mit den Eltern hat hier seine Ursache.

Da es mir jedoch nicht um das Erreichen von vorgegebenen Bildungszielen geht, um eine Erziehung und Bildung zur und durch Musik als Hauptgegenstand der Arbeit, sondern um die Begleitung der Kinder in der Bewältigung ihrer persönlichen Schwierigkeiten, arbeite ich therapeutisch. Meine Identität und Haltung, das theoriegeleitete Reflektieren und zielorientierte Handeln sind therapeutisch ausgerichtet, ohne dass es sich um Behandeln im medizinischen Sinne handelt. So gesehen ist die Arbeit eine präventive Maßnahme zur Unterstützung der SchülerInnen, die durch psychische Probleme eingeschränkt sind, ohne klinisch auffällig zu sein.

Die Frage schließt sich an, inwieweit die Arbeit dann nicht als Therapie, sondern als Beratung anzusehen ist. Sie ist stärker selbsterfahrungsbezogen als konfliktzentriert und unterscheidet sich dadurch in Intensität und Tiefe von Psychotherapie, ein Kriterium für Beratung. Auch hier ist eine Abgrenzung schwierig. Versteht man Beratung als Arbeit im Sinne der Aufklärung und des Verstehens von psychologischen Zusammenhängen, sind vorrangig kognitive Prozesse angesprochen. Kindern ist diese Art zu arbeiten aufgrund der feh-

lenden Voraussetzungen überhaupt nur bedingt möglich. Gar nicht erfasst sind in diesem Verständnis die emotionalen Prozesse, die durch das Musikmachen ausgelöst werden.
Diese Abgrenzungsfragen spielen innerhalb der Schule keine Rolle. Ein Vorteil ist sicherlich, dass ich als Mitglied des Teams des sozialpsychologischen Dienstes keine besondere Stellung im Kollegium einnehme. Jedoch besteht ein großer Vermittlungsbedarf über meine Arbeitsweise gegenüber den KollegInnen.

Grenzen

Bei emotional eingeschränkten Kindern, die emotional stark fordernd sind, ist ein Einschränken ihres Handlungsspielraumes, um den Beziehungsraum (der Kinder zueinander bzw. zu mir) zu sichern, dringend geboten. Pädagogisches Handeln ist erforderlich, wenn es gilt, für die Einhaltung abgesprochener Regeln (achtsames Umgehen miteinander, niemand darf sich und anderen wehtun) zu sorgen. Klare Grenzen sollen Angstfreiheit und eine akzeptierende Atmosphäre gewährleisten, in der die Kinder Zugang finden können zu innerem Erleben. Der klar überschaubare Erlebnis- und Beziehungsraum schafft die Voraussetzung für sie, sich zu öffnen, emotionale Reaktionen zu zeigen, und für mich, die Kinder auch konfrontieren zu können.
Genauso müssen äußere Grenzen klar eingehalten werden. Die regelmäßig einmal pro Woche stattfindende gemeinsame Stunde muss den SchülerInnen sicher zur Verfügung stehen. Da ich Stunden nur in den Vormittagsunterricht lege, zeigt die Erfahrung, dass Stunden nur in seltenen Fällen ausfallen. Der jeweilige Raum ist im Raumbelegungsplan festgelegt und von daher sicher verfügbar.
Nicht zuletzt sind innere und äußere Grenzen auch für mich im Sinne des Selbstschutzes bedeutsam. Eine durchgehend zugewandte Grundhaltung einnehmen und ein empathisches Eingehen auf die SchülerInnen gewährleisten zu können, ist mir nur möglich, wenn meine eigene Belastungsgrenze nicht durch zu großes emotionales Eingebundensein überschritten wird. Im Kontakt zu bleiben gelingt nur, wenn ich nicht zu stark zu zeitweiliger Innenorientierung gezwungen bin, die ich zur Bewältigung meines eigenen inneren Prozesses benötige.

Ziele

Um Zugang zu einem differenzierten Verständnis der Psychodynamik der einzelnen Kinder zu finden, ist mir die psychoanalytische Theoriebildung unverzichtbar. Das Globalziel meiner Arbeit, das mein Handeln über die therapeutische Arbeit hinaus leitet, beschreibe ich jedoch als Gestalttherapeutin vor dem Hintergrund des gestalttherapeutischen Menschenbildes in gestalttherapeutischen Begriffen.
Ziel ist, dass ein Mensch mit sich selbst und auch mit seiner Umwelt in Kontakt ist, ohne dass Blockierungen die bewusste Wahrnehmung seiner selbst, seiner Umwelt und seiner Mitmenschen beeinträchtigen. So gesehen ist jedes menschliche Leben ein lebenslang währender Prozess der Persönlichkeitsentwicklung. Darin gilt es, die am FuAU teilnehmenden

Kinder eine Wegstrecke anders und z.T. intensiver zu begleiten als das im Umgang mit den SchülerInnen im sonstigen Schulalltag möglich ist.
Im Kontakt zu sich zu sein, bedeutet in der Arbeit mit den SchülerInnen, ihnen Anleitung und Unterstützung bei der Sensibilisierung und Erweiterung der Eigenwahrnehmung und des Sich-Spürens zu gewähren, damit ihnen das Bewusstwerden eigener Bedürfnisse und im Zusammenhang damit auch der Ausdruck und das Benennen innerer Vorgänge und Gefühle möglich wird und als Folge die Fähigkeit wachsen kann, mit Bedürfnissen und Gefühlen steuernd und integrierend umzugehen.
Mit der Umwelt in Kontakt zu sein, meint, dass SchülerInnen Vertrauen zu den Gruppenteilnehmern einwickeln, dass sie Aufrichtigkeit, Offenheit, Emotionalität und Mut bei anderen wahrnehmen, dass sie Mitgefühl mit anderen entwickeln, Achtung für andere empfinden und in Folge dessen andere akzeptieren. Auf sie selbst bezogen meint in Kontakt mit der Umwelt zu sein auch, dass die SchülerInnen darin begleitet werden, sich auf konstruktive Weise von anderen abzugrenzen und ein Bewusstsein für ihr Verantwortlichsein zu entwickeln bzw. zu erweitern. Eine liebevolle Grundhaltung zu sich selbst und befriedigendere Beziehungen zu anderen sollen möglich werden.

Therapeutische Beziehung und Aufgaben der Therapeutin

Da wie in jeder Therapiesituation über die Interaktion und Kommunikation der Beteiligten gearbeitet wird, ist die Vertrauensbeziehung der SchülerInnen zu mir und untereinander unerlässlich. Ich bemühe mich in meiner therapeutischen Grundhaltung um Wärme, einfühlsames Verstehen, Annehmen und Authentizität, damit eine lebendige Beziehung zu den SchülerInnen entstehen kann, die durch Sicherheit und Verständnis geprägt ist. Ebenso wichtig ist es, dass sich die Beziehungen der Kinder untereinander so entwickeln, dass sie sich gegenseitige Unterstützung, Beratung und interpersonales Feedback geben und zu konstruktiver Auseinandersetzung gelangen.
Daher ist es meine Aufgabe, eine Gruppenkultur zu schaffen, die eine lebendige Gruppeninteraktion so vielfältig wie möglich fördert. Aufrichtige und spontane Äußerungen der Kinder sollen möglich und aufgehoben sein und die SchülerInnen sollen sich nicht vorrangig auf mich als Gruppenleiterin, sondern genauso aufeinander beziehen.

Gerade zu Beginn der Arbeit ist es wichtig, wünschenswerte Normen entstehen zu lassen wie die aktive Teilnahme, das Annehmen anderer ohne Vorurteile wie auch die Selbstoffenbarung (jede/r in ihrem/seinem Tempo). Im Verlauf der ersten Stunde erkläre ich die Gruppenregeln (Schweigepflicht, niemand darf sich selbst und anderen wehtun, ehrliches und achtsames Umgehen miteinander und mit den Instrumenten). Explizite, aber auch implizite Weisungen durch mich und Gruppenmitglieder drängen die Gruppe behinderndes Verhalten Einzelner zurück bzw. verstärken förderliches. Da die SchülerInnen sich an mir als Leiterin orientieren, ist nicht zu unterschätzen, wie sehr ich selbst durch das Beispiel, das ich durch mein persönliches Verhalten in der Gruppe gebe, wünschenswerte Normen festigen kann: Ich diene als Modell interpersonaler Ehrlichkeit und Spontaneität,

ich bin Vorbild an Verantwortlichkeit, an angemessener Zurückhaltung, an vorurteilslosem Annehmen und Einschätzen der Stärken und Schwächen anderer, an Selbstoffenbarung (ich zeige etwas von mir wie Freude, Berührung, Anteilnahme etc.).
Eine gute Gruppenkultur fördert den Zusammenhalt der Gruppe, der an sich schon von therapeutischer Bedeutung ist. Sie ermöglicht interpersonales Lernen und mit der Zeit auch emotional korrigierende Erfahrungen.

Oft und vor allem am Anfang ist die Arbeit eher stützend; meine Aufgabe ist es, den SchülerInnen beim Erzählen ihrer aktuellen Sorgen anteilnehmend zuzuhören und gemeinsam mit Hilfe der Gruppenmitglieder Rat zu geben und/oder nach Lösungen zu suchen. Bringen die Kinder grundlegendere Probleme zur Sprache, ist es notwendig, sie in ihrem Prozess der Selbsterforschung zu unterstützen, ihnen den Zugang zur inneren Erfahrung zu ermöglichen und sie darin zu begleiten.
Wann immer es sich ergibt oder wenn es auch notwendig wird, z.B. wenn Spannungen innerhalb der Gruppe die Arbeit behindern, versuche ich, die Konzentration auf die unmittelbaren Ereignisse unter den Kindern zu lenken (vgl. Yalom 1995). Ich ermutige die SchülerInnen, sich gegenseitig Rückmeldungen über ihr Verhalten in der Gruppe zu geben. Genauso kommentiere ich Interaktionen gerade bei vielfachen Wiederholungen und versuche dadurch den Kindern ein Verständnis zu ermöglichen, wie sie ihre Beziehung zu anderen Gruppenmitgliedern gestalten. Bietet die Gruppe genug Unterstützung, trauen sich die SchülerInnen auch, auf andere bezogene Affekte zu äußern. Wenn dieses u.U. subjektiv als Risiko erlebte Verhalten ohne befürchtete Gefährdung der Beziehung möglich ist, gelingt es den SchülerInnen, offener und ehrlicher miteinander zu interagieren. Durch gegenseitiges Feedback wird für die Einzelnen eine Überprüfung ihrer Selbstwahrnehmung möglich. Das hilft, eigene Verhaltensmuster zu erkennen und zu verstehen, und unterstützt die Kinder darin, neues Verhalten auszuprobieren.

Meine Aufgabe ist es auch, die ursprünglichen Ziele der Gruppenmitglieder im Gedächtnis zu behalten, genauso die Beziehung zwischen diesen Zielen und den Abläufen, die sich mit der Zeit unter den SchülerInnen entfalten. Ich beobachte die sich wiederholenden Verhaltenssequenzen und bemühe mich durch die Verknüpfung von Ereignissen, die sich über einen längeren Zeitraum unter den SchülerInnen abgespielt haben, um ein Verständnis des Gruppenprozesses. Wann immer es mir möglich ist und für die Gruppe wertvoll zu sein scheint, helfe ich den Kindern durch Prozesskommentare, ihre eigenen Transaktionen zu untersuchen und zu verstehen, um das Wachstum der Gruppe voranzubringen und den SchülerInnen über das Erleben hinaus auch eine Integration des Erlebten zu ermöglichen.
Da Übertragungsgeschehnisse allgegenwärtig sind, ist es für die Gruppenkohäsion wertvoll, die positive Übertragung zu fördern und zu nutzen. Ohne zu den Eltern und LehrerInnen in Konkurrenz zu treten, gebe ich Halt und setze Struktur, um so ein Sich-Öffnen und Selbstoffenbarung zu erleichtern. Mit zunehmender Sicherheit der Gruppe in der Zusammenarbeit kann ich mich als Person deutlicher zu erkennen geben. Mit eigenen selbstoffenbarenden Äußerungen, die sich auf das Erleben innerhalb der Gruppe beziehen und in Verantwortung geschehen, diene ich als Modell und gebe ein Beispiel. Solche Aussagen

helfen bei der Auflösung der Übertragung und erleichtern den SchülerInnen die Realitätsprüfung ihrer Gefühle mir als Gruppenleiterin gegenüber. Dadurch entstehen für die SchülerInnen Gelegenheiten, neue Beziehungserfahrungen zu machen. Zu den gruppentherapeutischen Aufgaben kommen die speziell musiktherapeutischen hinzu.

Funktion und Bedeutung der musikalischen Improvisation

Das Charakteristische der Musiktherapie ist, dass kommunikative Prozesse nicht nur verbal, sondern auch nonverbal mittels Musik ausgelöst werden. In meiner Arbeit spielen vorrangig aktive Formen der Musiktherapie eine Rolle, die auf der musikalischen Improvisation basieren. Anfangs sollen die SchülerInnen durch Aufwärmspiele mittels freier musikalischer Improvisation musikalisch aktiv werden. Sobald die Arbeit fortgeschritten ist, wird meistens frei von Halt gebenden Spielregeln nur noch themengeleitet improvisiert. Da Mitteilung auf vorsprachlicher Ebene geschieht, stellt die Musik ganz eigene Möglichkeiten bereit, sich zu spüren und innerem Leben Ausdruck zu verleihen, und sie schafft Raum, sich zu öffnen und im Kontakt miteinander zu kommunizieren. Dass Freude am eigenen Tun Selbstvertrauen stärkt und eigene Kreativitätspotentiale anregt und zur Entfaltung bringt, bedarf kaum der Erwähnung.

Auch auf musikalischer Ebene hängt von einer sich entwickelnden Gruppenkohäsion und der Motivation der SchülerInnen zur Selbstoffenbarung ab, inwieweit sie das freie Musikmachen als Möglichkeit zu weitreichender Selbsterfahrung nutzen können.
Im authentischen musikalischen Spiel verknüpfen die Spielenden die musikalischen Spannungsbeziehungen mit persönlichen, denen sie Ausdruck verleihen und die ihnen dann, auf die Musik projiziert, scheinbar ‚objektiv' entgegentreten, welches sie so ihr inneres Gestimmt-Sein bzw. ihren inneren Prozess wahrnehmen lässt. Musik spiegelt das gegenwärtige emotionale Erleben. Wird das Musikgeschehen von einem weiteren Fokus her betrachtet, dass der Mensch wie in der Therapiesituation so auch in der Musik mikrokosmisch die gleiche Situation wiedererschafft, der er im Leben gegenübersteht, werden durch Musik eingeschliffene Verhaltensweisen hörbar, erlebbar und damit einer Bearbeitung zugänglich. Eine Besonderheit der musiktherapeutischen Arbeit ist es, dass dieses Bearbeiten auch durch ein Probehandeln im relativ angstfreien Spielraum der Musik geschehen kann. Mutig eigene Wünsche zu leben, sich mit eigenen Schwächen auseinander zu setzen, Abgrenzung in sozialer Verantwortung zu üben etc. Verhalten, das aufgrund der Abwehr vermieden werden muss, lässt sich musizierend experimentell erkunden und spielerisch entwickeln. Dabei ist Resonanz, Beantwortet-Werden und dadurch auch Näheerleben für die Mitspieler im gemeinsamen musikalischen Tun unmittelbar erfahrbar.
Gelungene Auseinandersetzung, Verständigung und in Folge auch Einigung im musikalischen Raum setzt einen Erfahrungsprozess der Spielpartner voraus. Mahns beschreibt vor dem Hintergrund seiner Untersuchungen verschiedene Ebenen, die dieser Prozess durchläuft (vgl. W. Mahns 2004, 289 ff).

Auf das anfangs völlig ungerichtete Spiel, das noch kaum einen Zusammenhang zu innerem Erleben der Spielenden erahnen lässt, folgt ein erstes „Ausprobieren der eigenen Ausdrucksmöglichkeiten (Affekte), eine Erprobung von Raum, Gegenständen, Materialien, Möglichkeiten und Grenzen des Partners. Die Gesten sind rudimentär, sie beinhalten noch kaum die beiden Hauptmerkmale für Bedeutsamkeit, die Gerichtetheit und die Wiederholung. Gesten und Affekte sind auf dieser Ebene noch Andeutungen." (ebd. 291). Nach Improvisationen, in denen „erste, fragmentarische Formenbildungen" (ebd. 292) hörbar werden, kommt es dann in der fortgeschrittenen Arbeit immer wieder zu Improvisationen oder Phasen einer Improvisation, in denen Übereinkunft der Spielpartner auf besondere Weise gelingt und die von ihnen als bedeutungsvoll erlebt werden. Mahns begreift diese besonderen Momente innerhalb des musikalischen Dialogs als musikalische Symbolisierung. Musik wird zum Bedeutungsträger und als Material im Prozess gelingender Einigung zu sinnerfülltem Ausdruck.
Für eine weiterführende Arbeit, für ein Verstehen und die Integration des Erlebten ist oft wesentlich, dass Versprachlichung der beim musikalischen Spiel gemachten Erfahrungen möglich wird. Die musiktherapeutische Praxis zeigt, dass gerade auch durch gelungene musikalische Improvisationen die Motivation der Spielenden zur sprachlichen Bearbeitung wächst.

Musiktherapeutische Aufgaben der Therapeutin

Neben den bereits beschriebenen allgemeinen therapeutischen Aufgaben bin ich während des musikalischen Spiels als Spielpartnerin gefordert und gleichzeitig als teilnehmende Beobachterin, die das Prozessgeschehen reflektiert. Es muss durch angemessene Interventionen (sprachliche, die das Spielen vorbereiten, und musikalische) ins Rollen gebracht und lebendig erhalten werden. Dabei leistet mir mein eigenes emotionales Wahrnehmen und Reagieren als Antwort auf mein Gegenüber wesentliche Orientierungshilfe. Begleitende Supervision, im Team und extern, unterstützt mich in meinem Handeln und ist bei offenen Fragen unverzichtbar. Über das nachbereitende Reflektieren und Protokollieren der Gruppenstunden versuche ich, mir einen Überblick über den Prozess der Gruppe wie jedes einzelnen Kindes zu verschaffen. Vorbereitend stimme ich mich auf die Kinder ein, rufe mir ihre Anliegen in Erinnerung, um sie sorgsam begleiten zu können. Wünschenswert wäre eine Analyse der Therapiemusik durch Intervision, weil sie die Auseinandersetzung mit den Kindern auf besondere Weise intensivieren würde (vgl. Tüpker 1996a, 95 f). Es mangelt jedoch an KollegInnen, die ähnlich wie ich arbeiten.

Nimmt eine Gruppe die Arbeit neu auf, geht dem freien themengeleiteten Improvisieren eine Phase voraus, in der die SchülerInnen über das Experimentieren mit einzelnen Parametern das Instrumentarium kennen lernen und grundlegende Ausdrucksmöglichkeiten des musikalischen Materials erfahren. Ich strukturiere diesen Beginn des musikalischen Lernprozesses durch klare Spielanweisungen. Rhythmusspiele ermöglichen die Erfahrung, eigene Kraft und die geballte Kraft, die die Gruppe im Zusammenspiel entwickelt, zu spü-

ren. Erstes sorgsames Hören und Bezugnehmen aufeinander ist notwendig und wird spielerisch geübt. Freie Improvisationen zur Lautstärke geben erste Anregungen, bewusst nach innen zu horchen mit der Frage, in welcher Modalität sich jede/jeder wohler fühlt. Spiele allein auf Holz- bzw. Metallinstrumenten sollen dazu anregen, die eigene Resonanz auf die Klangfarbe der Instrumente wahrzunehmen, ein Einschwingen auf den Klang anzubahnen und die Erfahrung zu ermöglichen, dass sich Stimmungen mittels bestimmter Instrumente abbilden lassen.
Nach dieser ersten Phase erwachsen Spielvorschläge für freie Improvisationen aus den Gesprächen, die dem Musikmachen vorausgehen. Selten beginnen wir eine Gruppenstunde mit dem musikalischen Spiel, um einen Einstieg in die gemeinsame Arbeit zu finden. Die Erfahrung zeigt, dass sich die Kinder (unter dem Diktat der Stundenbegrenzung auf 45 Minuten) leichter durch eine sich an das Gespräch anschließende themengeleitete Improvisation auf das Spielen einlassen können. Auch während des gemeinsamen musikalischen Spiels ist es anfangs notwendig, stützend zu arbeiten. Ich selbst bin klanglich präsent, ohne richtungsweisend einzugreifen, um die Suche der SchülerInnen nach Orientierung zu ermöglichen. Werden erste Ausdrucksversuche hörbar, habe ich die Aufgabe, „auch scheinbar zufällig Geäußertem und noch nicht ohne weiteres situativ Verstehbarem Resonanz zu geben, z.B. als Nachahmung und Affektintensivierung." (W. Mahns 2004, 291). Es gelingt, die Bearbeitung des im Gespräch Erarbeiteten auf musikalischer Ebene fortzuführen, sobald sich die Ausdrucks- und Dialogfähigkeit entwickelt, der musikalische Ausdruck mit Bedeutung besetzt wird und die musikalischen Äußerungen sinnvoll, verstehbar und dadurch im Zusammenspiel beantwortbar werden.
Die musiktherapeutischen Aufgaben in dieser Phase ähneln den gruppentherapeutischen mit dem Unterschied, dass sich die Bearbeitung im nonverbalen Raum mittels des Mediums Musik im gemeinsamen musikalischen Tun ereignet.

Reflexion der Erfahrungen

Die Zusammenarbeit in einer funktionierenden Gruppe mit einer guten Gruppenkohäsion und -kultur ist für die Gruppenmitglieder fast immer eine zentrale und prägende Erfahrung. Im gemeinsamen Rückblick am Ende der Arbeit äußern SchülerInnen oft, dass es gut war, über alles reden und allen vertrauen zu können. Immer wieder intensiv an der Lösung von persönlichen Konflikten und Konflikten untereinander zu arbeiten, lässt meistens eine so klare Gruppenidentität und einen so guten Gruppenzusammenhalt entstehen, dass sich die SchülerInnen auch außerhalb der Gruppe gegenseitig unterstützen und Hilfe leisten.
Für die SchülerInnen ist es eine besondere Erfahrung, sich im Kontakt zueinander und in Verantwortung füreinander gegenseitig positives und negatives Feedback zu geben. Diese Erfahrung erweitert die Selbstwahrnehmung und schafft Voraussetzung dafür, dass sich Selbstbild und Fremdbild annähern können. Durch die einfühlsame Teilhabe an den Erfahrungen der anderen profitieren die SchülerInnen voneinander. Feedback und Rat zu geben, was für andere wertvoll ist und von ihnen angenommen wird, schafft Selbstvertrauen und stärkt das Selbstwerterleben. Und sich gegenseitig ihre emotionale Betroffenheit zu zeigen,

schafft Vertrauen und fördert eine Grundhaltung von Toleranz und gegenseitiger Achtung voreinander.
Die SchülerInnen kommen sich selbst durch die Arbeit auf eine Weise nahe, die ihnen sonst vermutlich fremd bliebe. Die Erfahrung, dass vor allem der nonverbale Ausdruck von z.T. noch impliziten und/oder schwierigen Gefühlen Erleichterung verschafft, Klärung ermöglicht und dadurch Veränderung bewirkt, kann zu einer grundlegenden werden und Motivation schaffen, auch zukünftig Probleme anzugehen und offensiv nach Unterstützung zu suchen und Lösungen zu erarbeiten. Vor allem für Jungen ist es ungewöhnlich und überhaupt nicht selbstverständlich und gesellschaftskonform, Gefühle bei sich zuzulassen und bei anderen auszuhalten. Gelingt es ihnen durch die Sicherheit in der Gruppe und den Spielraum, den die Musik ihnen bereitstellt, sich zu öffnen, können sie teilhaben am Lernprozess des authentischen und weniger durch Rollenklischees geprägten Umgangs mit Affekten.

Besonderheit der musiktherapeutischen Arbeit ist, dass das Musikmachen auch in der Therapiesituation ästhetisches Tun ist und als solches den Menschen ganzheitlich anspricht und sein schöpferisches Potenzial herausfordert. Gleichzeitig macht Musikmachen häufig Spaß. Und auch wenn das wie eine plumpe Feststellung scheint, so umschreibt sie die wichtige Erfahrung, dass gerade Kinder durch das Musikmachen zu intensiverer Zusammenarbeit motiviert werden können. Entwickelt sich die Fähigkeit der SchülerInnen zum Dialog und zur Symbolbildung, stiften gemeinsam als bedeutsam erlebte Improvisationen auf besondere Weise Gruppenkohäsion und -identität und sind für jedes einzelne Gruppenmitglied als eindringliche Erfahrung auf besondere Weise befriedigend und prägend.
Viele SchülerInnen schreiten unterstützt durch die gemeinsame Arbeit in ihrer Persönlichkeitsentwicklung weit fort. Fast ohne Ausnahme kommen die Kinder gern und seltener verlassen einzelne Kinder die Gruppe. Bei schwerer gestörten Kindern, für die eine intensivere Betreuung sinnvoll wäre, kann die Arbeit konstruktive Änderungen im Erleben, im Verhalten und in den sozialen Beziehungen z.T. nur in Ansätzen bewirken. Die Arbeit erfährt durchgängig Wertschätzung durch die KollegInnen und durch die wenigen Eltern, die eine Zusammenarbeit suchen bzw. annehmen; sie sehen sich in ihrer Auseinandersetzung mit den SchülerInnen bzw. mit ihren Kindern unterstützt.

Schule erschwert selbsterfahrungsbezogene Arbeit jedoch auch. SchülerInnen kritisieren immer wieder, dass die zur Verfügung stehende Zeit zu kurz sei. Tatsächlich fehlt gerade oft am Ende der Improvisationsphase die Zeit, um das in der Musik Erlebte über kurze Rückmeldungen hinaus weiter bearbeiten zu können. Damit in Zusammenhang steht, dass ich sehr darauf Acht geben muss, dass SchülerInnen, die emotional betroffen waren, sich wieder beruhigen und sammeln können, um gefasst in den anschließenden Unterricht zurückkehren zu können. Die FuAU-Stunde ist eingebettet in den Unterrichtstag der SchülerInnen und darauf ist Rücksicht zu nehmen.
Obwohl ich nur SchülerInnen in eine Gruppe aufnehme, die ich selber nicht unterrichte, wissen sie von mir, dass ich Lehrerin bin und nehmen mich im Schulgebäude bei Aufsichten etc. auch als solche wahr. Manchmal haben die SchülerInnen in demselben Fachraum

Musikunterricht, in dem unsere Gruppenstunde stattfindet. Bei anhaltend lautem Spiel ist auf die KollegInnen und die Klasse im Nachbarraum Rücksicht zu nehmen, was mich in den Konflikt bringt, lautes Spiel zu dämpfen, was jedoch nicht möglich ist, ohne das Prozessgeschehen zu beeinträchtigen. All dies sind Einschränkungen gegenüber einem ‚rein' therapeutischen Setting, durch die die Kinder den Schutz und die Möglichkeiten, die ihnen die besondere Situation gewährt, nicht unverstellt und unmittelbar wahrnehmen und erleben können.

Dennoch ist die Arbeit für viele Kinder von großem persönlichen Nutzen und eine wirksame und notwendige Unterstützung im Schulalltag. Ich selber habe Freude an der Arbeit und weiß das Erreichte zu schätzen aus meiner eigenen Erfahrung heraus, dass viele kleine Schritte notwendig sind, um einen größeren zu ermöglichen.

Ein Musikprojekt mit Flüchtlingskindern

Isabell Paduch

„Nicht da ist man daheim, wo man seinen Wohnsitz hat, sondern da, wo man verstanden wird.“
Christian Morgenstern

Einleitung

Das Projekt „Musik mit Flüchtlingskindern“ fand zum ersten Mal in der Zeit von Oktober 2002 bis April 2003 (20 Termine) in einem Flüchtlingsheim statt, welches sich in unmittelbarer Nachbarschaft des Musikinstituts der Universität befindet.[1] Von Januar bis Dezember 2004 wurde es mit insgesamt 32 Terminen in der Grundschule der Kinder fortgeführt. Bisher haben in der halboffenen Gruppe insgesamt 25 Kinder aus elf Nationen im Alter von fünf bis zwölf Jahren und sechs Musiktherapiestudentinnen als Praktikantinnen am Musikprojekt teilnehmen können.
Das Projekt wurde bislang vom gemeinnützigen Förderverein Musiktherapie an der Universität Münster e.V., der Stadt Münster (IMAS[2] und Amt für Kinder, Jugendliche und Familien) und privaten Spenderinnen und Spendern unterstützt.
Ursprünglich trug das Projekt den Beinamen „Der Seelenvogel“. Der Seelenvogel ist eine Metapher für die Seele, der sich viele Kulturen bedien(t)en, und zugleich der Titel eines Buches von Michal Snunit (Snunit 1991). Dieses Buch diente mir schon früher als Grundlage eines gleichnamigen Projektes, welches ich mit Kindergartenkindern unterschiedlicher nationaler Herkunft durchgeführt und in meiner Diplomarbeit beschrieben habe (Paduch 2002). Auch in diesem Musikprojekt wurde dieses Buch (vor)gelesen, führte als ein roter Faden durch die Stunden und inspirierte zu Gesprächen, zum Musizieren und Malen oder zum Basteln von Seelenvogelmasken.

Die ersten 20 Termine fanden einmal pro Schulwoche im sogenannten „Spielraum“ im Souterrain des Flüchtlingsheimes statt. Bereits während der ersten Musikstunde zeichneten

---

[1] Die Idee, für Flüchtlingskinder ein Musikprojekt anzubieten, stammt von Rosemarie Tüpker, der Leiterin des Zusatzstudienganges Musiktherapie an der Westfälischen Wilhelms-Universität Münster. Sie hatte bereits im Sommersemester 1993 mit 12 Studierenden ein Praxisprojekt „Musik mit Flüchtlingen“ durchgeführt, an dem Flüchtlinge, sowohl Kinder als auch Erwachsene, aus Bosnien, Vietnam und anderen Ländern teilgenommen haben (vgl. Bossmann 1993).

[2] Informations- und Medienzentrum für Ausländer und Aussiedler im Schulamt der Stadt Münster.

sich die ersten Schwierigkeiten ab: Ein Mädchen nahm nur bis zur Hälfte der Stunde teil, weil an diesem Nachmittag die Abschiebung ihrer Familie vollzogen wurde. Andere Kinder, die keinen Platz bekommen hatten, schlugen mit Händen und traten mit Füßen gegen die Eingangstür aus Glas und machten durch begleitende Schreie unermüdlich auf sich aufmerksam, bis sie zu einem späteren Zeitpunkt in die Gruppe aufgenommen wurden, obwohl die maximale Gruppengröße von acht Kindern bereits erreicht war. Eine allgemeine Unruhe sowie häufige Unterbrechungen seitens der Eltern und der Geschwisterkinder führten oft zum Überziehen der geplanten Dauer der Musikstunde.
Zunehmend wurde die Rivalität zwischen den wenigen kurdischen Kindern und den in der Überzahl vertretenen Romakindern aus Serbien und aus dem Kosovo spürbar. Hinzu kam, dass ab Januar 2003 ein neues pädagogisches Team (bestehend aus PädagogikstudentInnen) uns den Spielraum nicht mehr zur Verfügung stellte, und wir ab dem neunten Termin in einen gefliesten, kalten und ungemütlichen Nebenraum mit zwei kleinen Kellerschachtfenstern, mit einem Eisenschrank an der Wand und mit einem geliehenen Teppich zum Sitzen ausweichen mussten.

Die Suche nach besseren Rahmenbedingungen führte zu der Grundschule der Kinder, die einen großen und recht gut ausgestatteten Musikraum sowie eine klare Zeitstruktur anbot. So konnten ab 2004 die Kinder einmal pro Woche in der fünften Unterrichtsstunde statt der Übermittagsbetreuung (Hausaufgabenbetreuung) und in einem Fall statt des Sportunterrichtes am Musikprojekt teilnehmen. Einerseits konnten die Kinder im Vorschulalter und aus den weiterführenden Schulen nicht mehr dabei sein. Andererseits war die Grundschulkindergruppe inzwischen auf zwölf Teilnehmer gewachsen und somit zu groß, auch wenn nur selten alle Kinder da waren, da sie nicht der allgemeinen Schulpflicht unterlagen[3], oft krank waren oder von den Eltern nicht geweckt wurden und somit den Schulbus verpassten.

Flüchtlingskinder – ihre Notlage

Die am Musikprojekt teilnehmenden Kinder wohn(t)en im zweitgrößten Flüchtlingsheim der Stadt für Familien, in dem bis zu 120 Flüchtlinge, davon etwa 40-45 Kinder, für ein paar Wochen bis zu ein paar Jahren eine Unterkunft finden.

> Die Möglichkeiten aus dem Wohnheim auszuziehen orientieren sich an dem Status der Flüchtlinge, an der Dauer ihres Aufenthalts und der Anzahl ihrer Kinder. Es gibt genau festgelegte Auszugsregulierungen, die in allen Wohnheimen angewandt werden. Ausreisepflichtige Flüchtlinge bleiben bis zur Abschiebung im Flüchtlingsheim. Dies

---

[3] Am 27.01.2005 wurde vom Landtag NRW ein neues Schulgesetz verabschiedet, welches zum 01.08.2005 in Kraft tritt. Einige Sonderregelungen gelten jedoch bereits seit dem ersten Tag nach seiner Verkündung im Gesetz- und Verordnungsblatt des Innenministeriums am 15.03.2005, u.a. das § 34 Absatz 6 des neuen Schulgesetzes. Demzufolge sind Flüchtlingskinder in NRW – sowohl Kinder von AsylbewerberInnen als auch von geduldeten Flüchtlingen – seit dem 16.03.2005 schulpflichtig und nicht mehr nur schulberechtigt (vgl. Ministerium für Schule, Jugend und Kinder des Landes Nordrhein-Westfalen, 2005, 11)

kann bis zu mehreren Jahren dauern, wenn zum Beispiel ein Abschiebestopp wegen militärischer Auseinandersetzungen im Herkunftsland vorliegt.

Vor Ort stehen den Bewohnern seitens der Stadt eine Sozialarbeiterin (für vier Stunden pro Woche), ein Hausmeister und gelegentlich eine Sozialarbeiterin für Schulangelegenheiten zur Verfügung. Ferner bieten PädagogikstudentInnen Freizeit- und Beschäftigungsangebote für Kinder im Vorschul- und Schulalter an.

Die kleineren Kinder besuchen in der Regel keinen Kindergarten. Deshalb bezeichnen sie die Angebote des pädagogischen Teams als „Kindergarten". So nannten anfangs auch einige Kinder das Musikprojekt, als sie auf dem Innenhof andere Kinder zur Musikprojektstunde zusammengerufen haben.

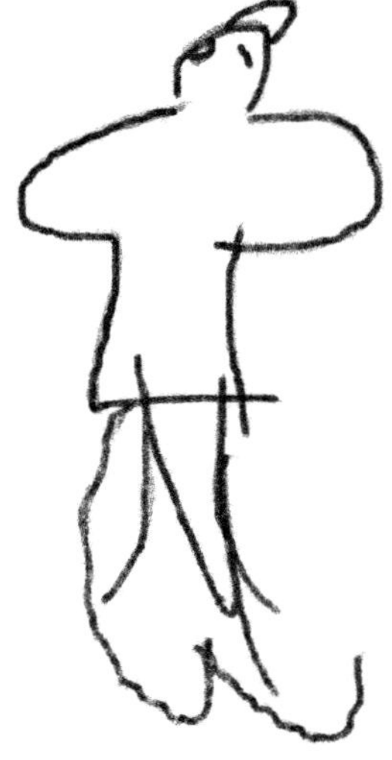

„In der Seele,
in ihrer Mitte,
steht ein Vogel
auf einem Bein.
Der Seelenvogel.
Und er fühlt alles,
war wir fühlen"

Die teilnehmenden Flüchtlingskinder und ihre Familien werden oft als „Asylanten" bezeichnet (auch eine gängige Bezeichnung in der Grundschule der Kinder), haben jedoch in Deutschland einen unterschiedlichen Status. Manche Flüchtlinge (z.B. illegal eingereiste Flüchtlinge) werden oft nur geduldet. Dies bedeutet, dass ihre Abschiebung ausgesetzt wird, bis der Bundesgesetzgeber der Meinung ist, dass die Lage in dem Heimatland die Sicherheit wieder gewährleiste und eine Abschiebung durchgeführt werden könne. Andere Flüchtlinge stellen einen Antrag auf Asyl und erhalten für die Dauer des Asylverfahrens ein Bleiberecht und natürlich bei Anerkennung des Asylverfahrens ein dauerhaftes Bleiberecht. Schon diese Abstufung auf Grund der gesetzlichen Lage kann zu Neid und Konflikten unter den Bewohnern des Flüchtlingsheimes führen. Hinzu kommen persönliche Vorurteile der Flüchtlinge untereinander gegen bestimmte klischeehafte Mentalitätseigenschaften (betr. Stehlen, Kochen, Erziehung der Kinder, Stellung der Frau in der Gesellschaft) oder aus dem Spiel resultierende Konflikte der Kinder, die bis zu körperlichen Auseinandersetzungen der Familienvertreter ausufern.

Während in den ersten 20 Musikprojektstunden die Flüchtlingskinder entweder Kurdisch oder „Zigeunisch"[4] sprachen, nahm die ethnische Vielfalt der Flüchtlinge in dem betroffenen Heim und somit im Musikprojekt im letzten Jahr zu. Hinzugekommen waren Flüchtlinge aus der ehemaligen UdSSR (Armenien, Aserbaidschan, Tadschikistan, Tschetschenien), aus Angola und Sri Lanka. Dies führte zu häufigeren Kommunikationsschwierigkeiten, da die Kinder kaum Deutsch sprechen konnten, und sogar die Kinder aus der ehemaligen Sowjetunion – anders als ihre Eltern – sich nur selten auf Russisch verständigen konnten.
Nichtsdestotrotz waren und sind es die Kinder, die im Flüchtlingsheim als erste in Kontakt mit anderen Flüchtlingen treten, für die Eltern oft dolmetschen und bereit sind, einige Begriffe der anderen zu lernen – leider auch und vor allem die Beschimpfungen – aber auch Lieder. Sie beton(t)en ihre Subgruppen-Zugehörigkeit (Kurden, Roma und „Russen") sind sich aber nach einer Zeit der Verbundenheit miteinander bewusst: „Wir sind eine Familie, alle Mädchen hier sind meine Cousinen" (Empfindung eines Mädchens in der 40. Musikprojektstunde).

Geplantes und Unplanbares

Die Teilnahme der Kinder am Musikprojekt war freiwillig. Die Eltern der Kinder wurden vor dem Beginn des Musikprojektes mündlich durch die Sozialarbeiterin und meinerseits schriftlich informiert. Diese Aufgabe übernahm später die Schule.

Für den ersten Teil des Musikprojektes hatte die Sozialarbeiterin des Flüchtlingsheimes sieben Kinder nach gewünschten Auswahlkriterien (alters- und geschlechtergemischte Gruppe bis zwölf Jahren) ausgesucht.
In der Grundschule waren zum Musikprojekt alle Flüchtlingskinder eingeladen. Kinder, die wegen Streitigkeiten die Gruppe vorzeitig verlassen wollten, mussten wegen der Aufsichtspflicht die verbleibende Zeit bei der Übermittagsbetreuung verbringen. In drei Fällen war es aber eine der Musiktherapiestudentinnen, die die Zeit mit dem Kind auf dem Innenhof oder im Flur der Schule bis zum angeläuteten Unterrichtsende verbracht hat, da die Kinder nicht bereit waren, zur Übermittagsbetreuung zu gehen.

Während des Musikprojektes wurden drei Kinder offiziell aus Deutschland in ihre Heimatländer abgeschoben. Zwei weitere Kinder sind mit ihren Familien spurlos über Nacht verschwunden. Ein Junge hat auf eigenen Wunsch seine Teilnahme vorzeitig – zwei Wochen vor dem geplanten Umzug innerhalb der Stadt – wegen Rivalitäten mit einem

[4] So nennen die Romakinder ihre Sprache, die fachkundig als Romani oder Romanes bezeichnet wird. Manche Flüchtlingskinder sprechen auch ein bisschen Englisch, Französisch, Italienisch oder Schwedisch, da ihre Eltern auch in anderen Ländern Zuflucht suchten.

anderen Jungen beendet. Drei Mädchen haben ebenfalls wegen Umzugs die Gruppe verlassen.
Nur drei Geschwisterkinder konnten sowohl am ersten als auch am zweiten Teil des Musikprojektes teilnehmen.
In der Regel begleiteten eine bis zwei Musiktherapiestudentinnen die Musikprojektgruppe. Einige Male haben sie das Angebot in Anspruch genommen, selbständig eine Improvisation bzw. ein anderes Spiel mit den Kindern durchzuführen.
Zwei der Praktikantinnen und ich selbst stammen nicht aus Deutschland und haben daher wie die Kinder ähnliche Erfahrungen damit gemacht, Sprache, Kultur und die Gepflogenheiten in Deutschland mit denen des Herkunftslandes zu vergleichen, um verstehen zu können und verstanden zu werden. Weitere Praktikantinnen waren aus persönlichen oder beruflichen Gründen ebenfalls mit Migration konfrontiert.
Es ist anzunehmen, dass dies zu einer gewissen Vertrautheit untereinander und zum besseren Verständnis beigetragen hat. Das Fremde war nicht mehr sonderbar und die Vielfalt war ein Gewinn für alle.

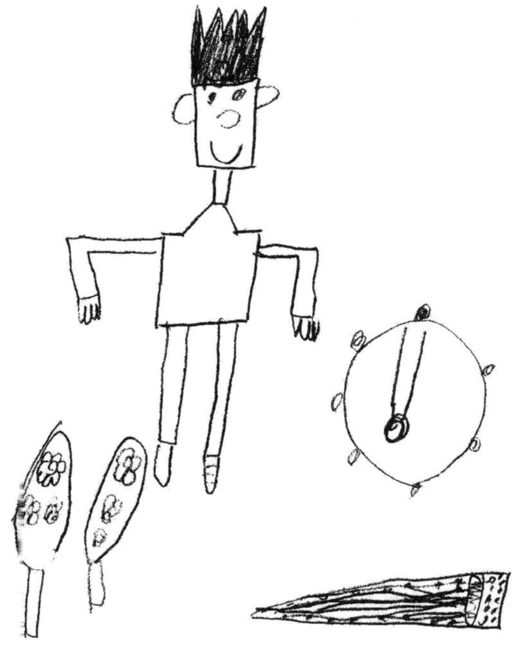

„Wenn jemand unseren Namen ruft,
horcht der Seelenvogel auf die Stimme,
weil er wissen will,
ob sie lieb oder böse klingt."

Arbeitsweisen und Erfahrungen

Sowohl in der ersten Musikprojektstunde im Flüchtlingsheim als auch später in der ersten Stunde in der Schule wurden den Kindern die wichtigsten Spiel- und Umgangsregeln vorgestellt: respektvoller und achtsamer Umgang miteinander und mit den Instrumenten, Recht auf freiwillige verbale oder musische Äußerung bzw. auf das Schweigen und das Nichttun, Annehmen der Ausdrucksweise des Anderen, ohne ihn zu werten. Als Ziel wurde angestrebt, den Kindern die Möglichkeit zu bieten, Musik und Spiele im Rahmen einer Struktur frei zu gestalten, um ihren Gefühlen Ausdruck zu verleihen, individuelle Stärken und Fertigkeiten hervorzuheben und die Verbundenheit miteinander im Rahmen einer Gruppe zu erfahren.

Jede Musikprojektstunde begann im Sitzkreis mit einem Begrüßungslied („Halli, hallo, wir sind alle da") und einer Vornamensimprovisation oder einer kurzen Vorstellungsrunde („Meinem Seelenvogel geht es heute...", „Mein Lieblingstier ist...", „Ich bin stolz auf mich, weil..."). Das Schwenken mit einem in der Mitte des Kreises ausgebreiteten Tuch zeigte eine Pause (als Zäsur zur Lautstärkeregulation oder Gelegenheit zum Instrumententausch) oder das Ende der Improvisation an, besonders wenn das laute Musizieren bei einigen Kindern zu Kopf- oder Bauchschmerzen führte. Die Abschlussrituale bestanden aus dem Spiel „Wer hat den Keks aus der Dose geklaut" (Hering 2000, 12) und einem Abschlussreim („1, 2, 3, die Stunde ist vorbei. 1, 2, 3, 4 – nächste Woche wieder hier"). Zuallerletzt wurden natürlich die Kekse oder gegebenenfalls Blätter zum Auskolorieren verteilt.
Einerseits vermittelten die Kinder den Eindruck, als ob sie das Begrüßungslied kindisch fänden. Andererseits stieß mein Vorschlag, das Lied gegen ein anderes auszutauschen auf Widerstand der ganzen Gruppe. Darin zeigt sich, dass dies die Kinder unter Umständen an erlittene Verluste – auch die der immateriellen Art – erinnert und sie ein solches Lied brauchten, um sich mit dessen Hilfe mal die Seele laut aus dem Halse zu schreien oder es als etwas Vertrautes zu bewahren.
Ein weiterer Teil der Stunde war dem Singen von Kinderliedern, begleitet durch Musikinstrumente oder spontanes Klatschen, gewidmet. Dabei waren die Kinder oft fröhlich und kreativ, indem sie zum Beispiel den Kanon „Wann und wo, wann und wo sehen wir uns wieder und sind froh" umdichteten zu „Wand und Floh, Wand und Floh, sehen wir uns wieder und sind froh". Es zeigte sich jedoch, dass freie Improvisationen ohne Vorgaben oft im Chaos endeten. Die Kinder konnten sich nur in wenigen Fällen auf das gemeinsame Spiel einlassen. Vielmehr waren sie damit beschäftigt, die Anderen zu stören (provozierendes Spiel auf dem Musikinstrument des Anderen, Wegnehmen eines Musikinstrumentes), auf sich aufmerksam zu machen (Zeigen auf neue Kleidung, demonstratives Abziehen der Pflaster und Zeigen oder Waschen der Wunden) oder das Spiel abzubrechen (Wegrennen, Nicht-Mehr-Spielen-Wollen, Erledigen der Hausaufgeben). Um den Kindern die notwendige Struktur zu geben, wurden Kleingruppen-, Paar- sowie Soloimprovisationen bzw. das Nacheinanderspielen vorgegeben. Dabei wurden auch spielerische Wettbewerbe gut aufgenommen und förderten die Konzentration

Ein Beispiel: Die ganze Gruppe sitzt im Halbkreis. Ein Kind zieht aus einer roten Nikolausmütze eines von vier Kärtchen, auf denen bestimmte Musikparameter aufgeschrieben sind wie laut, leise, langsam, schnell. Die Aufgabe des Kindes ist es, den Begriff mit Hilfe der aufgebauten Instrumente darzustellen. Die Gruppe darf dann den Begriff erraten.
Das Fehlen der instrumentalen Improvisation in den Stunden, in denen getanzt, zur CD-Musik gemalt oder vokal improvisiert wurde, kommentierten die Kinder kritisch: „Warum heute keine Musik?"

Am Anfang des Musikprojektes inspirierte das Buch „Der Seelenvogel" die Kinder zum Musizieren und „Malen" (eigentlich Zeichnen) mit Bunt- oder Wachsmalstiften.[5] Bald stellte sich heraus, dass die Kinder sowohl auf Deutsch als auch in ihrer jeweiligen Muttersprache wenig Begriffe für ihre Emotionen kennen. Ihre Gefühle wurden schnell und unmittelbar ausgelebt und vor allem schmerzhaft, wenn sie sich ohrfeigten oder prügelten (das war einmal ein Grund für das vorzeitige Abbrechen der Musikprojektstunde). Hier war es mir wichtig, auch andere Kinderliteratur und den Körper für Pantomime einzubeziehen. Um verschiedene Gefühlszustände zu erklären, war das Buch „Gefühle sind wie Farben" (Aliki 1987) sehr hilfreich. Hinzugezogen und musikalisch vertont wurden auch das Grimmsche Märchen „Hans im Glück", die Geschichte von Swimmy (Lionni 1992), der Raupe Nimmersatt (Carle 1994) oder vom Geschenk des kleinen Hirten (Jooß und Bernard-Kress 2001). In Anlehnung an das Buch von Snunit haben die Kinder nicht nur einige Gefühle wie Angst, Trauer, Glück oder Wut, sondern noch darüber hinaus ihre Empfindungen wie zum Beispiel Verliebt-Sein, Krank-Sein, Ablehnung, Enttäuschung, Erholung sowie Unzufriedenheit benannt und diese pantomimisch dargestellt.
Die Ankündigung, dass gemalt oder gebastelt wird, stieß immer auf eine gute Resonanz. Die Kinder malten voller Eifer ihre Seelenvögel, ihre Lieblingsmusikinstrumente, die Raupe Nimmersatt bzw. den Schmetterling oder den Swimmy und andere Meereswesen. Sie bastelten zwei Collage-Plakate, welche über das Bestehen der Musikgruppe informierten und verzierten mit Vogelfedern ihre bunten Seelenvogelmasken.
All dies war für einige Kinder auch mit viel Anstrengung verbunden und spürbar war, dass die Kinder dabei den Mut finden mussten, viel von sich preiszugeben. Zum einen fehlten einigen Kindern manuelle Fertigkeiten, da sie erst im Alter von sieben oder auch neun Jahren zum ersten Mal Stifte und Scheren nutzten. Zum anderen kostete es einige Kinder, besonders die älteren Jungen, viel Überwindung, eigene Gefühle auf dem Papier festzuhalten und dann noch gegebenenfalls einem anderen Kind zu zeigen.
Mädchen waren spontaner und malten bereits in der Pause vor der Musikprojektstunde auf der Tafel Blumen, Häuser oder Herzen, die manchmal auch mit den Vornamen der Praktikantinnen ausgefüllt waren.

Mit Hilfe der Musik war der Zugang zu der eigenen Gefühlswelt scheinbar einfacher, aber auch hier hatten manche Kinder ihre Probleme. Dann wollten sie nicht mitspielen oder

---

[5] Die Bilder dieses Artikels stammen aus der Projektgruppe. Die begleitenden Texte sind dem o.a. Buch von Michael Snunit entnommen.

„hauten“ nur auf die Instrumente, um am lautesten zu sein. Oder sie folgten einer vereinbarten Spielregel nicht, weil sie nicht konnten oder nicht wollten, da Provokation und Machtdemonstration im Vordergrund standen.
Sehr beeindruckend und bewegend waren die Stunden, in denen die Kinder auf großen Blechgefäßen ihr Bedürfnis nach Lautsein ausleben konnten und in denen deutlich wurde, als wie kostbar sie die selbst gebauten Musikinstrumente (verschiedene Rasseln, eine Harfe aus Schuhkarton, eine Trommel aus einer mit einem Luftballon bespannten Blechdose) erlebt haben: Laut äußerten sie ihre Befürchtung, dass sie diese bei der Ausreise in das Heimatland bestimmt nicht mitnehmen können.
Oft wurden Konflikte, vor allem Machtkonflikte, aus dem Flüchtlingsheim mit in die Musikprojektstunde getragen und in der Musik hörbar oder beim Tanzen sichtbar: Wer spielt mit wem, wer darf beginnen, wer hat den letzten Ton, wer hält sich nicht an die Spielregeln, wird eine Person oder eine ethnische Gruppe ausgegrenzt, wer spielt den König und wer seinen Schatten[6], usw.
An der Tagesordnung waren an die Praktikantinnen und mich gerichtete Hilferufe nach Gerechtigkeit und Beistand, wenn einigen Kindern Stehlen oder Vorteilsnahme unterstellt oder tatsächlich nachgewiesen wurde.
Des Öfteren zeigten die Kinder ihre Schürf- oder Brandwunden, ihre Wackel- oder beinah ausgeschlagenen Zähne, klagten über Bauch- und Kopfschmerzen. So wurden bei allen Kindern symbolisch die sichtbaren und unsichtbaren Wunden mit Pflastern und einer Wundheilsalbe behandelt.

„Wenn der Vogel
die Schublade ‚Wut' aufmacht,
ist der Mensch wütend.
Und wenn der Vogel
die Schublade nicht mehr zuschließt,
hört der Mensch nicht auf,
wütend zu sein.“

[6] „Der König und sein Schatten“ ist ein Pantomimespiel zu zweit. Das erste Kind schreitet durch den Raum als König. Das den Schatten spielende Kind macht jede Bewegung des Königs nach.

Besonderheiten in der Arbeit mit Flüchtlingskindern

Bei der Begegnung mit Flüchtlingskindern fällt als Erstes ihre allgemeine Unruhe und Skepsis auf. Sie sind ständig in Bewegung und möchten zeitgleich ihre Geschichten erzählen. Sie versichern sich mehrmals, ob die ihnen mitgeteilten Inhalte bzw. Versprechungen wahr seien, ob sie die ihnen überlassenen Dinge behalten können oder ob diese auch gut für sie seien. Die Hintergründe dieser scheinbar seltsamen Verhaltensweisen beginnt man zu verstehen, wenn man z.B. erfährt, dass die Flüchtlingskinder oft erlebt haben, dass das Haltbarkeitsdatum ihnen geschenkter Lebensmitteln bereits vor längerer Zeit abgelaufen ist. Kinder aus Serbien und aus dem Kosovo berichteten, dass während des Krieges mit Sprengstoff gefüllte Puppen auf den Straßen lagen, wodurch viele Kinder verunglückten. Diese und ähnliche Erzählungen lassen ahnen, warum sich anfangs kein Kind auf die durchgeführten Phantasiereisen mit geschlossenen Augen einlassen konnte.

Die Musikprojektstunden waren auch durch das Gefühl der Traurigkeit begleitet, besonders wenn sich die Gruppe von ihren Teilnehmern nicht verabschieden konnte, und das unabhängig davon, ob ein Umzug innerhalb der Stadt oder die Abschiebung bevorstand oder aber auch ein geheim gehaltenes Untertauchen einer Familie keinen Abschied möglich machte.

Es war traurig zuzusehen, wenn die Kinder seitens der Lehrer des Stehlens verdächtigt und deshalb oft ihre Tornister kontrolliert wurden. Umso größer war unser Frust und unsere Empörung, wenn wir selber die Kinder beim Stehlen erwischt haben oder sie uns wehgetan haben: Ein Junge zog an den Haaren einer Praktikantin und schrie: „Ich hasse blonde Haare!“ Ein anderer Junge schlug mich beim Begrüßen in den Bauch und zeigte später szenisch wie in der Zeitlupe, dass er meine Armbanduhr schlagen möchte.

„Wenn jemand böse auf uns ist, macht sich der Seelenvogel ganz klein und ist still und traurig.“

Oft konnten wir die Gefühle der Kinder (Wut, das Nichterwünscht-Sein bzw. Nichtwillkommen-Sein) nachspüren, wenn etwa im Flüchtlingsheim das erste Collage-Plakat als Ergebnis der Gruppenarbeit durch das neue pädagogische Team entfernt und zerrissen wurde, wenn wir den „Spielraum“ nicht mehr nutzen konnten, wenn ein Teil meiner Musikinstrumente entwendet wurde oder wenn wir für die erste Stunde in der Schule zuerst keinen Raum hatten, dann aber einen anderen Raum mit anderen Kindern und mit einer Übermittagsbetreuungskraft teilen mussten.

Die Kinder lösten bei den Praktikantinnen und bei mir oft bemutternde Gefühle aus, wenn sie sich zum Beispiel an uns anlehnten, beim Eintreffen bzw. Wiedersehen uns wie ein Baby ansprangen und sich uns um den Hals hängten oder kumpelhaft unter die Armen griffen, und wenn sie um Trost und Pflaster baten. Andere Male versuchten die teilnehmenden Kinder für ihre Streitigkeiten untereinander uns als Schiedsrichterinnen zu gewinnen, um zugleich von ihnen auf unser Gerechtigkeitsverhalten hin überprüft zu werden: Bekommen alle Kinder gleiche Liedermappen oder Kekse? Fast jede Stunde prüften sie, wie ernst wir sie nehmen, wenn sie anderen Kindern gegenüber Morddrohungen aussprachen, uns das Nicht-Mehr-Wiedersehen ansagten und den Sitzkreis oder auch mal den Raum verließen und wegrannten, gegebenenfalls sich unter den Tischen eine „Bude“ bauten.

Oft wirkten die Kinder vernachlässigt, und das unabhängig davon, wie sie gekleidet waren, ob sie unter- oder übergewichtig waren/sind. Als eine Musikprojektstunde mit dem Beginn des Irakkrieges zusammenfiel, und die Kinder zum ersten Mal bewegt über ihre zum Teil dramatischen Kriegserfahrungen sprachen, fiel mir auf, dass sie eher von den Verlusten der Eltern als von den eigenen gesprochen haben. So sprachen sie nicht von dem Tod der Großeltern oder Tanten und Onkeln. Die Betonung lag auf dem Verhältnis der Erwachsenen untereinander: „Meine Mutter hat ihre jüngere Schwester verloren, sie war 19“ oder „Die Mutter von meinem Papa ist im Krieg gestorben.“ Das kann man auch als Schutz vor dem zu großen eigenen Schmerz verstehen.
Es ist anzunehmen, dass ihre Not groß war und immer noch ist, auch wenn offiziell nur eines dieser Kinder als traumatisiert diagnostiziert wurde und bei einem Traumapsychotherapeuten in Behandlung ist. Dabei muss noch berücksichtigt werden, dass die aus dem ehemaligen Jugoslawien stammenden Eltern zum Zeitpunkt des Balkankrieges zum Teil selbst noch jung waren, auf der Flucht mit Säuglingen oder Kleinkindern waren, vermutlich selber unter dem Verlust der engsten Angehörigen gelitten haben und somit sich nicht immer unbeschwert den Elternpflichten widmen können.
Möglicherweise erklärt dies und das Fehlen der Geborgenheit der Großfamilie, warum die Flüchtlingskinder sich selbst überlassen werden, ihnen für mehrere Stunden jüngere Geschwister (auch im Säuglingsalter) in Obhut übergeben werden, wodurch sie frühreif wirken.
Und wir staunten beim Besuch im Flüchtlingsheim, wie viel Lebensfreude die Flüchtlingsfamilien ausstrahlten, uns in ihre Ein-Zimmer-Wohnungen einluden und uns gegenüber immer sehr freundlich ja sogar dankbar waren.

Ein bekanntes Gefühl war auch, den Kindern helfen zu wollen bzw. zu müssen. Einerseits sind sie wahre Überlebenskünstler, andererseits können sie ihre Situation aufgrund mangelnder Deutsch- und Gesetzeskenntnisse nicht verbessern, können nicht selbst ihre Rechte einfordern und brauchen erwachsene Begleiter.

Ausblick: Musiktherapie in der Schule oder… im Schulbus?

Es ist nicht leicht zu beantworten, wo der ideale Ort für die Durchführung von Musikprojekten mit musiktherapeutischem Anspruch für Flüchtlingskinder ist.
Im Flüchtlingsheim konnten Kinder in breiter Altersspanne am Musikprojekt teilnehmen. Es gab jedoch zu viel äußere Unruhe und Störungen. Die Kinder waren jederzeit durch die Eltern als Babysitter abrufbar. Andere Eltern haben unseren Auftrag missverstanden und dachten, wir wären die Babysitter und brachten uns ihre ein- bis zweijährigen Kinder. Das neue pädagogische Team hat uns nicht als Partner, sondern als Konkurrenz gesehen (möglicherweise hat sich die Rivalität der ethnischen Gruppen im Heim auf uns übertragen).
Es gab jede Woche mit der Sozialarbeiterin und/oder mit dem Hausmeister eine Art kurzes „Übergabe-Gespräch". So erfuhren wir etwas über die aktuellen Vorkommnisse im Heim (z.B. über einen Brand, bei dem ein Kind im Bad der Wohnung eingeschlossen war) oder über neue Aufnahmen bzw. Abreisen. Auch die Wertschätzung des Musikprojektes war spürbar, und das sowohl verbal als auch symbolisch.
Die festen Zeit- und Raumbedingungen der Schule scheinen mir vorteilhafter zu sein, aber auch hier gibt es noch viele Kritikpunkte.
Die Mitschüler wurden über das Musikprojekt nicht informiert, äußerten jedoch ihr Interesse am Musikprojekt deutlicher als die Lehrer.[7] Das Lehrerkollegium wusste über das Musikprojekt Bescheid. Es gab jedoch keine Nachfragen und der Informationenaustausch fand nur auf unsere Initiative hin statt. Als zum Zwecke der Finanzierung des Musikprojektes ein Benefizkonzert[8] stattfand, wurde die Schule durch nicht einen Lehrer vertreten. Und die Danksagung für das Engagement des Musikinstitutes sowie eine an die Praktikantinnen und mich gerichtete Einladung zu einem Erfahrungsaustausch mit anderen mit Flüchtlingen tätigen ehrenamtlichen Kräften[9] erfolgte nur seitens des Dezernats für Aussiedler, Flüchtlings- und Asylbewerberangelegenheiten.

Fehlt es der Schule an Gesetzen oder an Tradition, solche Förderprojekte zu etablieren?
Eine gesetzliche Grundlage für das Durchführen ähnlicher Musikprojekte in NRW bieten einige Regelungen des neuen Schulgesetzes für das Land Nordrhein-Westfallen in der Fassung vom 27.01.2005 an.

---

7 Mehrmals wurde ich seitens anderer Schüler gefragt, ob sie auch am Musikprojekt teilnehmen könnten. Bei der bisherigen letzten Musikprojektstunde hat dann der beste Freund (als eine Art Beistand) eines sonst von der Gruppe sehr ausgegrenzten Jungen aus Sri Lanka teilgenommen.

8 Das Konzert mit meditativer und improvisierter Musik wurde durch die Musiktherapiestudentinnen und -studenten im Herbst 2004 veranstaltet. Drei Mädchen aus dem Musikprojekt konnten an dem Benefizkonzert teilnehmen.

9 Sieben Termine wurden ohne finanzielle Abdeckung durchgeführt.

Die Notwendigkeit der Integration fremdsprachiger Kinder und die Bedeutung der Förderung der kulturellen Identität wird staatlicherseits durchaus erkannt. Der den Bildungs- und Erziehungsauftrag der Schule regulierende § 2 Absatz 9 legt fest:

> „Die Schule fördert die Integration von Schülerinnen und Schülern, deren Muttersprache nicht Deutsch ist, durch Angebote zum Erwerb der deutschen Sprache. Dabei achtet und fördert sie die ethnische, kulturelle und sprachliche Identität (Muttersprache) dieser Schülerinnen und Schüler. Sie sollen gemeinsam mit allen anderen Schülerinnen und Schülern unterrichtet und zu den gleichen Abschlüssen geführt werden“ (Ministerium für Schule, Jugend und Kinder des Landes Nordrhein-Westfalen, 2005, 7).

Und der Weg, solche Musikprojekte in der Schule als außerunterrichtliches (aber nicht außerschulisches) Angebot als eine Bildungs- und Erziehungsförderung zu etablieren. ist laut § 9 Absatz 2 und 3 geebnet:

> (2) „An Schulen können außerunterrichtliche Ganztags- und Betreuungsangebote eingerichtet werden, die der besonderen Förderung der Schülerinnen und Schüler dienen.“
>
> (3) „Der Schulträger kann mit Trägern der öffentlichen und der freien Jugendhilfe und anderen Einrichtungen, die Bildung und Erziehung fördern, eine weitergehende Zusammenarbeit vereinbaren, um außerunterrichtliche Angebote vorzuhalten (Offene Ganztagsschule). Dabei soll auch die Bildung gemeinsamer Steuergruppen vorgesehen werden. Die Einbeziehung der Schule bedarf der Zustimmung der Schulkonferenz“(ebd.).

Wünschenswert wäre, wenn der Gesetzgeber den Nutzen jeglicher Förderung als Bereicherung und Investition für die Zukunft nicht nur sehen, sondern auch im ausreichenden Maße sichern würde. Nur so können die erstrebenswerte Kontinuität der Arbeit und der therapeutisch so wichtige ‚sicherer Spielraum' letztlich gewährleistet werden. In dem bisweilen geäußerten Zweifel daran, ob sich denn eine Fortführung der Arbeit mit den Kindern überhaupt lohne, wenn doch ihr Aufenthalt bleiberechtlich noch gar nicht gesichert sei, spiegelt sich nicht nur die subjektive Notlage der Kinder, sondern vor allem auch die strukturelle Gewalt, der sie auch in ihrer aktuellen Lebenssituation unterworfen sind. Ein paar Jahre auf entschiedene Lebensverhältnisse warten zu müssen, kann für einen siebenjährigen das halbe Leben bedeuten.

Kinder haben das Recht darauf, eine Heimat, ein Zuhause zu haben oder eine Heimat zu finden, weil Entwicklung eines ausreichend sicheren Rahmens bedarf. Die Arbeit mit den Kindern in dem Musikprojekt macht erlebbar, dass dieser Entwicklungsraum nicht nur durch die Kriegs- und Fluchterlebnisse empfindlich gestört wurde, sondern dass die gesetzlichen Regelungen oder ihre Handhabung oft eine zu große Unsicherheit beinhalten, durch die die Kinder nicht zur Ruhe kommen können.

Zum Schluss möchte ich ergänzen, dass ich den Kindern nicht nur während der Musikprojektstunden (zuerst im Flüchtlingsheim und später in der Schule), sondern oft an einer Schulbushaltestelle oder im Schulbus begegnet bin[10].

Im Schulbus überraschten mich die Kinder, indem sie zusammen das Begrüßungslied sangen. Das gemeinsame Singen stärkte das Gruppenzugehörigkeitsgefühl und hob sie positiv von den Mitschülern hervor. Manche äußerten ihre Ideen oder Wünsche für die kommenden Musikprojektstunden, andere saßen nur still und müde da. Zwei Flüchtlingsjungen hatten die Angewohnheit, die neu einsteigenden Kinder ohne Beweggründe zu ärgern und schauten mich seitlich an (dabei brachten sie mich oft in Rage), als ob sie prüfen wollten, ob die in dem Musikprojekt aufgestellten Regeln auch im Schulbus ihre Gültigkeit hätten.

Wenn sie mich wartend an der Bushaltestelle vom Bus aus sahen, klopften sie gegen die Busfenster, um auf sich aufmerksam zu machen. Nach dem Anhalten kamen sie auf die Bustreppe und hängten sich aus der Tür hinaus, riefen meinen Namen oder „Hallo“ und fragten: „Wann kommst du?[11]“ Eines Tages haben sie sogar den Busfahrer zu einer längeren Pause gebracht, sind aus dem Schulbus ausgestiegen, um ein paar Fotos mit mir zu machen, um anschließend weiter zu fahren.

Seit Januar dieses Jahres stellen die Kinder andere Fragen: „Wann haben wir wieder Musik?“, „Warum kommst du nicht zur Schule?“

Die letzte Begegnung im Schulbus war von besonderer Art. Ein aus Tschetschenien stammendes Mädchen saß mir gegenüber und wollte das Begrüßungslied singen, hat aber den Text vergessen. Es legte seine Hand auf meine, als ob es mich wachrütteln wollte: „Ich habe das Lied vergessen! Das ist so lange [her].“ Hand in Hand haltend haben wir das Begrüßungslied zusammen gesungen. Für einen Moment bestand die ganze Welt aus einem Lied und einer Handberührung. Eine Erinnerung, die man wie die Lieder mit auf die (Lebens-)Reise nehmen kann.

---

10 Es kommt gelegentlich vor, dass ich die Flüchtlingskinder im Schulbus oder an der Bushaltestelle sehe, da mein Kind mit demselben Schulbus fährt.

11 Manche der Kinder, die geringe Deutschkenntnisse hatten und selten die Schule besuchten, haben den Wochentagrhythmus nicht verinnerlicht. Mein außerplanmäßiges Auftauchen in der Grundschule (z.B. Besprechungstermin mit der Leiterin der Schule) verunsicherte die Kinder vermutlich ebenfalls, da sie sofort fragten: „Haben wir heute Musik?“

„Spielen ist Sprechen – Sprechen ist Wohnen“

Improvisieren im Gemeinsamen Unterricht

Friedemann Laabs

„Heimat ist vor allem Sprachheimat –
Leben ist Einkehr in eine Sprache.“
(Hans-Georg Gadamer)

Einstimmung

Improvisieren in der Schule? Geht das überhaupt? Ist die Schule nicht *der* Ort, an dem Kinder systematisch und plangemäß auf die zukünftigen Anforderungen der Gesellschaft vorbereitet und so an den „Ernst des Lebens“ herangeführt werden? Ist denn dort überhaupt Raum für Improvisation, d.h. für das Unvorhergesehene, Unplanbare, Nie-Gehörte? Und ist in der Schule Platz für Kinder, die sich dem planmäßigen Bildungsgang entziehen durch Störungen, Ausbrüche, Regelüberschreitungen, Rückzug?
Irgendwie passen das Improvisieren und das Abweichen vom vorgesehenen Weg (‚abweichendes Verhalten') gut zusammen: Die Improvisation beschreitet eigene Wege, Umwege und Sonderwege. Sie weicht ständig vom Vorhersehbaren ab, verstört, verstrickt und verführt uns – und oft weiß man nicht, wohin es geht. Es ist das Neue und das Unbekannte, das Noch-nicht-Gehörte und Noch-nicht-Gespielte, das Noch-nicht-Gewusste und Noch-nicht-Gesagte als das Unerhörte, Andere, Fremde, auch Störende und Verstörende, welches zum Klingen kommt. Schwierige Kinder fallen dadurch auf, dass sie stören: Sie stören den geplanten Ablauf und Betrieb. Sie stören den geplanten strukturierten Unterricht: Sie rufen dazwischen, weigern sich, die geforderten Aufgaben zu bearbeiten, rennen durch die Klasse, fangen Streit an. Sie lassen sich nicht auf Unterrichtsinhalte ein, sondern machen die Beziehungen und so sich selbst – ihre Not, ihre Fragen, ihr Anderssein – zum Thema.
Improvisation beschreitet neue Wege, Sonderwege: Sie tut dies nicht aus Übermut, sondern weil das Alte und Gewohnte nicht mehr reicht, nicht befriedigt. Schwierige Kinder weichen ab und fallen auf: Sie tun dies, weil die angebotenen Wege und Antworten ihnen nicht helfen. Vielleicht verbergen sich hinter den „Verhaltensauffälligkeiten“ der Kinder Suchbewe-

gungen und Ausfahrten nach dem Neuen, welches die Not wenden soll. So wie in der Improvisation!

Wann beschreitet die (Sonder-)Pädagogik Sonderwege? Wann orientiert sie sich nicht mehr nur an der Norm, sondern fängt an zu suchen, zu improvisieren? Das hieße, Kinder auf „ver-rückten“ Wegen zu begleiten.

In der (sonder-)pädagogischen Musiktherapie kommt die Improvisation als „zentrale Veranstaltung“ nicht vor: Sie passt nicht in die Förderideologie, in der Förderpotentiale und Förderdefizite ausgemessen und systematisch und planbar abgearbeitet werden. (Daneben gibt es dann noch die „Beziehungsarbeit“ und die „sozial-emotionale Förderung“ – heruntergebrochen auf handhabbare operationalisierte Ziele.) Improvisation jedoch ist ohne rückhaltlose Offenheit nicht zu haben und schwierige Kinder sind es auch nicht. Offenheit birgt die Möglichkeit des Scheiterns und des Verfehlens immer in sich – dies macht Angst!

Für mich ist der sog. „Gemeinsame Unterricht“ ein Durchbruch und eine Utopie. Es ist der Versuch, Kinder, die „schwierig und besonders“ sind, nicht auszusortieren, sondern innerhalb der gegebenen Strukturen (Regelschule) in ihren Sonder-Wegen zu begleiten und zu tragen. Alle Argumente dagegen (wie zu teuer, zu aufwendig, zu uneffektiv, nicht passgenau genug etc.) erledigen sich angesichts dieser Möglichkeiten und der dahinter verborgenen gesellschaftlichen Dimension und Vision von selbst: Wir reden von einer Gesellschaft, in der das Anderssein und Abweichen dazugehört, mitgetragen oder sogar als Bereicherung erlebt wird: Eine Gesellschaft, die sich auf Sonderwege einlässt, die anfängt zu improvisieren!

Ich möchte an dieser Stelle von einer Begegnung mit einem jungen Mädchen berichten, mit dem ich im „Gemeinsamen Unterricht“ fast zwei Jahre lang immer wieder (musikalisch) improvisiert habe. Am Anfang stand eine große Sprachlosigkeit. Das gemeinsame Spiel – die Improvisation – war der erste Weg, um in einen Austausch, in ein Gespräch zu kommen. Bevor ich die Geschichte dieser Begegnung erzähle, möchte ich jedoch das Besondere der musiktherapeutischen Improvisation und den Ort des „Gemeinsamen Unterrichts“ bestimmen.

Improvisation in der Musiktherapie

Die Improvisation in ihrer freien und assoziativen Form wird häufig als die zentrale therapeutische Veranstaltung, als die „Via Regia der Musiktherapie“, gesehen (Loos 1986, 160). Analog zur Traumdeutung können wir so durch das Verstehen einer Improvisation zur „Kenntnis des Unbewußten im Seelenleben“ gelangen (Freud 1999, 613). Dabei hat die (freie) Improvisation meiner Ansicht nach beides: Sie hat die innere Struktur und Logik des Traumes, ist also etwas in seiner präsentativen Symbolik Komponiertes, gleichzeitig über-

lässt sie sich in ihrer „unvorhersehbaren Spontaneität" – dem „Ausprobieren, Herumkramen, Stöbern" – der „Zufälligkeit des freien Einfalles" (Weymann 2000, 318).
Wie nach der psychoanalytischen Grundregel alles gesagt werden darf und soll, was einem in den Sinn kommt, so darf und soll in der therapeutisch eingesetzten freien Improvisation alles gespielt werden, was einem in die Finger kommt, um so zu „erzählen, was man nicht weiß", was „noch nicht bewußt ist" (ebd. 318). Das, was nicht benannt werden kann, sich also der Sprache entzieht, kann im Medium der Musik hörbar gemacht werden, und von hieraus wird durch einen ständigen (freien) Wechsel von Spielen, Reden, Hören, Reden, Spielen usw. ein in sich vielfältig verschränkter Prozess initiiert und unterhalten: es entsteht ein komplexes Verweisungs- und Bedeutungskontinuum, ein symbolischer Raum. Vor dem Hintergrund des Übertragungs-Gegenübertragungsgeschehens bilden sich Szenen, die verstanden und gedeutet werden können (vgl. Lorenzer 2002, 76 ff).

Ausgangspunkt dieser komplexen Szenen sind die akustischen Re-Inszenierungen der frühen Verhältnisse in der gemeinsamen Improvisation, die frühesten „Organisationen der seelischen Formenbildung" werden hier abgebildet (Weymann 1996, 135). Die gemeinsame Improvisation ist hierbei „Ausgang, Prüfstein und Schmelztiegel" des therapeutischen Prozesses, ganze „seelische Muster", die strukturellen Gebundenheiten des Seelischen, welche sich in „sprachliche Bilder" fassen lassen, werden in sie übertragen (Grootaers 1983, 246). Durch die „Doppelnatur der Sprache" können die präsentativen Bilder auch diskursiv benannt werden: „Im szenischen Verstehen werden die Abkömmlinge des Unbewußten, die schon als Bild gefasst sind, aus den Bildern heraus in den sprachlichen diskursiven Zusammenhang der sprachlichen Zeichenordnung überführt. Die Bilder werden damit beim ‚Namen' genannt" (Lorenzer 2000, 77). Die Szene wird als „Drehscheibe zwischen präsentativen und diskursiven Symbolformen" zum „Tor der Bewußtmachung" (ebd. 78). Daher ist der Austausch zwischen dem gemeinsam klanglichen Werk, den daraus entstehenden Erzählungen und Bildern und den Deutungen sehr wichtig, weil durch diesen vielschichtigen Prozess ein Verstehen und damit eine Verwandlung möglich werden (vgl. Grootaers 1983, 246). So kann der improvisatorische Spielraum auch zu einem Raum des Verstehens werden (vgl. Irle/Müller 1996).

Ein weiterer Aspekt der Improvisation, der in dem dialektischen Verhältnis der Musik zur Formenbildung und zur formalen Auflösung und Entbindung begründet ist, scheint mir therapeutisch bedeutsam zu sein. Im musikalischen Improvisationsgeschehen können die Auflösungs- und Bindungsprozesse aufeinander bezogen, miteinander in Austausch gebracht werden (vgl. Langenberg 1988, 30). Das gemeinsame, bewegliche Ausloten und Abstimmen von Nähe und Distanz, von Bindung und Lösung, von Vereinigung und Abschied, welches nicht zu harten Trennungen, Abbrüchen und Vereinsamungen führt, kann so zu einer neuen, korrigierenden, hoffnungsvollen Beziehungserfahrung in einer geglückten Improvisation werden: Veränderungen und Verwandlungen werden nicht als Schnitt, sondern als ein Prozess, der sich in einer Beziehung ereignet, erlebbar gemacht. Die Vermittlung und Vertiefung über die Sprache ist auch hier sehr hilfreich und bedeutungsvoll.

Bei tiefen, umfassenden und sehr frühen seelischen Verstörungen kann die Bedeutung einer Improvisation auch darin liegen, dass ein „gemeinsames Anwesendsein" erlebt wird, hinter dem der Werkcharakter der Improvisation zurücktritt: „Das Anwesendsein wird in der Improvisation zu einer sinnlich erfahrbaren Realität; dies steht in Zusammenhang mit den Qualitäten des Werks: es *beginnt*, es *dauert*, *verändert sich, endet* – daraus können sich Entwicklungen ergeben" (Deuter 1996, 49).

Der eigentliche Bereich der Begegnung, die in einer Dualisierung besteht, wird ausgespart, es bildet sich vielmehr eine gemeinsame „Umgebung, ein Umfeld, eine Atmosphäre", die weder eine bedrohliche Nähe, noch eine Leere erzeugt (ebd. 52). Es entsteht eine „Zweieinheit", welche die symbiotische Phase in der frühkindlichen Entwicklung kennzeichnet, ein „Zustand der Undifferenziertheit, der Fusion (…), in dem das ‚Ich' noch nicht vom ‚Nicht-Ich' unterschieden ist" (Mahler/Pine/Bergmann 2001, 63). In der Musiktherapie kommt hier der gemeinsamen Improvisation die Aufgabe zu, das „gemeinsame Anwesendsein" im Sinne einer Vorform von Begegnung und Beziehung, welche die Individualisierung und Trennung ausklammert, zu konstituieren (vgl. Deuter 1996, 47).
Die Musiktherapie als psychologische Behandlung gründet ihr methodisches Vorgehen auf die gemeinsame Improvisation. Die musikalischen Verhältnisse in den gemeinsamen Produktionen verweisen auf die seelischen Verhältnisse: so z.B. stehen die Austauschstörungen im musikalischen Geschehen in Zusammenhang mit den Austauschstörungen in der Alltagswirklichkeit der Patienten. Besonders in der Zweier-Improvisation als „Situation-zu-Zweit" werden Grundverhältnisse hörbar (vgl. Grootaers 2001, 20).

Paradoxerweise fängt die Psychologisierung in der Musiktherapie mit einem rückhaltlosen Improvisieren von Seiten des Therapeuten und des Patienten an, nur so entsteht ein gemeinsames Werk als übergeordnete Gestalt. „Die Improvisation-zu-Zweit als Behandlungsverfahren ist so angelegt, dass *beide Parteien* die Aufgabe haben zu *improvisieren*, (…). Das heißt u.a., dass auch der Musiktherapeut sich beim Mitspielen an das Improvisieren halten sollte. Also, nicht von vornherein stützen, begleiten, provozieren und helfen wollen (…). Die ganze Installation des Improvisierens sollte so angelegt sein, dass für beide Parteien beim Improvisieren nur das Improvisieren im Vordergrund steht. Ein Laie und ein Profimusiker improvisieren zusammen. Während des Improvisierens zu denken, man würde mit einem ‚Patienten' improvisieren, ist für die Musiktherapie so was wie ein Tabu, zumindest für die Dauer des Improvisierens. Das muss man noch mal anders sagen: Es wird von Seiten des Therapeuten improvisiert, ohne Berücksichtigung, dass dort ein ‚Kranker' sitzt, ohne Rücksicht darauf, dass der andere ein Laie ist. Es wird gnadenlos improvisiert" (Grootaers 2001, 30 f).

Die Grundregel des freien musikalischen Einfalls (im Improvisieren) bedeutet, sich den musikalischen Momenten, dem Lauf des Stückes hinzugeben (vgl. ebd.). Eine gefilterte Improvisation hingegen konstituiert ein gänzlich anderes Verhältnis zum Unbewussten.

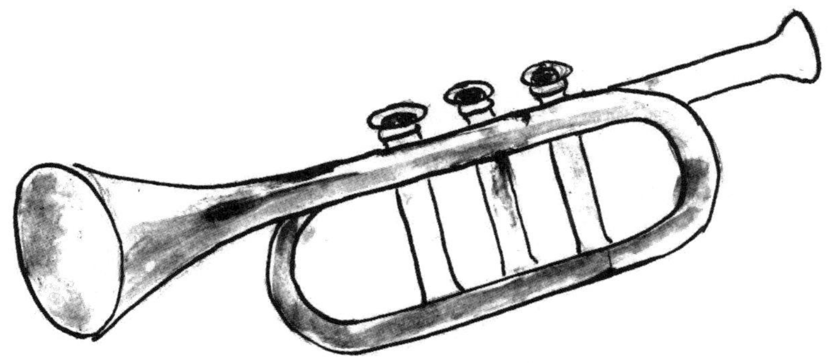

Improvisationen im „Gemeinsamen Unterricht"

Vorbemerkungen zum „Gemeinsamen Unterricht"

Nach den in der BASS Kapitel 14 festgelegten Bestimmungen zur Sonderpädagogischen Förderung kann je nach dem Förderbedarf des Schülers auch die allgemeine Schule der Förderort sein. Neben der in einem sonderpädagogischen Gutachten zu ermittelnden Art und Umfänglichkeit des Förderbedarfs des Kindes sind hier vor allem die „personellen und sächlichen Voraussetzungen" der Regelschule und der Elternwille entscheidend (vgl. BASS 2004/2005, 14-03 §12 (2)). Praktisch bedeutet dies, dass die Kinder an ihrer Schule verbleiben und – in der Regel mit 2-4 Stunden – ambulant von einem Sonderschullehrer/-in betreut werden. Diese, der Vorstellung des „integrativen Unterrichts" sehr verwandte Form der sonderpädagogischen Förderung, wird in Nordrhein-Westfalen „Gemeinsamer Unterricht (GU)" genannt.

Die Gestaltung des GUs ist recht frei, er kann im Einzel-, im Gruppenunterricht (zusammen mit anderen Kindern der Klasse) oder im „Team-Teaching" mit dem Klassenlehrer/-in durchgeführt werden. Die Form dieses Unterrichts wird zwischen dem Sonderschullehrer, dem Regelschullehrer und dem Kind festgelegt. Die Inhalte des GUs orientieren sich an den in der BASS allgemein festgelegten Förderschwerpunkten für die Behinderungsart (ebd. 14-03 §9 (1)), an dem individuellen Förderbedarf des Kindes und (hier auch) an den allgemeinen Regelschul-Richtlinien. Dies bedeutet, dass im Falle einer Erziehungsschwierigkeit das Kind nicht zieldifferenziert, sondern zielgleich unterrichtet wird. Es

nimmt inhaltlich den gleichen Bildungsgang wie die anderen Klassenkameraden, hat die gleichen Leistungen zu erbringen, wird in dieser Hinsicht gleich bewertet und kann somit auch die gleichen Bildungsabschlüsse erlangen wie die Regelschüler seines Jahrgangs.
Ein wesentliches Ziel des GUs ist es, das Kind so zu unterstützen und zu fördern, dass es seine Schulausbildung an der allgemeinen Schule erfolgreich fortführen kann. Alle beratenden und begleitenden Maßnahmen, wie die Beratung der Eltern, der Austausch und die Zusammenarbeit mit Erziehungsberatungsstellen und Ämtern etc., die im GU sehr notwendig sind und einen großen Raum einnehmen, sind aus diesem Blickpunkt zu betreiben. Es überschreitet den Auftrag und ist daher nicht statthaft, wenn im Rahmen des GUs die Lebensverhältnisse und das Umfeld des Kindes in einem umfassenden (therapeutischen) Sinne bearbeitet werden. Der GU ist eine schulische Veranstaltung, die dort beruflich tätigen Menschen sind Lehrer.

Dennoch haben die flankierenden Aktivitäten eine andere Gewichtung als im Regelunterricht. Einen großen Raum nimmt auch die Abstimmung und Beratung mit dem Klassenlehrer ein. Häufig wird man als Sonderschullehrer durch die Schulleitung der Regelschule um eine informelle Beratung bei anderen „schwierigen Kindern" gebeten. („Können Sie nicht mal kurz gucken, wo Sie schon gerade da sind, wir kommen bei dem Kind nicht weiter!"). Dies ist oft sehr sinnvoll, weil die Fragen einer besseren Förderung von Kindern in Schwierigkeiten so frühzeitig erwogen werden können. Auf der anderen Seite werden für diese notwendigen und oft umfangreichen Gespräche und Beratungen keine Arbeitsstunden zur Verfügung gestellt, so dass vieles zwischen „Tür und Angel" besprochen werden muss. Auch für die Anfahrt des Sonderschullehrers zur Regelschule werden keine Fahrzeiten gewährt, was zu permanenten Verspätungen führt.
Der GU ist in meinen Augen eine an sich großartige Einrichtung, in der Praxis jedoch verbunden mit vielen Reibungen und Spannungen, die sich auf die Qualität der Arbeit auswirken. Dies liegt u.a. daran, dass die Schulbehörden ihn (aus Kostengründen) als reinen Unterricht ansehen und damit seinen integrativen Charakter in den Planungen unberücksichtigt lassen.

Fallbeispiel: „Unterwegs zur Sprache" – Improvisieren mit Ina

Ich betreue Ina seit zwei Jahren mit zwei Stunden in der Woche. Sie hat zurzeit die Grundschule mit Beendigung der vierten Klasse abgeschlossen und ist jetzt elf Jahre alt. Weiterführend wird sie eine Gesamtschule in einer anderen Stadt besuchen, weil sie in den Sommerferien zu ihrem Bruder, Vater und dessen Freundin umzieht.
Ina ist ein großes, schlankes, sehr behändes und jungenhaft wirkendes Mädchen. Sie ist oft sehr schmutzig und ungepflegt, strahlt jedoch auch etwas Leichtes und Graziles aus, welches sich über die Sicherheit und Geschicklichkeit ihrer körperlichen Bewegungen mitteilt. Doch ist an ihr sehr wenig Mädchenhaftes sichtbar. Ihr hübsches Gesicht sieht oft hart, müde und missmutig aus, so als scheine es nichts Mildes und Weiches zu geben. Sie ist überwiegend mit Jungen zusammen, spielt leidenschaftlich gern Fußball, prügelt sich viel:

Dies tut sie, indem sie mit der Faust ins Gesicht schlägt oder „voll zutritt"; ihr Reichtum an beschimpfenden Ausdrücken und verbalen Beleidigungen ist groß. Sie wendet diese auch auf Erwachsene (Lehrer) an. Ina ist ungezogen, ein „Dschungelkind", ein Kind in permanenter Abwehrstellung, eine erziehungsschwierige Schülerin im klassischen Sinne, welches sich „der Erziehung oft nachhaltig verschließt oder widersetzt" (BASS 2004/2005, 14-03 §5 (3)).

Auffallend war für mich bei unserer ersten Begegnung der Gegensatz zwischen reicher Körpersprache und armer Wortsprache: Ina drückt über Bewegung viel aus, kann aber mit Worten nur wenig sagen. Ihr Wortschatz ist sehr eingeschränkt, Grammatik (Konjugation, Deklination, Pluralbildung) und Syntax sind häufig fehlerhaft, die Satzbildung ist sehr einfach und stereotyp. Dabei sind ihre verbalen Äußerungen oft affektiv gefärbt und aufgeladen, häufig klingen Missmut, Ungeduld und Gereiztheit durch: Ihr ganzes kindliches Wesen scheint auf diesen „Ton gestimmt" zu sein. Eine sachliche Rede oder eine ruhige Erzählung scheint es bei ihr nicht zu geben.
Wir mögen uns von Anfang an, deshalb sage ich sofort, dass ich ihren Ton höre und ihre Gestimmtheit mitbekomme, aber dass es mich auch stört und dass sie sich im „Ton vergreift", wenn sie nicht erst einmal guckt, was los ist. Sie murmelt irgendwas von „Blödmann" (für sie ein harmloses Wort), lässt es aber stehen, ohne dass die Stimmung abrutscht.
Sie mag Musik, vor allem in Kombination mit Bewegung, und wir improvisieren von der ersten Stunde an immer wieder. Die gemeinsame Improvisation wird für uns zu einer unregelmäßigen, aber festen und häufig aufgesuchten Veranstaltung.

In der Regel können wir den Musikraum benutzen, er ist hell und geräumig. Dort befinden sich ein Klavier und reichhaltiges Orff-Instrumentarium, manchmal bringe ich meine Gitarre oder Flöte mit. Das Klavier – und hier das Spiel zu vier Händen – stehen gleich im Vordergrund. Wir sitzen dann zusammen auf einer Bank und wechseln uns im Bass- und Diskantspiel ab. In der ersten Zeit stehen Cluster-Klänge im Mittelpunkt, Ina entdeckt eine Fülle von Klangmöglichkeiten, z.B. indem sie die Fäuste auf den Tasten hin- und herdreht. Dann sieht sie, dass ich mit einzelnen Fingern und beiden Händen spiele und wir spielen abwechselnd auf weißen und schwarzen Tasten. Sie beobachtet mein Spiel genau und irgendwann beginnt sie, Dreiklänge zu spielen. Sie will immer mehr über Spieltechniken wissen und Lieder spielen. Ich sage ihr, dass ich ihr einiges zeigen, ihr aber keinen richtigen Klavierunterricht erteilen könne, ich sei kein Klavierlehrer. Wir einigen uns darauf, dass ich ihr manchmal etwas zeige. Einmal kommt sie und spielt mir den Anfang des Flohwalzers vor, das habe sie im Jugendheim auf einem Keyboard von einer Freundin gelernt.
Während des gemeinsamen Spiels achte ich sehr auf die sich zwischen uns bildende Atmosphäre: Ob etwas Irritierendes, Unklares, Verwirrendes, Unheimliches, zu Nahes oder Verführerisches in dieser Nähe entsteht. Es bleibt arglos und gelöst, auch wenn sich im Spiel manchmal unsere Hände berühren, fühlt es sich nicht „komisch" an – dies ist für mich ein wichtiger Hinweis darauf, dass wir nicht in ein „doppeltes Spiel" geraten, die spielerische

gemeinsame Erfahrung in der Improvisation eine „gute“ ist und wir nicht eine für Ina bedrohliche Situation re-inszenieren.

Für einen Zeitraum von ca. vier Monaten bildet sich dann eine feste Struktur heraus, die Improvisation bekommt einen stark rituellen, rhythmisierenden und strukturierenden Charakter: Jeder GU beginnt mit einer freien Improvisation zu zweit, häufig zu vier Händen am Klavier. Sie dient der Beziehungsaufnahme und Selbstmitteilung. Manchmal knüpft sich daran eine Frage, eine Erzählung, ein kurzes Gespräch oder ein weiteres Spiel an, manchmal werden sofort andere Inhalte (z.B. Rechnen) thematisiert. Häufig gebe ich nur eine kleine Rückmeldung: „Das klingt nach guter Laune…; das war aber heute besonders schön…; du scheinst ja ganz schön unter Druck zu stehen…; heute stimmt was nicht…“ etc. und daraus entsteht etwas, manchmal nur ein Kopfnicken von Inas Seite.

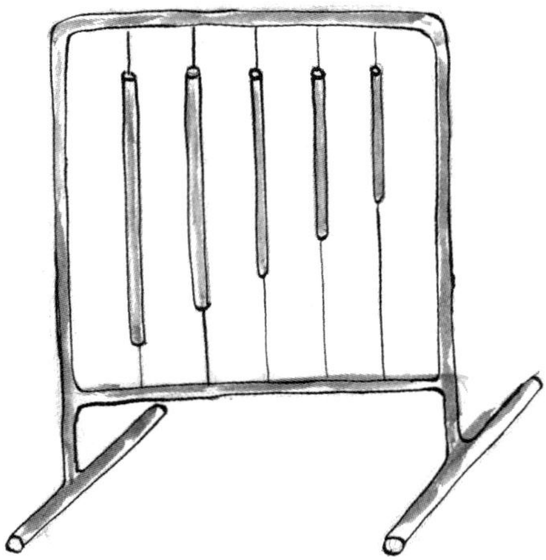

Die Improvisation am Anfang schafft einen Spiel- und Beziehungsraum, der aber nicht gefüllt werden muss. Daran schließen sich oft schulische Inhalte an, vor allem im sprachlichen Bereich. Ina will gut mithalten in der Schule, in Mathematik gelingt ihr das auch; aber der Umgang mit Sprache ist für sie ein dorniger Weg.

Jede GU-Einheit schließt mit einer 20-minütigen Gruppenimprovisation, die wir oft dann beide gut gebrauchen können, bei der drei andere Kindern ihrer Klasse dazukommen. Komplexere Beziehungsgefüge und bindende Regeln und Absprachen werden bedeutsam. Die Struktur des Stückes wird vorher besprochen: z.B. einer fängt ganz leise an, dann steigen wir nacheinander ein und werden lauter, dann steigen wir nacheinander aus und werden zum Schluss wieder ganz leise. Ich verstehe mich als ein Lehrer, der berät und begleitet und nicht den „normalen Unterricht“ macht.

Nach ca. vier Monaten lockert sich diese Struktur: Wir beginnen auf Inas Wunsch hin unregelmäßig zu improvisieren, andere Spiele rücken in den Vordergrund: Rechenspiele, bei denen wir uns gegenseitig Aufgaben stellen, Brettspiele (Ina spielt exzellent Dame und Mühle, sie hat es im Jugendheim gelernt) und ein kompliziertes Murmelspiel, welches sie mitgebracht hat. Häufig gewinnt sie.
In den Improvisationen greift sie jetzt häufiger zu anderen Instrumenten (Trommeln, Xylophon), oft baut sie sich ein Schlagwerk auf, welches aus Trommeln, Becken, Xylophon und Glockenspiel besteht. Wir spielen nun Lieder und Stücke (z.B. in Rondo-Form), die sie in ihren einzelnen Teilen mit unterschiedlichen Instrumenten begleitet. Die Stücke beginnen z.B. mit einem Vorspiel auf dem Xylophon, dann kommt die Strophe, in der sie pausiert, den Refrain begleitet sie mit Trommeln und das Nachspiel wird mit dem Glockenspiel gestaltet. Sie bittet mich vorher, die Stabspiele tonal einzurichten (z.B. d-Moll). Eine geordnete Struktur im Sinne einer abgesprochenen Form und einer eindeutigen Tonalität rückt in den Vordergrund. Daneben gibt es immer noch die freie Improvisation (jetzt auch auf oder mit erweitertem Instrumentarium) und das vierhändige Spiel auf dem Klavier. Dies bekommt nun eine andere Funktion, es wird Plattform für dezidierte Selbstmitteilungen und kurze Gespräche. Manchmal sitzt Ina schon vor Beginn unserer Stunde am Klavier: Dies bedeutet, es gibt etwas Wichtiges, ich möchte etwas sagen, bitte schau einmal bei mir hin. Sie sagt dann nichts, wir spielen und ich sage dann zuerst etwas. Oft sind die Szenen ganz kurz:

> ***Erstes Beispiel***
> *„Du wirkst so bedrückt.“*
> *„Mein Papa hat ’ne Freundin. Er geht weg nach K. Dennis [der nächstältere Bruder von Ina] geht auch mit.“ – Schweigen, Ina schaut nach unten.*
> *„Du bist traurig.“ – Sie nickt.*
> *Es ist ganz still in dem Raum, wir sitzen lange nebeneinander auf der Klavierbank. Die Traurigkeit ist sehr nah und dicht spürbar. Keiner bewegt sich, keiner sagt etwas.*
> *Dann fragt sie mich: „Rechnen wir was?“*

Reflexion

Meine Deutung der affektiven Tönung als Trauer war ein Versuch und ich war überrascht, einen doch so hoch organisierten Affekt tatsächlich vorzufinden. Mit der Benennung und Inas Reaktion wurde der Affekt als Trauer greifbar und identifizierbar. Die Traurigkeit wies auf eine – trotz aller Konflikte – relativ stabile affektive Bindung zu Bruder und/oder Vater hin (vgl. Bowlby 2001, 93 ff u. 118). Ich hatte eigentlich mehr mit Abwehr, Gleichgültigkeit, Verachtung etc. gerechnet. In der Tat war der Raum jedoch gefüllt mit Traurigkeit und es war wichtig, diese in der Gemeinsamkeit zu fühlen und auszuhalten. Dies war ein wichtiger Hinweis im Hinblick auf Inas seelische Entwicklung und hier besonders auf die Struktur und das Niveau der Objektrepräsentanzen.

Mit Bezug auf Klein schreibt Winnicott hierzu: „Wenn ein Individuum die depressive Position erreicht hat und sie gefestigt ist, zeigt sich die Reaktion auf Verlust als *Kummer* oder *Traurigkeit*" (Winnicott 1991, 296). Nach Klein ist dies nur möglich, weil in der depressiven Position der kindlichen Entwicklung eine Integration und Synthese geleistet wird, indem die introjizierten Teilobjekte nun zu einem ganzen Objekt zusammengefügt werden: „Die verschiedenen Aspekte der Objekte – Geliebtsein und Gehaßtsein, Gut und Böse – kommen näher aneinander heran, und die Objekte erscheinen jetzt als ganze Personen" (Klein 1997, 202).

Später sagte Ina einmal zu mir: „Dennis fehlt mir." Im Vorgang des Vermissens und im Erinnerungsschmerz wird der Verlust gefühlt, weil ein ganzes, inneres Bild vom Bruder vorhanden ist. So war es für Ina nach der Trennung sehr wichtig, Dennis (und ihren Vater) regelmäßig in K. zu besuchen. Sie erzählte häufig davon. Dies war für mich umso erstaunlicher, weil gerade das Verhältnis zu Dennis oft von großen äußeren Extremen und Konflikten geprägt ist/war.

Zweites Beispiel

„Was ist los mit dir?"
„Wir ziehen bald um. Nach L. Ich komme auf die Gesamtschule."
„Du hast Angst davor."
„Ich kenne da keinen. Ich verliere alle meine Freunde."
Im weiteren Gespräch stellt sich heraus, dass eine ehemalige Mitschülerin, mit der Ina sich gut verstanden hat, in diese Stadt gezogen ist. Wir vereinbaren, mal zusammen einen Ausflug in die Stadt zu machen und dabei dieses Mädchen zu besuchen.

Drittes Beispiel

„Dennis sagt, du hast ihn in die Psychiatrie geschickt."
Dennis war auch ein Schüler von mir. In einer sehr schwierigen Phase habe ich seinen Eltern dringend gebeten, sich für eine diagnostische Untersuchung an eine Kinder- und Jugendpsychiatrie zu wenden.
„Dennis hat alles in der Schule kurz und klein geschlagen. Das ging nicht so weiter. Ich wollte, dass sie mal gucken, was mit ihm los ist. Ich wollte ihm helfen."
Sie wirft mir einen skeptischen und misstrauischen Blick zu.
„Schickst du mich auch in die Psychiatrie?"
„Warum sollte ich das tun? Schlägst du hier jeden Tag Alles und Jeden kurz und klein?"
„Nein. – Warum hat Dennis das gemacht? Mich verhaut er auch oft."
„Ich glaube, Dennis hat oft eine Wahnsinnswut im Bauch und weiß nicht, wohin damit – und Angst."
Ina schaut mich lange an. Dann fangen wir mit der „Arbeit" an.

Im Laufe der Arbeit gewinne ich immer mehr den Eindruck, dass Ina viele gesunde Anteile in ihrer Persönlichkeit trägt und dass ihr doch in der Familie ein gewisser Schutz und eigener Raum gegeben wurden. Auch das Verhältnis zu den älteren Brüdern scheint zwar konfliktträchtig und ruppig, aber nicht übergriffig zu sein.

Sie scheint wirklich „erziehungsschwierig", jedoch nicht frühgestört, sondern seelisch relativ „gesund" zu sein, d.h. ihre Probleme beruhen wesentlich auf einer Kollision der Strukturen und Regeln ihrer Familien- und der Schulwelt. Diesen Ausgleich konnte Ina nicht selbständig leisten. Es bahnte sich ein ernstzunehmender und seelisch bedeutsamer Konflikt an, der sich u.a. darin äußerte, dass sie von vielen Lehrern ihrer Schule als lernbehindert eingestuft wurde; ihr Verhalten führte zu einer drohenden Ausgrenzung nach der Gleichung „schwierig = dumm". Ihre fehlende sprachliche Beweglichkeit und Geschicklichkeit wurden innerhalb der Schule Anlass für Misserfolge und Kränkungen, zunehmend entzog sie sich diesem Medium. So wäre hier am Anfang auch kein Zugang zu erreichen gewesen. Der Weg war die Improvisation als Selbstausdruck und als Beziehungsgeschehen. Sie stand am Anfang ganz im Vordergrund und von hier aus wies der Weg zu anderen Formen (Sprache). An zwei Beispielen soll dies verdeutlicht werden:
Nach etwa einem Jahr fingen wir an, zusammen „Pause zu machen". Nach ca. 45 Minuten haben wir uns hingesetzt, Kakao getrunken, etwas gegessen und uns unterhalten. Das gemeinsame Essen und Unterhalten kannte Ina von zu Hause her kaum. Am Anfang waren die Gespräche zäh und einsilbig, sie gewannen aber zunehmend an Fluss. Es war dann manchmal wirklich ein freies Erzählen ohne inhaltliche Festlegung (analog zur freien Improvisation): Erlebnisse, Pläne, Befindlichkeiten, Neigungen, Interessen. Wichtig war, dass Ina sich dieser Situation nie entzog, sondern die Pause als Rhythmisierung sogar anmahnte. Nach ca. zehn Minuten war die (neue) Szene beendet.

Ungefähr zur gleichen Zeit hatten wir oft Streit um die Sprache. Ina fing an, mich ständig zu verbessern, etwa: „Das heißt nicht *die Lehrer*, sondern *die Lehrers*". Ich sagte ihr, dass man manchmal in der Schule etwas anders spricht, als bei ihr zu Hause. Wir handelten die Wörter und Sätze aus, sie fragte nach, kritisierte, probierte. Die Frage: „Wie sagt man das?" wurde interessant und wichtig. Die Sprache begann für Ina etwas Bewegliches und Bewirkendes zu werden, die beginnende „An-Eignung" vollzog sich mit viel „Eigen-Sinn" (Hermann Hesse). Das probierende Sich-Einlassen, das vorsichtig beginnende Vertrauen auf die Sprache wurde ein Schritt hin zu deren „Bewohnarbeit".[1] Dem gingen das Sich-Anvertrauen und die probierende Beheimatung in der Improvisation und durch die Improvisation, in der der „Eigensinn" einen Ort fand, voran. Sie ist für Ina eine Brücke zu neuen Möglichkeiten und Verhältnissen geworden.

[1] Sprechen ist mehr als ein Austausch von Informationen. Im wesentlichen Sprechen beheimaten wir uns selbst, wir *wohnen* in den Worten. „Die Sprache ist das Haus des Seins. In dieser Behausung wohnt der Mensch." (Heidegger 2000, 9)

Nachklang: Spielen – Resonanz geben – Sprechen

Auffallend bei „schwierigen Kindern“ ist ein häufig gestörtes Verhältnis zur Sprache: Sie misstrauen ihr und dem Sprecher. Sprache ist entweder ein Instrument der Herrschaft und Überwältigung oder sie ist wirkungslos und sinnentleert, weil die Sprechenden ihre „Ver-Sprechungen“ doch nicht einhalten. So erleben diese Kinder oft die Sprache als ein kahles, unbewohnbares Gehäuse, in dem sie sich nicht beheimaten können; dass sie gefüllt sein kann durch Resonanzgebung und „Ver-Antwortung“, wurde nicht genügend erfahren.

Bei Ina lag das Problem nicht so sehr in einer frühen, präverbalen Beziehungsstörung, sondern vielmehr in der großen Divergenz ihrer Lebens- und Sprachwelten (Familie, Schule). Die Intentionen und der Sinnaufbau der Lebenswelten wichen so stark voneinander ab, dass eine wechselseitige Erschließung und sprachliche Vermittlung von ihr nicht geleistet werden konnte (vgl. Schütz 1981, 115 ff, 175 f; Berger/Luckmann 1987, 21 ff). Sprachlosigkeit und Fremdheit waren das Resultat, unabgestimmt und ohne wirklichen Bezug standen bei Ina die Lebensbereiche nebeneinander. Die Schule war eine Welt, in der sie nicht wirklich sprechen konnte, weil es dort keine auf sie zugeschnittene Resonanz gab. In der spielerischen gemeinsamen Improvisation fand sie die Brücke zur Sprache, weil hier jemand so „antwortete“, dass es von ihr erlebt und angenommen werden konnte. Von hieraus begann ein Prozess des wechselseitigen Austausches.

Abstimmung und Resonanzgebung sind die zentralen Beziehungsereignisse in der Improvisation: Die präverbale Struktur des musikalischen Dialogs steht frühen Beziehungserfahrungen (Mutter-Kind-Dialog) näher als der Wortdialog (vgl. Nietzschke 2000, 330; Loos 2000, 383). Insofern ist jede Improvisation auch eine Regression, sie bedeutet den Rückgang auf etwas „Frühes“ und „Altvertrautes“, um von hieraus in neue Entwicklungsmöglichkeiten zu gelangen. Die Erfahrung einer gelingenden vorsprachlichen Abstimmung, wie sie in der Improvisation versucht wird, kann so zu einem „Sprungbrett zur Sprache“ (Stern 1992, 229) werden. Erst die (irgendwann einmal gemachte) grundlegende Erfahrung, dass die eigenen affektiven Äußerungen einen bezogenen, abgestimmten Widerhall finden, ermöglicht den wirklichen Eintritt in die sprachlich-symbolische Welt, in der sich dauerhafte Beziehungen und Gemeinsamkeiten bilden können.

> Das Wort, die Aus-Sage, macht die fließenden und flüchtigen Ereignisse und Begegnungen – eben das, was uns „zufällt“ und widerfährt – „haltbar“ und „aus-haltbar“. In der Mitteilung teilen die Sprechenden ihre Berührungen und Erfahrungen und nähern sich einer gemeinsamen Auslegung an: Dieses Geschehen verwandelt beide! Durch die sprachliche Verständigung wird somit ein völlig neues Verhältnis zum (scheinbar) „Nächsten“ und „Fernsten“, welches dennoch unlösbar miteinander verwoben ist, konstituiert: Zum eigenen Sein und zur Welt. Das gemeinsame Auslegen der Welt im Gespräch schafft eine Gemeinsamkeit der Weltorientierung, welche soziale Solidarität – ein Sich-Verstehen in der Verständigung – möglich macht (vgl. Gadamer 1997, 75).

Dieses Fundament ist jedoch nie ein für alle Mal hergestellt, sondern muss in jeder Begegnung und Situation neu erworben werden: „Es wiederholt sich gleichsam für jeden die Uraufgabe des In-der-Welt-Seins, Fremdheit zu überwinden. Das Kleinkind stößt sich an den Wänden der Tatsächlichkeit, und im langsamen Erwachen des Tausches der Blicke, im ersten Tasten, im ersten Lallen sprachähnlicher Laute und schließlich in den ersten Worten beginnt das Gespräch. Etwas von dieser Situation des Sprechenlernens wiederholt sich in Wahrheit in jeder Verständigung durch Gespräch. Sprache ist ja nicht, was wir an Worten besitzen und nach freier Wahl verwalten. Es ist ein Geben und Nehmen, in dem sich Sprache bildet. Sprechen hat seinen Sinn im Vollzug und kann nur sein, wo sich der eine dem anderen nähert, um sich der Gemeinsamkeit des Erfahrens zu versichern“ (Gadamer 1993, 367).

Psychoanalytisch orientierte Musiktherapie an einer Sonderschule

Wegbegleitung zur seelischen Gesundheit von Kindern und Jugendlichen mit geistiger Behinderung

Beate Klein

Einleitung

Im Rahmen eines Projektes an einer Sonderschule für geistig behinderte Kinder und Jugendliche wurde ich als Musiktherapeutin eingestellt und bekam so die Gelegenheit, schon zum Ende meines Musiktherapiestudiums erste Erfahrungen in der praktischen Arbeit zu sammeln und herauszufinden, inwieweit eine therapeutische Arbeit im pädagogisch geprägten Umfeld Schule sinnvoll eingebunden werden kann.
Auf der Grundlage meiner im Anschluss daran erstellten Diplomarbeit möchte ich einige Gedanken und ein Fallbeispiel vorstellen, die deutlich machen, welche Aufgaben die Musiktherapie vor dem Hintergrund einer psychoanalytisch geprägten Sicht auf „geistige Behinderung" im Schulalltag übernehmen kann.

Geistig behindert – Defekt oder Ausdrucksform?

In unserer Gesellschaft wird „der behinderte" Mensch meist eingeteilt in die Kategorien sinnesgeschädigt, körperlich oder geistig behindert. Das jeweils deutlichste Defizit wird herausgehoben und die Wahrnehmung konzentriert sich somit auf die benannte und sichtbare Behinderung. Die Seele, die emotionale Entwicklung, wird dabei selten als wichtiger und ernstzunehmender Bestandteil der jeweiligen Persönlichkeit gesehen, doch wird einem blinden oder querschnittsgelähmten Menschen meist noch weitaus mehr individuelle Persönlichkeit zugestanden als einem Menschen mit „geistiger Behinderung". Was bedeutet „geistig behindert" aber nun genau, wie kann man den Begriff definieren und welche Auswirkungen haben die Antworten konkret auf die musiktherapeutische Arbeit?
Zahlreiche bekannte Sonderpädagogen legen bei der Beschreibung der geistigen Behinderung einen organischen, nicht behebbaren Defekt zugrunde, auf Grund dessen der „geistig Behinderte" auf diese eine Diagnose festgeschrieben ist und auch kein Weg mehr aus dem Geistig-Behindert-Sein herausführt. Von dieser Theorie ausgehend entwickelt sich eine Praxis, deren oberstes Ziel die Beeinflussung des geistig behinderten Kindes hinsichtlich seines Lernverhaltens, seiner Kommunikationsfähigkeit und des Abbaus seiner uns verwirrenden Verhaltensweisen oder -muster ist. Ist ein Kind erst einmal auf die Diagnose „gei-

stige Behinderung“ festgeschrieben, so wird es schnell zum „Objekt der Sonderpädagogik“. Die Bezeichnung der unterschiedlichsten Symptome, die angenommene organische Ursache oder Schädigung, die Diagnose und letztlich die schlechten Prognosen lassen kaum Platz für Eigeninitiative des Kindes und bestimmen die Beziehung der betreuenden Personen zu ihm. „Kein Kind aber, sei es noch so unzweifelbar schwer organisch geschädigt, wird geistig behindert geboren (…) (Es) muss sich erst noch geistig entwickeln, eben unter erschwerten Bedingungen“ (Niedecken 1998, 29).

Niedecken macht deutlich, dass es auch eine völlig andere Sichtweise von geistiger Behinderung gibt. Sie u.a. haben die geistige Behinderung aus der alleinigen Festschreibung auf organische Ursachen heraus geführt und eine Theorie und Praxis begründet, die für das Zustandekommen der Behinderung psychische Komponenten mit einbeziehen. So schreibt Gerhard Neuhäuser: „Die geistige Behinderung eines Menschen wird als ein komplexer Zustand aufgefaßt, der sich unter dem vielfältigen Einfluss sozialer Faktoren aus medizinisch beschreibbaren Störungen entwickelt hat. Die diagnostizierbaren prä-, peri- und postnatalen Störungen erlauben keine Aussage zur geistigen Behinderung eines Menschen. Diese bestimmt sich vielmehr aus dem Wechselspiel zwischen seinen potentiellen Fähigkeiten und den Anforderungen seiner konkreten Umwelt. Behinderungen, also auch geistige Behinderung, ist eine gesellschaftliche Positionszuschreibung aufgrund vermuteter oder erwiesener Funktionseinschränkungen angesichts gesellschaftlich als wichtig angesehener Funktionen“ (Neuhäuser zit. in Reinhard 1991, 192).
Die Aussicht, dass das eigene Kind nicht voll leistungsfähig sein wird, bedeutet in unserer heutigen Leistungsgesellschaft für die Eltern meist eine Kränkung, ein Trauma, das viele Hoffnungen und Wünsche zerstört. Elbert beschreibt die Entstehung des „geistig behinderten Selbst“: „Die Mitteilung der Prognose und Diagnose stellt die Schlüsselstelle für die Formation der ‚geistigen Behinderung' dar (…) Sie zerstört schlagartig die wechselseitige Beziehung zwischen Mutter und Kind. Dieses Trümmerfeld wird nun Ausgangspunkt für die spezifische, von der Prognose beherrschte Sozialisation des ‚Geistigbehinderten'“ (Elbert 1982 zit. in B. Mahns 1985, 150).

Die Entwicklungspsychologie hat gezeigt, dass Säuglinge sich von Geburt an aktiv der Umwelt zuwenden und schon in den ersten Stunden fähig sind, mit einer Reihe angeborener Reaktionen zu antworten. Sie zeigen von sich aus Verhaltensweisen, die die Umwelt beeinflussen, was wiederum Folgen für das weitere Verhalten hat. Ein Neugeborenes ist also schon im Alter von einer Stunde darauf vorbereitet, mit seiner Umwelt zu interagieren und aus Erfahrungen zu lernen. Dabei ist es zunächst gleichgültig, ob ein organischer Defekt vorliegt oder nicht, das Ausmaß der Aktivität des Kindes und das Ausmaß der Antwort der Beziehungsperson hängen lediglich von der jeweiligen Konstitution beider ab.
„Kinder, die mit einem organischen Schaden geboren werden, sind sehr auf die Unterstützung ihres Aktivseinwollens angewiesen, ein Rückzug oder ein Nichtbemerken dieser Bedürftigkeit kann bei diesen Kindern verheerend sein“ (Elbert 1982 zit. in B. Mahns 1985, 150).

„Geistig behindert kann niemand geboren werden, auch wenn so gerne schon vom ‚geistig behinderten' Säugling gesprochen wird, denn von einer geistigen Differenzierung kann beim Neugeborenen ja noch nicht die Rede sein. Wie jede geistige Entwicklung, so konstituiert sich auch die geistig behinderte erst in der Auseinandersetzung zwischen dem Säugling in seinen spezifischen Möglichkeiten und Begrenzungen und seiner Mutter (mit - oder alleinerziehende Väter selbstverständlich einbegriffen), und in diese Auseinandersetzung geht formbildend ein auch die Haltung der die Mutter und das Kind umgebenden, sie haltenden oder alleinlassenden Umwelt" (Niedecken 1998, 29).

Betrachtet man diese Aussage Niedeckens, so wird deutlich, welchen Einfluss die frühen Interaktionsformen auf die weitere psychische Entwicklung eines Kindes haben. Die Psychoanalyse betrachtet daher das psychische Erscheinungsbild eines Menschen nicht nur im Hinblick auf seine Bedeutung in der Gegenwart, sondern immer auch in der Rückverfolgung der psychischen Entwicklung dieses Menschen. Niedecken spricht im Zusammenhang mit der frühen Mutter-Kind-Beziehung oder -Interaktion von einer „mimetischen Kompetenz" der Mutter. Sie bezeichnet damit die Fähigkeit der Mutter, durch ihre gesteigerte Sensibilität die Bedürfnisse ihres Kindes zu erspüren und sich in seine nach innen gerichtete Wahrnehmung hineinzuversetzen. R. Spitz nennt diese auf innere Reize (wie z.B. Gleichgewichts-, Wärmeschwankungen, Hunger etc.) gerichtete Wahrnehmung, die „coenästhetische Wahrnehmung".
„Gelingt das Zusammenspiel von coenästhetischer Wahrnehmung und mimetischem Verhalten, so lernt das Kind allmählich in den Pflege-Interaktionen mit der Mutter, die Störungen seines inneren Gleichgewichts zu unterscheiden" (Niedecken 1998, 64). Indem die Mutter einfühlend auf die Bedürfnisse des Kindes eingeht, die es durch Schreien signalisiert, spiegelt sie ihm sein körperliches Erleben und legt den Grundstein für die Individualität und subjektive Struktur des Kindes. Darüber hinaus werden erste Vertrauensmuster ausgebildet, die Grundpfeiler des Vertrauens in die Umwelt geschaffen.
Diese spezifischen Interaktionsformen zwischen Mutter und Kind sind abhängig von den Körperbedürfnissen des Kindes, von der Sozialisation und der Lebenspraxis der Mutter, die wiederum durch gesellschaftliche Strukturen geprägt werden. Für die Entwicklung eines gesunden Selbst ist dieses „aktive" Miteinandersein, das Mitfühlen und Mitschwingen der Mutter eine Grundvoraussetzung. Wenn nun die Mutter durch den Schock der Diagnose einer möglichen geistigen Behinderung oder durch offensichtliche Andersartigkeit ihres Kindes in ihrem Selbstvertrauen als einfühlende, mitschwingende Person gestört wird, kann die Beziehung zwischen ihr und dem Kind in empfindlicher Weise beeinträchtigt werden. „Ihre mimetische Kompetenz und der natürliche Mutter-Kind-Dialog laufen Gefahr, durch die Übernahme fachlicher Ratschläge und das Handeln nach Anweisungen der speziellen Therapieprogramme ersetzt zu werden" (Müller 1996, 120).
Die Mutter wird zum Hilfstherapeuten, wobei als Orientierung nicht mehr ihre Gefühle die erste Rolle spielen, sondern die Feststellungen der „Fachleute" und der „Fachliteratur". Wenn nun die ersten Erfahrungen eines Kindes durch die eben aufgeführten Aspekte geprägt sind, ist ein partieller Rückzug aus der Eigenaktivität wahrscheinlich und die Gefahr einer weiteren Behinderung der geistigen Interaktivität groß. Niedecken spricht in diesem

Zusammenhang von einer Vorenthaltung oder auch Zertrümmerung des Spielraumes geistig behinderter Kinder. Sie geht sogar noch einen Schritt weiter und macht die Vorenthaltung und die Zertrümmerung des Spielraumes für die Entstehung einer geistigen Behinderung verantwortlich (vgl. Niedecken 1998, 58 ff).

Psychoanalytisch orientierte Musiktherapie mit geistig behinderten Kindern und Jugendlichen

Ebenso wie die Vertreter der tiefenpsychologisch oder psychoanalytisch orientierten Sonderpädagogik geht man auch in der Musiktherapie davon aus, dass in vielen Symptomen der geistig behinderten Kinder ein Sinn steckt. Es geht darum zu verstehen, warum diese Handlung für diesen Menschen in diesem Moment notwendig ist und wie es zu solch „geistigbehinderten" Verhaltensweisen kommt.
Während die schulischen und viele sonstige therapeutischen Maßnahmen auf den Körper und den Geist abzielen, bietet die psychoanalytisch orientierte Musiktherapie den Raum und die Möglichkeit, das Seelische zu „behandeln". Jede Verhaltensauffälligkeit wird zunächst als ein Signal für die Bedürfnisse, Befindlichkeiten und im Moment verfügbaren Bewältigungsstrategien und somit als sinnvolle Lebensäußerung gesehen. Es geht darum, die Bedeutung dieser Verhaltensauffälligkeiten im Kontext der Lebenssituation des Patienten, seiner Beziehungen und Lebensgeschichte zu verstehen.
Wodurch ist dieses Kind in eine Krise geraten, welchen Sinn macht sein auffälliges Verhalten, wo liegen die Ressourcen zur Bewältigung der Krise und wie kann der/die TherapeutIn dabei helfen, sie sich entfalten zu lassen? Antworten und Hilfen finden sich nur durch eine gemeinsame Suche. Es geht dabei um einen Prozess, bei dem die gemeinsame Herstellung und Ausgestaltung eines Beziehungsgeschehens im Mittelpunkt steht.
Der Musiktherapeut kann die Kinder auf einem Stück ihres „Lebensweges" begleiten, ihnen hilfreich dabei zur Seite stehen, die eigene Lebensgeschichte und „Lebensmethode" zu bearbeiten und so ein wenig zu ihrer seelischen Gesundheit beitragen.

Spielraum Musiktherapie

Der Begriff „Spielraum" wird häufig in der Musiktherapie verwendet (vgl. Irle 1996, 13-23). Spielraum als seelischer Bewegungsraum braucht ein individuell richtiges Maß an Weite und Begrenzung. Eine Einschränkung oder gar ein Verlust von Spielraum hat eine eingeschränkte Erlebnisfähigkeit und Gestaltungsmöglichkeit zur Folge. Es geht bei der psychoanalytisch orientierten Musiktherapie mit geistig behinderten Kindern darum, diesen zerstörten Spielraum wahrzunehmen, ihn vor allen Dingen ernst zu nehmen und ein Angebot zu machen, schrittweise einen „seelischen Bewegungsraum" zu eröffnen, der in ausreichendem Maße den Kindern Raum und Halt, aber auch Grenzen und Führung geben kann. Es geht um das Herstellen eines Spielraumes, wie er sich im positiven Sinne zwischen Mutter und Kind entwickelt. In diesem therapeutischen Spielraum können sich die zentralen Anliegen der Kinder inszenieren.

Im Umgang mit geistig behinderten Menschen, die teilweise nur wenig oder gar nicht sprechen können, erweist es sich als besonders hilfreich und manchmal geradezu notwendig, ein Therapieverfahren zu nutzen, das neben der Sprache andere Ausdrucks- und Verständigungsmöglichkeiten anbietet. Nicht die Musik allein, sondern die Beziehung zum Klienten nimmt hierbei eine entscheidende Rolle in dem Therapiekonzept ein. „Im gemeinsamen Prozeß der musikalischen Improvisation verlassen Therapeut und Patient die Ebene der Sprache (und damit der sekundär prozeßhaften diskursiven Symbolik (Lorenzer) und begeben sich auf die Ebene sinnlicher Interaktionsformen, die tendenziell eher der ganzheitlichen Wahrnehmungs-, Erlebens- und Verhaltensform entspricht“ (Becker 1989, 31).
Der Therapeut ist dabei auf einer tiefen Ebene mit dem Patienten eng verwoben, auch seine Abwehrfunktionen müssen sich lockern, durchlässig werden, um mitspielen zu können.
„Er ist dadurch besonders empfänglich (und verletzlich) für Gegenübertragungsempfindungen aller Art. Durch den Patienten und dessen (musikalisches) Spiel wird in ihm etwas zum Klingen und Schwingen gebracht, angestoßen, durcheinander gerüttelt. Bei aller Offenheit und Fähigkeit, sich ganz auf das Spiel und die Musik einzulassen, muß er gleichzeitig in der Lage sein, sich distanzieren zu können, die Situation von außen zu erfassen, erblicken, hören zu können“ (ebd. 31).
Improvisieren fördert die Entstehung oder die Wiederherstellung von Spielräumen, die eingeengt und verhärtet sind und darum seelische Bewegungsmöglichkeiten behindern. Mit dem Wirkfaktor „Improvisation“ greift die Musiktherapie allgemeine und alltägliche Behandlungsformen auf, bzw. arbeitet mit Mitteln, die das Seelische bereitstellt.

Fallstudie: Jan - „Eine Geschichte mit der Maus“

Die Arbeitsweise und Systematisierung des folgenden Fallbeispiels basiert auf der morphologisch orientierten Musiktherapie. Daneben beziehe ich mich auf verschiedene Elemente der Spieltherapie (A. Freud, Klein, Axline, Winnicott), die Grundlagen der modernen Kinderpsychotherapie sind und auf die Ausführungen von B. Mahns zur psychoanalytisch orientierten Kindermusiktherapie. Konkret geht es in den Musiktherapiestunden um das gemeinsame Herstellen und Ausgestalten eines Beziehungsgeschehens, um ein „gemeinsames Werk“ (Salber), das durch musikalische Improvisation, aber auch durch anderes Spiel (Freies Phantasiespiel, Rollenspiel etc.) erstellt werden kann. Ich biete dem Kind neben Instrumenten auch anderes Spielmaterial wie z.B. Stofftiere oder Malstifte an. Die musikalische Improvisation umfasst neben dem Spiel mit Instrumenten auch Singen und Tanzen und nimmt meist den größten Raum ein. Wesentliches Element ist auch das Singen von Liedern, hierbei besonders von Ritualliedern wie Begrüßungs- und Abschlusslied. Lieder bilden einen guten Rahmen für das therapeutische Geschehen mit Kindern und Jugendlichen, da sie etwas Strukturierendes besitzen, durchgängig, konstant und damit Halt gebend sind.

Zur Verdeutlichung der unterschiedlichen Aspekte der Behandlungsabläufe nutze ich die vier Behandlungsschritte Leiden-Können, Methodisch-Werden, Anders-Werden und Bewerkstelligen. Diese auf Salber zurückgehende und von Tüpker weiter ausgearbeitete Methode der morphologischen Musiktherapie soll dabei behilflich sein, „im Verlauf der Behandlung bestimmte Fragen zu stellen, die Behandlung von bestimmten Prinzipien her zu organisieren und die individuellen Prozesse psychologisch verstehen zu lernen“ (Tüpker 1996a, 98 ff). Es geht um eine Behandlung der Lebensmethode, wobei im Vordergrund die Frage nach den seelischen Grundbedingungen des Menschen steht.

Im ersten Behandlungsschritt, dem *Leiden-Können*, geht es um ein erstes Gesamtbild dessen, was in der Therapie behandelt werden soll. Es geht darum zu erfahren, wie der Patient mit sich und der Umwelt umgeht, an was er leidet, was er lieber leidet oder lieber nicht erleidet. Durch Vermeidung oder Verdrängung von Unerträglichem entsteht gleichzeitig auch ein Können. „Daher gibt es auch ein ‚Nicht-Leiden-Können’ mit der doppelten Bedeutung, daß einerseits bestimmte Erfahrungen und Entwicklungen nicht zugelassen werden, andererseits aber auch nicht zur Verfügung stehen.“ (Müller 1996, 125). Das Verstehen des Leiden-Könnens eines Patienten führt zu einem individuellen Behandlungsauftrag. Findet die Behandlung – wie hier – in einer Institution statt, fließen auch deren Wünsche, wie auch die der Eltern als „Drittes“ in den Behandlungsauftrag mit ein.

Im *Methodisch-Werden* wird deutlich, wie der Patient sein Leiden-Können ausformt, bzw. auch modifiziert. Wesentliche Frage ist hier, wie sich die Behandlung im Wechselspiel zwischen Therapeut und Patient entwickelt. Durch ein Ineinandergreifen der jeweiligen Methoden von Patient und Therapeut kommt es im günstigen Fall zu einer Veränderung, die zum dritten Schritt, dem Anders-Werden führt.

Beim *Anders-Werden* geht es um Wendepunkte innerhalb der Behandlung, „die sich in verändertem Erleben oder Verhalten der PatientIn oder auch der TherapeutIn äußern können.“ Hierbei kann man folgende Fragen stellen: „In welchen Ausdrucksformen lässt sich

eine umwandelnde Verinnerlichung erkennen? Im Hinblick auf welche ‚alten' Formen des Leiden-Könnens sind Umwandlungen erkennbar und welche Richtung zeichnet sich darin ab? Welche Auswirkungen haben diese Verwandlungen auf das Methodisch-Werden?" (Tüpker zit. in Müller 1996, 126).
Im *Bewerkstelligen* geht es schließlich darum zu fragen, was der Patient durch Verinnerlichung des Anders-Werdens in konkreten Lebensbezügen verändert wirksam werden lassen kann. Hier liegt das Bindeglied zwischen Therapie und Alltag.

Das „Projekt Musiktherapie" kam durch den Förderverein einer Sonderschule zustande. Die insgesamt 109 SchülerInnen der Schule sind in Klassen mit acht bis zwölf Kindern bzw. Jugendlichen aufgeteilt und umfassen Unterstufe, Mittelstufe, Ober- und Werkstufe. Der Unterricht an dieser Ganztagsschule ist in fachübergreifende Vorhaben/Handlungsfelder (Gesamtunterricht) und fachorientierte Lehrgänge (z.B. Lesen und Schreiben, Mengen, Zahlen, Formen und Größen; Sport als Bewegungserziehung; Religion; Rhythmik; Musik; Kochen; bildnerisches Gestalten…) gegliedert.
Die Musiktherapie wurde für eine Einzeltherapie und zwei Gruppentherapien für die Dauer eines Schuljahres vom Förderverein finanziert, wobei die Schüler nach einem Halbjahr ausgewechselt werden sollten. Die Therapiesitzungen umfassten jeweils 30 bis 45 Minuten und fanden in einem etwas abgelegenen Rhythmikraum statt, der mit Teppichboden ausgestattet ist. In einem angrenzenden Abstellraum befinden sich die Instrumente: Orff'sches Instrumentarium, Schlagzeug, Kongas, Bongos, Djembe, Gitarre, Kantele und ein Regenmacher.
Die Kinder wurden von den Lehrern ausgesucht, wobei „Musikalität" oft als ein Grund für die Teilnahme an der Musiktherapie genannt wurde. So habe ich auch über Jan, dessen Therapieverlauf ich hier vorstellen werde, keine weiteren Informationen, außer dass man ihm gerne die zusätzliche Fördermaßnahme zukommen lassen möchte und es manchmal sehr schwierig mit ihm sei.

Leiden-Können – die Suche nach der Maus und einem Behandlungsauftrag

Erste Stunde

Jan ist ein kleiner, schlanker 7-jähriger blonder Junge mit Brille und macht auf mich einen sympathischen, ein wenig „schelmischen" und „völlig normalen" Eindruck. Er sitzt mit anderen Kindern zusammen an seinem Tisch und bastelt gerade an einer Aufgabe. Er möchte nicht mitkommen. Die Lehrerin erzählt mir, dass er sich mit neuen Situationen und fremden Menschen immer sehr schwer tue und schlägt vor, dass heute eine Kollegin mitgehen solle. Ich setze mich aber zuerst zu ihm an den Tisch und gucke zu. Jan schaut immer wieder von seiner Bastelarbeit zu mir hin, als wolle er prüfen, ob ich noch da bin. Als er seine Aufgabe erledigt hat, steht er abrupt auf und sagt zu mir: „Komm, wir gehen!"
Unterwegs nimmt er meine Hand und fragt, was wir machen werden. Ich erzähle von den Instrumenten, die er ausprobieren dürfe, und dass wir zusammen spielen und singen können. Im Musiktherapieraum angekommen nimmt er sofort die Gitarre. Mit einiger Mühe

legt er sich das Gitarrenband um und beginnt zu zupfen. Ich spiele für ihn ein Begrüßungslied, mit dem ich ihn namentlich ansinge, signalisiere ihm so meine persönliche Aufmerksamkeit und Zuwendung. Jan schlägt im Rhythmus dazu die leeren Saiten. Dann beginnt er, die Saiten zu „stimmen", dreht an den Wirbeln, probiert immer wieder aus, bis er zufrieden ist. Er legt die Gitarre weg und versucht kurz, andere Instrumente zu spielen. Ich hatte vorher schon alle Instrumente herausgestellt, doch nur wenige scheinen ihn zu reizen. An den Schlaginstrumenten geht er vorbei, nimmt nur einen Schlägel und spielt ein paar Töne auf dem Metallophon. Er wühlt in der Holzkiste mit den kleinen Instrumenten wie z.B. Klanghölzer, Rasseln, Triangeln und experimentiert ein wenig herum. Schließlich nimmt er wieder die Gitarre und legt sie sich um.
Ich kommentiere singend sein Tun und stimme dann das Lied „Guten Tag, liebe Leute" und das „Namenslied" an. Bei beiden spielt er auf der Gitarre und singt nach kurzer Zeit einige Wörter mit. Jan bleibt mit seiner Gitarre sitzen und beginnt selbst ein Lied zu singen. Seine Aussprache ist sehr undeutlich und ich bekomme nur Wortfetzen mit. Es geht um eine Maus, Ernie und Bert, alle sind verschwunden. Wir improvisieren das Lied weiter und er fordert mich auf, die Maus in der Instrumentenkiste zu suchen. Ich finde sie aber nicht. Danach steht Jan auf und geht ans Schlagzeug. Er beginnt relativ zaghaft zu trommeln, um dann nach kurzer Zeit wieder zur Gitarre zu gehen. Nachdem er sie umgelegt hat, meint er plötzlich, dass er jetzt wieder zur Klasse zurückgehen müsse. Ich singe ein „Abschiedslied" für ihn und bringe ihn zurück.
Die Lehrerin fragt sofort, wie es ihm gefallen habe und er meint: „Gut." Sie wundert sich, dass er allein und so bereitwillig mit mir gegangen ist.

Nach dieser ersten Stunde musste ich erst einmal einige spontane Gedanken ordnen: Warum ist Jan an einer Schule für geistig Behinderte? Gut, er kann nicht sehr deutlich sprechen, aber mir war ansonsten nichts aufgefallen, was mir diese Frage hätte beantworten können. Er erschien mir „auffallend normal", eher etwas zu ruhig und gelassen für sein Alter angesichts der Instrumentenvielfalt und der Möglichkeiten, sich darauf „auszutoben". Die Gitarre schien ihn besonders zu fesseln. Was kann der Behandlungsauftrag sein? Die Behandlungsaspekte des Leiden-Könnens gehen mir durch den Kopf. Leiden – nein, dazu fällt mir nichts ein, Können – da ist mir mehr aufgefallen. Jans Sich-Einlassen-Können auf mein Angebot, sein Ausdrücken-Können von Wünschen nach Liedern nehme ich als positiven Anfang für eine vertrauensvolle Beziehung.

Zweite Stunde

Jan freut sich, als ich ihn abhole, und rennt sofort los. Im Musiktherapieraum angekommen, geht er ruhig und zielstrebig zur Gitarre, „stimmt" an den Wirbeln herum, stellt sich den Notenständer mit meinen Noten zurecht und beginnt zu zupfen. Ich singe das Begrüßungslied und „Guten Tag". Er singt bruchstückhaft mit. Als das Lied beendet ist, singt er leise weiter vor sich hin: „Die Maus ist weg, wir müssen sie suchen!" Ich habe eine kleine rote Stoffmaus mitgebracht und schon vorher unter dem Tamburin versteckt. Ich fordere ihn auf zu suchen, er möchte aber, dass ich die Maus suchen gehe. Singend mache ich mich auf die Suche und finde sie schließlich nach einigen Umwegen. Als ich sie ihm gebe, wirft er sie sofort wieder weg, ruft laut, dass sie sich verstecken solle und wühlt sie tief in die

Holzkiste mit Instrumenten hinein. Ich kommentiere singend sein Spiel, begleite dabei auf der Kantele. Jan versucht das Glockenspiel und Metallophon zu spielen, geht aber schnell wieder zu „seiner" Gitarre. Er möchte zurück in seine Klasse. Ich habe das Gefühl, dass es zu einem „Bruch" gekommen ist, als ob wir etwas „Verbotenes" mit der Maus getan hätten. Jan ist nicht mehr bereit weiterzuspielen, ich singe das Abschiedslied, das er teilweise mitsingt. Bevor ich ihn zurück begleite, möchte Jan mir noch beim Aufräumen der Instrumente helfen.
Beim anschließenden Gespräch mit der Lehrerin erfahre ich, dass Jan ein stark hyperaktives Kind sei – heute morgen sei dies wieder besonders ausgeprägt gewesen, so dass alle froh waren, eine Zeit lang ohne ihn in Ruhe arbeiten zu können.

> *Wieder Gegensätze, wieder Fragen: Wie kann ein stark hyperaktives Kind sich so ruhig und besonnen verhalten? Neben Jans Können, seinem ausgeprägten Ordnungssinn, spüre ich auch erste Anzeichen von Leiden. Was ist mit der Maus? Ich habe deutlich Jans Angst gespürt. Aber wovor hat er Angst und warum muss die Maus versteckt sein? Dieser Bruch am Ende der Stunde deutet für mich schon ein erstes Anders-Werden an, etwas ist ins Bewusstsein gerückt. Dieses deutlicher zu „behandeln", scheint Jan aber noch zu überfordern, ihm Angst zu machen. Ich habe trotzdem das Gefühl, dass Jan mir dieses bisher Verdrängte zeigen möchte.*

Dritte Stunde

Jan ist wütend und aufgebracht, als ich in seine Klasse komme, um ihn abzuholen. Er will nicht mitkommen. Er sitzt im Nebenraum auf dem Teppich und legt Puzzles. Ich setze mich dazu, warte. Andere Kinder kommen und gehen wieder. Jan sorgt dafür, dass jedes Mal die Tür wieder geschlossen wird. Nachdem er beide Puzzles fertiggestellt und weggeräumt hat, ruft er: „Komm, Frau Klein!". Er macht das Licht aus, schließt die Tür und rennt los. Ich habe das Gefühl, als habe er einen Schalter angeknipst, er führe mir seine „Hyperaktivität" vor. Im Musiktherapieraum ist er wie ausgewechselt, er hat wieder „umgeschaltet". Er nimmt die Gitarre, beginnt selbst mit dem Begrüßungslied. Anschließend singt er: „Wo ist die Maus? Wir müssen sie suchen!" Ich greife das Thema auf, wir singen und suchen gemeinsam, finden sie aber nicht. Zwischendurch versuche ich zu erfahren, wer die Maus versteckt haben könnte, ich frage nach Geschwistern, Freunden. Er gibt aber keine Antwort, nimmt das Liederheft, blättert herum und möchte Lieder singen. Immer wieder beginnt er mit „Guten Tag, liebe Leute…". Die Zeit vergeht sehr schnell, wir singen und spielen gemeinsam, ohne den Platz zu verlassen. Schließlich meint Jan, wir sollten für die Maus das Abschiedslied spielen. Es ist wirklich Zeit dafür, danach hilft er wieder beim Aufräumen und zurück geht es im Anfangstempo.

> *Wer oder was ist die Maus? Ich habe das Gefühl, Jan zeigt mir ganz viel von seinem „Können". Für einen siebenjährigen Jungen hat er eine beachtliche Ausdauer und Konzentrationsfähigkeit, auch sein Ordnungssinn ist erstaunlich. Er denkt daran, alles wieder an seinen Platz zu bringen, das Licht beim Verlassen des Raumes auszuschalten. Warum zeigt er sich mir von seiner „besten Seite"? Er scheint mein Gefühl verstärken zu wollen, „normal" zu sein. Die Suche nach einem Behandlungsauftrag, nach seinem „Leiden" geht weiter.*

Versuch einer Rekonstruktion

Vierte Stunde

Jan freut sich, mich zu sehen, nimmt sofort meine Hand und geht los. Im Musiktherapieraum geht er zielstrebig auf die Gitarre zu, lässt sich von keinem der anderen Instrumente beeindrucken. Nach dem Begrüßungslied singt und erzählt er viel, wobei ich fast gar nichts verstehen kann. Seine Gedanken scheinen wild durcheinander zu gehen, er spricht von der Kinderstunde im Fernsehen, von Freunden, Geschwistern, ohne Unterbrechung. Ich spiele leise Gitarre dazu und frage manchmal genauer nach, was er gemeint hat. Etwas innerhalb seiner Familie scheint ihn zu beunruhigen. Er steht auf, geht umher, findet nicht den richtigen Platz und geht wieder weiter, die ganze Zeit über „brabbelt" er vor sich hin. Plötzlich beginnt er mit dem „Maus-Thema". Ich soll die Maus suchen. Als ich sie gefunden habe, wirft er sie weg, versteckt und beschimpft sie dann. Er nimmt die Gitarre, zupft und singt dazu: „Die Maus ist dreckig, sie stinkt. Die Maus ist ein Arschloch!" Ich halte mich ganz zurück, nach einiger Zeit sage ich ihm, dass es Zeit für das Schlusslied sei. Er möchte aber nicht aufhören, singt „Guten Tag, liebe Leute..." Erst als ich sage, dass das Frühstück in der Klasse schon begonnen habe, springt er auf, singt das Schlusslied mit mir und rennt (wie aufgezogen) zurück in seine Klasse.

Es ist etwas aufgebrochen, er beginnt mir sein „Leiden" zu zeigen, ich darf es suchen, finden und auch etwas betrachten, bevor er es wieder verstecken muss. Mit Hilfe der Maus konnte Jan etwas in Szene setzen, sein Leiden ausdrücken.
Ich bin sehr betroffen nach dieser Stunde. Meine spontanen Gedanken gehen dahin, dass Jan auf der Suche nach einem geeigneten Platz für sich ist, dass er sich vielleicht selbst verstecken muss. Von Jans Klassenlehrerin habe ich erfahren, dass die Mutter sich sehr um Jan kümmere, er aus einer intakten und liebevollen Familie komme und einen zwei Jahre älteren Bruder habe.
Ich merke, dass ich zum weiteren Verstehen mehr Informationen brauche, die Formulierung „intakte Familie" verstellt mir eher den Blick, blockiert meine Gedanken. Ich versuche durch Einsicht der Schulakte mehr über die familiäre Situation und Jans Diagnose zu erfahren.

Im Entwicklungsbericht des Heilpädagogischen Kindergartens zur Feststellung des sonderpädagogischen Förderbedarfs finde ich folgende Diagnosen und Hinweise:

- Fragiles-X-Syndrom mit stato- und psychomotorischer Retardierung bei Körperkoordinations- und Wahrnehmungsschwächen.
- Dringender Anhalt für das Vorliegen einer fokalen Anfallsbereitschaft
- Sprachentwicklungsverzögerung bei allgemeiner Retardation,
- Verdacht auf sensorische Integrationsstörung, kein Anhalt für Hörminderung, jedoch kontrollbedürftig, Serotympanon rechts

Bei Jan wurde im Alter von drei Jahren die Diagnose Fragiles-X-Syndrom[1] gestellt, nachdem die Eltern aufgrund der verzögerten Entwicklung im Vergleich zu ihrem ersten Kind entsprechende Fachärzte aufgesucht hatten. Jans Lehrerin erzählte mir, dass sie dieses Krankheitsbild bisher noch nicht kannte, aber über die Mutter viel Information darüber erhalten habe und wisse, dass Jans Verhalten eben typische Anzeichen für dieses Syndrom seien. Ich wundere mich, dass mir die Informationen über die Diagnose so gar nicht weiterhelfen. Unser Behandlungsauftrag scheint mir wenig mit den Symptomen seines genetischen Defekts zusammen zu hängen. Jans Geschichte mit der Maus kommt mir fast wie ein Hilferuf vor. Er will mir etwas zeigen, etwas, was nicht unter der Überschrift „Fragiles-X- Syndrom = Behinderung“ steht.

Nach der vierten Stunde bekomme ich durch ein Gespräch mit Jans Mutter erstmals Informationen, die mir wichtig erscheinen. Jan hatte als Säugling zunächst gute Bedingungen, sich zu entwickeln. Er ist ganz sicher kein „geistig behinderter Säugling“ gewesen und das Zusammenspiel von coenästhetischer Wahrnehmung und mimetischem Verhalten der Mutter, also die frühen Interaktionsformen, werden auch in guter Weise funktioniert haben. Jans Mutter sprach mir gegenüber von einem ausgesprochen lieben und „pflegeleichten“ Säugling, der aber häufig auch „quengelte“. Der Kinderarzt stellte fest, dass er nicht richtig hören konnte und er bekam Paukenröhrchen eingesetzt, die die Flüssigkeit hinter dem Trommelfell ableiten sollen. Der Mutter fiel auf, dass Jan im Vergleich zu ihrem zwei Jahre älteren Sohn in seiner Entwicklung etwas zurücklag.
Sensibilisiert und zusätzlich bestärkt durch ihre Schwester, die selbst ein behindertes Kind hat, ging sie zum Arzt, um diese Entwicklungsverzögerungen abklären zu lassen. Die Diagnose, Jan war inzwischen drei Jahre alt, brachte zunächst ein Gefühl der Erleichterung, endlich eine Ursache für das verspätete Erlernen gefunden zu haben. Da Jan äußerlich völlig „normal“ wirkt, hat sie diese Diagnose aber zunächst für sich behalten. Es sollte keiner wissen, dass sie ein „behindertes Kind“ hat. Jan gegenüber verhielt sie sich ab diesem Zeitpunkt viel geduldiger und half ihm, wo sie nur konnte. Es begann ein umfassendes „Frühförderprogramm“, um ihm die besten Chancen auf eine gute Entwicklung zu geben. Wie mag sich dies alles auf Jan ausgewirkt haben?
In seinem Empfinden, seinem Erleben, muss ein Bruch stattgefunden haben. Er spürt die ambivalenten Gefühle seiner Mutter, weiß sie jedoch nicht einzuordnen. Er spürt aber wahrscheinlich, dass mit ihm etwas nicht „stimmt“, etwas nicht in Ordnung ist, etwas verheimlicht wird. Sein bis dahin angemessener Spielraum wird eingeengt. Es fällt ein Schatten darauf. Ich möchte versuchen, den Bruch in Jans Lebensmethode mit den Gestaltfaktoren der morphologischen Psychologie deutlich zu machen (zur Systematik vgl. Tüpker 1996a, 50-62). Zunächst findet man als Ausgangspol in Jans Erleben die *Aneignung*. Es geht um

[1] Das Fragile-X-Syndrom (auch Martin-Bell-Syndrom) stellt nach dem Down-Syndrom (Trisomie 21) die häufigste Form genetisch bedingter geistiger Behinderungen dar. Die Behinderung kann in ihrer Schwere stark variieren und von leichten Lernschwierigkeiten bis zu extremer kognitiver Beeinträchtigung reichen und es können autistische und epileptische Symptome auftreten. Der Name leitet sich aus der Beobachtung von Zellkulturen betroffener Menschen ab. Unter entsprechenden Kulturbedingungen kann am X-Chromosom in einem Teil der Zellen eine Bruchstelle, der sogenannte fragile Bereich, nachgewiesen werden.

sein Zu-Eigen-Sein, Zu-Eigen-Haben, Zu-Eigen-Werden, es geht um die Entwicklung seines Selbst, das durch intakte frühkindliche Interaktionen mit der Mutter und anderen Bezugspersonen gelingen konnte. Zunächst scheint einem Zusammenwirken der Gestaltfaktoren mit der *Umbildung* als Gegenpol und den unterstützenden bzw. relativierenden Faktoren *Einwirkung, Anordnung, Ausbreitung* und *Ausrüstung* nichts im Weg zu stehen. Mit dem Auftreten der Diagnose jedoch, wahrscheinlich schon mit dem vagen Verdacht der Mutter, bricht diese Version seiner seelischen Gestaltbildung zusammen. Ausgangspol ist schlagartig nicht mehr die *Aneignung,* die nun völlig an Bedeutung zu verlieren scheint, sondern die *Einwirkung.* Der Verdacht der Mutter, dass irgendetwas mit ihrem Kind nicht normal sein könne, und schließlich die Diagnose einer Behinderung, lassen nun alles bis dahin Gewesene abrupt stoppen und die Gedanken und Handlungen fokussieren auf die festgeschriebene Behinderung, der nun vieles unterworfen wird, auf die Jan festgelegt wird. Als polare Ergänzung hierzu findet eine Veränderung der *Anordnung* statt. Ganz deutlich wird Jans Leben und seelisches Erleben nun anders strukturiert. Sein für sein Alter ungewöhnlicher Drang, alles wieder an Ort und Stelle zu bringen, seine Fähigkeiten und seine Geduld, aber auch sein starkes Bedürfnis nach Ritualen können vielleicht verstanden werden als der Versuch, die alte Ordnung, die noch nicht von dem Schatten der Diagnose getrübt war, wiederherzustellen oder aktiv zu ordnen statt nur anderen unverständlichen Ordnungen unterworfen zu sein.

Darum ist Jan so hin und her gerissen, wenn es um die „Maus“ geht. Sie soll gesucht werden, soll aber gleichzeitig auch versteckt bleiben. Eigentlich möchte er *sich ausbreiten,* hat aber das Gefühl, er darf es nicht, er ist festgelegt auf seine Rolle als „behindertes Kind“, das irgendwie anders ist. Wie und warum er anders ist, hat ihm keiner erklärt, er spürt nur, dass seine Mutter sich anderen gegenüber schämt, spürt, dass er irgendwie „versteckt“ werden muss.

Sein Spielraum wurde zerstört und eingeengt, man kann sagen, dass ihm *ein anderer Spielraum* zugeteilt wurde, ein Spielraum, dessen Maß nun andere für ihn festgelegt haben. Sich dort zurechtzufinden, ist für Jan sehr schwer und mühsam. Vielleicht bringt er diese „innere Zerrissenheit“ dadurch zum Ausdruck, dass er teilweise sehr aggressiv auf andere Kinder reagiert (Schlagen, Treten und Beißen). Genauso hilflos wie er dem gegenüber ist, was alles mit ihm geschieht, stehen Lehrer und Eltern seiner „Hyperaktivität“ und Aggression gegenüber.

Ich habe das Gefühl, dass Jans vorläufiger Behandlungsauftrag darin liegt, ihm zunächst erst einmal die Gelegenheit zu geben, seine Not mitzuteilen. Jan hat die Musiktherapie sofort für sich „genutzt“ und durch die Inszenierung der „Geschichte mit der Maus“ eine Möglichkeit gefunden, etwas zum Ausdruck zu bringen.

Methodisch Werden - Wir finden die Maus und einen Behandlungsauftrag

Fünfte bis zwölfte Stunde

Die nächsten Stunden laufen fast wie ein Ritual ab. Jan nimmt sich die Gitarre, beginnt das „Guten-Tag-Lied“. Dieses Lied erweitern wir immer um neue Strophen. Ich habe das Gefühl, dieses Lied gibt ihm Vertrauen und eine starke Sicherheit, die es ihm ermöglichen, sich weiter auszubreiten. Sein „seelischer Spielraum“ kann sich zunehmend öffnen und sich mir zeigen.
Im Anschluss an dieses Lied beginnt er mit der „Mausgeschichte“. Mal gehen wir gemeinsam, mal einzeln auf die Suche. Das Ganze wird zunehmend ein Spiel, wobei die gefundene Maus jedes Mal wieder weggeworfen und versteckt wird. Ganz wichtig ist es Jan, dass die Maus auch wirklich gut in der Kiste versteckt und sie zwischen den Instrumenten nicht mehr zu sehen ist. Wir singen danach noch einige Lieder und Jan beendet dann plötzlich mit der Bemerkung „Ich muss jetzt gehen!“ die Stunde. Er beginnt selbst mit dem Abschlusslied und räumt die Instrumente auf.

> *Ich merke, wie wichtig und vertraut dieser feste Stundenablauf für Jan ist. Diese Strukturierung gibt ihm Orientierung und Sicherheit. Auf dieser Grundlage können sich erste Ausbreitungstendenzen zeigen: Er erweitert unser Lied, beginnt das Mausspiel zu variieren. Seine Bereitschaft, sich verändert auszuprobieren, und damit ein erstes Bewerkstelligen, wird größer. Er tastet sich langsam an eine größere Fläche des Spielraumes heran.*

In der sechsten Stunde beginnt Jan sofort zu singen „Wo ist die Maus? Die Maus hat sich versteckt.“. Er will sie aber nicht suchen, sondern das „Guten-Tag-Lied“ spielen. Ich glaube, dass er es noch nicht schafft, sich ohne diesen „Rahmen“, ohne die feste Struktur weiter auszubreiten. Jan ist danach sehr gesprächig, er erzählt zwischen den Strophen des „Guten-Tag-Liedes“ immer wieder von seinen Mitschülern, Freunden, Geschwistern. Er spricht so schnell und undeutlich, dass ich nur wenig verstehe. Beim Mausspiel frage ich ihn erstmals, warum er die Maus denn verstecken müsse und er sagt, „die will doch keiner sehen“. Darauf nimmt er die Gitarre und spielt sehr intensiv immer wieder unser Anfangslied.

> *Ich bin sehr betroffen, würde ihn am liebsten in den Arm nehmen, spüre aber, dass er sich in sich zurückgezogen hat und fühle mich ausgeschlossen und hilflos. Nach dieser Stunde fühle ich mich sehr schlecht, habe das Gefühl, versagt zu haben. Warum kann ich ihm nicht helfen? Er zeigt mir so deutlich seine Not und ich kann ihn noch nicht einmal trösten.*
> *Ist dieses starke Gefühl der Hilflosigkeit, der Einsamkeit wirklich mein Gefühl? Wie gehe ich richtig mit Übertragungs- und Gegenübertragungsgefühlen um? Ich befürchte, aus Unerfahrenheit etwas falsch zu machen.*

Als ich Jan zur nächsten Stunde abhole, malt er gerade ein Bild, fängt noch eines an, knickt es zusammen als es fertig ist und sagt „Hier, für dich, komm!“ In der Musiktherapie beginnt er zum ersten Mal, nachdem das Mausspiel beendet ist, auf mehreren Schlaginstrumenten zu spielen. Besonders intensiv und laut trommelt er auf der Djembe und singt dazu von der Maus. Ich verstehe einige Satzfetzen wie „man muss bezahlen,...kosten 1003 DM, ...lieber wegschließen, ...soll versteckt bleiben, ...Schlüssel zur Garage umdrehen."

Hat er vielleicht ein Gespräch seiner Eltern mitbekommen? Ging es dabei um ihn, hat er etwas angestellt, oder hat er es nur fälschlicherweise auf sich bezogen? Für mich wird deutlich, wie Jan seine Umwelt erleben muss. Man geht davon aus, dass er Gespräche gar nicht mitbekommt oder verstehen kann, also scheint es unwichtig zu sein, ob er dabei ist und wie er es aufnimmt. So muss er mit seiner Deutung dieser Gespräche allein fertig werden.

Im Verlauf der nächsten Stunden, die alle nach der ähnlichen „Methode" – Lied, Mausspiel, Lied – ablaufen, ergibt sich von selbst eine Art Behandlungsauftrag. Es geht immer mehr darum, innerhalb der festgelegten Strukturen oder Rahmenbedingungen etwas „aufzubrechen", sich auszubreiten. Wie schwer dies Jan fällt, merke ich daran, dass er sehr ernst wirkt, sobald er etwas „Neues" erzählt oder ein anderes Instrument ausprobiert. Im Gegensatz dazu wird unser Mausspiel immer fröhlicher und spielerischer. Er hat einen passenden Spielraum gefunden.
Doch nach wie vor muss die Maus versteckt bleiben. Ich traue mich nicht, näher darauf einzugehen, habe Angst. Wovor? Zunächst sicherlich davor, etwas falsch zu machen, etwas zu zerstören. Es könnte aber auch sein, dass etwas anderes Bedrohliches hinter dieser Maus steckt. In einer Supervision wird deutlich, dass die Teilnehmer unterschiedlichste Phantasien zur „Maus" haben und dass es sinnvoll sein könnte, Jan nun vorsichtig mit der Frage, wer oder was die Maus ist, zu konfrontieren.
Da die Therapie mit Beginn der Sommerferien beendet werden soll, gerate ich ziemlich unter Druck, in den verbleibenden zwei Stunden etwas „erfolgreich" abzuschließen. Es ergibt sich jedoch alles anders, da die letzten beiden Stunden aufgrund mir vorher nicht mitgeteilter Ausflüge ausfallen. In einem abschließenden Gespräch erfahre ich von Jans Klassenlehrerin, dass seine Mutter bis vor kurzem die Behinderung und den Sonderschulbesuch von Jan vor Nachbarn und Verwandtschaft geheim gehalten hatte. Sie selbst besuche nun eine Therapie, um besser damit klar zu kommen, von der ihr Mann aber nichts wissen dürfe. Ich fühle mich dadurch auf eine gewisse Weise erleichtert und in meinem Behandlungsauftrag bestärkt.
Ich beantrage, Jans Therapie nach den Sommerferien weiterführen zu dürfen, was von der Schulleitung und dem Förderverein, der dieses Projekt finanziert, auch genehmigt wird.

Anders-Werden und Bewerkstelligen - „Was macht die Maus denn jetzt?"

12. - 17. Stunde

Als ich Jan zur ersten Stunde nach den Sommerferien abhole, begegne ich ihm schon auf dem Flur. Er freut sich lautstark und rennt sofort los in Richtung Musiktherapieraum. Dort nimmt er sich die Gitarre, platziert den Notenständer und das Liederheft vor seinen Stuhl, „stimmt“ die Saiten und beginnt nach dem Begrüßungslied mit „Guten Tag, liebe Leute“. Er hat den Text gut behalten. Dann beginnt er zu erzählen. Vieles geht durcheinander, es geht um ein Computerspiel mit Autorennen, um einen Film, den er gesehen hat, und um seine Klassenkameraden. Er erzählt so schnell, als ob er Angst hätte, nicht genug Zeit zu haben. Zwischendurch sagt er, „so jetzt spielen wir aber weiter“. Nach einigen Zeilen „Guten Tag, liebe Leute“ unterbricht er und erzählt weiter. Plötzlich fällt ihm die Maus ein. Er sucht sie und versteckt sie wieder, scheint dies aber nur nebenbei zu machen. Ich frage, ob wir uns um die Maus jetzt keine weiteren Sorgen zu machen brauchen, und er sagt „nein“. Während er mir weiter von seinen Erlebnissen erzählt, geht er zum Schlagzeug und beginnt zu trommeln. Ich nehme das Metallophon und wir spielen eine Weile zusammen ein rhythmisch und melodisch „schönes Stück“, unser erstes wirklich gemeinsam improvisiertes Werk. Anschließend sagt Jan, „so, jetzt reicht's“ und ich gehe davon aus, dass er wieder zurückgehen möchte. Stattdessen nimmt Jan die Gitarre, setzt sich wieder an den Notenständer, zupft ein wenig und redet und redet. Erst nach einigem Überreden meinerseits lässt er sich auf das Schlusslied ein.

> *Ich spüre, dass sich etwas verändert hat. Dies war auch in der gemeinsamen Improvisation zu merken. Jan kommt mir älter und reifer vor. Sein starkes Bedürfnis und Vermögen, mir etwas zu erzählen, erstaunt mich. Hat er Angst, nicht mehr genug Zeit zu haben? Spürt er, dass seine Therapie bald zu Ende ist? Fehlen ihm im Alltag Menschen, die ihm zuhören? Verliert unser Mausspiel seine Bedeutung? Wie zu Beginn kommen wieder viele Fragen auf.*

Auch in der nächsten Stunde ist ganz deutlich ein „Anders-Werden“ zu spüren. Nachdem Jan zu Beginn kurz sein „Guten-Tag-Lied“ gespielt hat, geht er zum Schlagzeug und spielt sehr laut und aggressiv. Er freut sich, dass ich mir die Ohren zuhalten muss. Danach probiert er viele Instrumente aus, haut überall mit „voller Kraft drauf“. Es ist eigentlich genau das Verhalten, das ich in der ersten Stunde erwartet hatte. Beim Wühlen nach Schlägeln entdeckt er in der Holzkiste die Maus und sagt „Ach, hier hast du dich versteckt?“ Er beachtet sie aber nicht weiter. Ich habe das Gefühl, etwas ist „abgearbeitet“, und er kann sich nun anderen Dingen zuwenden, kann sich jetzt leisten, wie andere siebenjährige Jungen auf die vielen Instrumente und das Schlagzeug zu reagieren. Sein Spielraum hat sich beträchtlich vergrößert. Jan spielt richtig ausgelassen, oft auch aggressiv. Er lässt mich viel aufgestaute Wut sehen, bzw. hören. Zwischendurch nimmt er immer wieder die Gitarre, um kurz „Guten Tag“ anzustimmen. Ich glaube, er muss sich immer wieder des vertrauten Rahmens vergewissern, der ihm Sicherheit gibt und ihm mittlerweile ermöglicht, „sich so weit weg zu trauen“.

Die nächsten Stunden laufen ähnlich ab. Ich habe das Gefühl, Jan löst nach und nach unsere Beziehung auf, obwohl er vom bevorstehenden Ende der Therapie noch nichts weiß. Manchmal beendet er die Stunde schon vorzeitig, indem er das Schlusslied beginnt und dann einfach geht. Ich möchte ihn aufhalten, versuche, ihn zu anderen Liedern zu überreden, er lässt sich aber nicht darauf ein. Die Maus wird schließlich gar nicht mehr erwähnt. Beim Wühlen in der Kiste schiebt er sie kommentarlos zur Seite. Die Phasen, in denen er

Schlagzeug spielt, „aus sich herausgeht", werden immer länger. In der letzten Stunde, die ich schon vor zwei Wochen angekündigt habe, geht er überhaupt nicht auf ein „Abschiednehmen" ein. Mir fällt es wesentlich schwerer, die Therapie nun zu beenden und ihn „loszulassen".

Wie sieht es mit dem vierten und letzten Behandlungsschritt, dem „Bewerkstelligen", aus? Während ich spüre, dass bei Jan eine Veränderung stattgefunden hat, sein „inneres Selbstverständnis" sich positiv entwickelt, erfahre ich, dass Jans Verhalten in der Klasse im Moment schwieriger sei als vorher. Aufgrund seines aggressiven Verhaltens anderen Kindern gegenüber darf er häufig nicht die Einkaufstouren in die Stadt mitmachen.
Habe ich etwas falsch gemacht oder übersehen? Ich habe Jan „behandelt" und nun ist sein Verhalten, das „Leiden des Umfeldes", noch schlimmer geworden?
Ich möchte hierzu ein Zitat von Tüpker anführen, das den letzten Behandlungsschritt betrifft und meine Fragen in ein anderes Licht rücken: „Bewerkstelligen meint nie die (endgültige) ‚Bewältigung' von Problemen, Symptomen oder ‚der Kindheit', sondern einen durch das gemeinsame Behandlungswerk veränderten Umgang mit dem Geworden-Sein…" (Tüpker 1996a,107).

Schlussgedanken und Ausblick

Bei der Überlegung, wie es zu meiner Unzufriedenheit über Jans „Therapieerfolg" kommt, stoße ich auf die Rahmenbedingungen zu Beginn der Behandlung. Ich habe mit der Therapie begonnen, weil mir der Förderverein den Auftrag gegeben hatte. Es gab aber keinen „Behandlungsvertrag" zwischen dem „Behandlungsdreieck" Eltern bzw. Lehrern, Kind und Therapeutin (vgl. Tüpker 2003, 134 ff). Ich habe das Kind „behandelt", wobei das Verstehen, das gemeinsame „Nachspüren" seiner Lebensmethode für mich an erster Stelle stand, um einen Behandlungsauftrag zu finden. Dadurch konnte es zu Veränderungen im Zusammenwirken von Jans „seelischen Grundbedingungen" kommen, was aber nicht gleichzeitig bedeutet, dass die Eltern- bzw. Lehrerwünsche erreicht wurden. Trotz der vielen guten Zwischengespräche mit der Klassenlehrerin merke ich, dass ein Erstgespräch mit Eltern, bzw. Lehrern wichtig gewesen wäre, um die jeweiligen Erwartungen zu klären. Es hätten sich wahrscheinlich auch schon hilfreiche Hinweise bezüglich Jans Leiden ergeben, was in Anbetracht der zeitlich begrenzten Behandlungsdauer sicher positiv gewesen wäre.
Erst zwei Wochen vor Ende der Therapie ergab sich die Möglichkeit zu einem ausführlicheren Gespräch mit der Mutter. Weil für mich dadurch im Nachhinein einiges deutlicher wurde, möchte ich die wesentlichen Dinge hier anführen. In den Sommerferien waren Jan und seine Mutter in einer Mutter-Kind-Kur, wo die Mutter erstmals ganz unbeschwert und frei damit umgehen konnte, ein „behindertes" Kind zu haben. Viele offene und gute Gespräche in der gemischten Gruppe (Mütter behinderter und nicht behinderter Kinder) haben ihr sehr geholfen. Sie hat gespürt, dass Jan sich sehr wohl gefühlt hat und ganz leicht Kontakt zu den anderen Kindern fand und „richtig ausgelassen und glücklich" spielen konnte.

Bis vor kurzem, also bis zum Ende des ersten Schuljahres (bis zur zwölften Therapiestunde!), hatte die Mutter vor Nachbarn und Verwandten geheim gehalten, dass Jan die Sonderschule für geistig Behinderte besucht. Die Entscheidung für diese Schulform ist ihr sehr schwer gefallen, Jan wurde in keines der Gespräche darüber mit einbezogen. Jan ging davon aus, dass er mit einem gleichaltrigen Freund aus der Nachbarschaft in die gleiche Schule eingeschult würde wie sein älterer Bruder. Am ersten Schultag dann, den Nachbarn war gesagt worden, dass er erst in eine Vorschule käme, fuhr sie mit Jan zur entfernten Sonderschule, wohin er von da an täglich mit einem Schulbus gebracht wurde. Auf meine erstaunte Frage, ob Jan denn nicht gefragt habe, warum er in diese Schule (mit teilweise auch sichtbar schwer behinderten Kindern) gehen solle, sagte sie nein. Man hat es ihm nicht erklärt, ihn aus den eigenen Sorgen und Gedanken ausgegrenzt. Mir fiel dabei spontan eine Phase der Therapie ein, als die Lehrerin sich darüber beklagte, dass Jan wieder einkote, seit ihre Kollegin erkrankt war, an der Jan sehr gehangen hat. Es wurde daraufhin ein „Sauberkeitstraining“ durchgeführt, das zwar erfolgreich aber doch sehr arbeitsaufwendig war. Vielleicht hätte es gereicht, mit ihm darüber zu sprechen, was dies alles für ihn bedeute und ihm zu erklären, wann Frau X wieder für ihn da sei und dass man seine Traurigkeit und Wut darüber verstehen würde.

Bei wesentlichen Entscheidungen und Fragen, sein Leben betreffend, wurde und wird Jan nicht mit einbezogen. Er wird nicht als handelndes Subjekt mit individuellen Ressourcen und eigener Verantwortlichkeit gesehen. Ich möchte hiermit weder die Mutter, noch die Lehrerin, die ich beide als sehr engagiert und interessiert erlebt habe, kritisieren, sondern nur darauf hinweisen, welche Folgen eine Etikettierung „Geistige Behinderung“ haben kann.

Für mich wird dadurch ganz deutlich, dass Jan nicht nur die Möglichkeit zur Ausbreitung seines Inneren, seines Selbst genommen worden ist, sondern dass ihm auch entsprechende Ausrüstung hierzu nicht mehr zur Verfügung steht. Er kann sich gegen die ihm „auferlegte, aufgezwungene“ Lebensform nicht mehr wehren. Seine verständliche angestaute Wut darüber kann er nur durch Aggressivität und andere „geistig behinderte“ Verhaltensauffälligkeiten zum Ausdruck bringen.

Das Verständnis dieser Zusammenhänge kann vielleicht den Lehrern und Eltern im Umgang mit Jan helfen. Es bietet sich so die Möglichkeit, Jan auch nach Beendigung seiner Musiktherapie dabei zu unterstützen, sich seine eigene Lebensgeschichte anzueignen und frühere, eventuell leidvolle Erfahrungen als Teil seiner eigenen Lebensgeschichte zu erkennen und zu verarbeiten. So hat er die Chance, einen anderen Umgang mit den Problemen seiner bisherigen Lebensmethode zu finden.

„Ich höre was, was du nicht siehst“ Musiktherapie an einer Schule für Blinde

Frank Aepkers; Andreas Stark

Das Landesbildungszentrum für Blinde (LBZB) in Hannover ist eine Einrichtung, die blinden, hochgradig sehbehinderten und mehrfachbehinderten Kindern und jungen Erwachsenen eine schulische und berufliche Ausbildung ermöglichen will. Das Zentrum unterrichtet annähernd 240 Schüler aller Altersgruppen und bietet in verschiedenen Internatsgruppen Wohn- und Lebensraum für ca. 170 Kinder und Jugendliche. Die Therapien sind im LBZB dem Stundenplanrhythmus der Schule angeglichen. Wöchentlich finden etwa 30 Stunden Musiktherapie statt, bisher ausschließlich in Form von Einzeltherapien. Zusätzlich wird im Mehrfachbehindertenbereich einmal wöchentlich ein „Offenes Singen“ angeboten. Die Therapien erfolgen in Absprache mit Eltern, Lehrern, Erziehern und anderen Therapeuten. Die Gründe für eine Anmeldung zur Musiktherapie sind verschiedenartig. So wird häufig geäußert, dass das betreffende Kind in der Gruppe bzw. im Unterricht zu kurz käme, weil es einer besonderen Ansprache und Zuwendung bedürfe. Oft handelt es sich um Kinder, die scheinbar in einer eigenen Welt leben, für die man sich eine Kommunikationsmöglichkeit oder einfach „etwas Gutes“ erhofft. Bei anderen geht es um die Bewältigung einer sukzessiven Erblindung, oftmals verbunden mit dem Verlust des Freundeskreises und der bisherigen Lebensbezüge. Das Getrennt-Sein von den Eltern und das neue Leben im Internat stellen hohe Anforderungen an die Kinder. Häufig findet sich der Musiktherapeut in Rollenspielen wieder, in welchen er von den Kindern eine Elternrolle zugeteilt bekommt. Kinder mit einer unheilbaren, degenerativen Krankheit (NCL) kommen in die Musiktherapie mit unterschiedlichen Erwartungen und Bedürfnissen. Dabei kann (im weitesten Sinne) musikalisches Handeln unter veränderten und sich verändernden Bedingungen über einen langen Zeitraum hinweg einen Sinnzusammenhang darstellen.
Die Musiktherapie ist einem therapeutisch-pädagogischen Bereich angegliedert, zu dem Ergotherapie, Kunsttherapie, Physiotherapie und Motopädie zählen. Einmal in der Woche trifft sich ein Team mit Angehörigen dieser Berufsgruppen zum Austausch.

„Wer das nicht sieht, ist blind“ heißt es in einem Kinderlied des Liedermachers Volker Rosin. Wer nicht sehen kann, muss wenigstens so gut wie möglich hören oder fühlen können, könnte man schlussfolgern, denn noch immer wird der Begriff Behinderung mit dem *Fehlen von etwas* in Verbindung gebracht, das auf eine andere Weise kompensiert werden muss. Der Pädagoge Winfried Palmowski resümiert, dass sonderpädagogisches Handeln in den letzten Jahrzehnten darauf ausgerichtet war, behinderte Menschen so weit wie möglich an die Realität heranzuführen, „die von Nichtbehinderten als real gegeben vorausgesetzt wurde…“ (Palmowski/Heuwinkel 2000, 7). Über die Wirklichkeit der behinderten Menschen wisse man dagegen nur sehr wenig.

Als ich (A.S.) am LBZB zu arbeiten anfing, dachte ich zu wissen, was Blind-Sein bedeutet. „Einfache Wahrheiten“ über das Thema Blindheit wurden mir umso fragwürdiger, je länger ich mich mit dieser Thematik beschäftigte. In den Vereinigten Staaten gibt es statistisch gesehen mehr Blinde als in der Bundesrepublik, da die Normierung eine andere ist. Blindheit ist also auch ein gesellschaftlich-politisches Konstrukt. Ich machte die Erfahrung, dass die meisten meiner Klienten etwas sehen können. Sie können in gewissem Umfang Farben, Umrisse, Schemen, Hell-Dunkel-Kontraste erkennen. Ich lernte etwas über den Unterschied zwischen Menschen, die noch nie gesehen haben und Menschen, die eine optische Konstruktion der Welt in sich tragen, nachdem sie erst im Laufe ihres Lebens erblindet sind. Späterblindete erleben häufig optische Sensationen, ähnlich dem Phänomen des Phantomschmerzes, was sehr belastend und irritierend sein kann. Blinde Kinder erzeugen Lichteffekte durch Druck auf die Augen, dies, häufig als stereotypes Verhalten gedeutet, entspringt meiner Ansicht nach dem seelischen Bedürfnis nach Unterhaltung.

Es gibt Kinder mit gut funktionierenden Augen, die die visuellen Informationen aber auf eine Weise verarbeiten, die ihnen völlig andere Bilder vermitteln als den so genannten Normal-Sehenden. Über lange Zeit hinweg wurden diese Menschen als geistig behindert eingestuft. In der Diagnostik der Sehfähigkeit erfolgt allmählich ein Paradigmenwechsel. Sehen wird zunehmend unter systemischen Gesichtspunkten als aktiver, selbst gestalteter Prozess betrachtet. Manche Kinder sehen nur, wenn es sich für sie zu sehen lohnt.
Kann man sich als so genannter Sehender anmaßen zu sagen, der andere sehe *gar nichts*, wenn man sich bewusst wird, wie eng der Begriff *sehen* mit den Begriffen *begreifen, verstehen, wissen* und *erkennen* in Verbindung gebracht wird? Sehen ist eine Aktivität, Blind*heit* ein passiver Zustand. Ein Wort *blinden* im Gegensatz zu *sehen* existiert in unserer Sprache ebenso wenig wie Seh*heit* im Gegensatz zu Blindheit. Der Begriff *Licht* steht seit Platons Höhlengleichnis für Erkenntnis und Befreiung, Begriffe wie *Blendung, Finsternis* und *Dunkelheit* stehen für Strafe, Angst, Unwissen und Existenzarmut.

Zum Thema ‚Blindheit in unserer Kultur’ bemerkte ein (blinder) Kollege anlässlich eines Vortrages: „Hart gesagt, prallt die Vorstellung, die sich sehende Menschen von Blindheit machen mit dem Erleben blinder Menschen zusammen. Wie wir alle wissen, zischt es, kracht es und raucht es dabei gelegentlich sehr heftig.“ Er warnte dabei vor der unbewussten Metaphorik, die oft in Äußerungen zum Thema Blindheit mitschwinge: „Blindheit als Synonym für Erkenntnisunfähigkeit“. Verschärft wird das Ganze, wenn noch andere Behinderungen dazukommen. Viele Schüler des LBZB und die Mehrzahl der Klienten in der Musiktherapie sprechen die Verbal-Sprache nur ansatzweise oder gar nicht, verfügen vielmehr über eigene, ganz spezielle Ausdrucksweisen, die nicht immer verstanden werden.
Für eine am Verstehen interessierte Musiktherapie stellt die Blindheit nach meiner Auffassung keinen Verlust dar, der durch ein wie auch immer geartetes Wahrnehmungstraining kompensiert werden müsste. Natürlich spielen *Hören* und *Fühlen* in der Musiktherapie eine wichtige Rolle, aber nicht als isolierte Sinnesmodalitäten. Von Interesse sind nicht Reize und Reaktionen, sondern das, was „von sich aus“ stattfindet, was sich einspielt als Art und Weise des Miteinander-Seins.

Mario wiederholt schon lange, bevor ich ihn in der Klasse abhole, das Wort „Jipi", das ist sein Wort für Musiktherapie. Paul zählt mir zu Beginn der Stunde alle Lieder auf, die er während der Stunde hören möchte. Johanna will heute zu mir ins Büro gehen, wo sie mir einen kurzen Brief an „unsere" ehemalige Praktikantin diktiert. Jörg, der ein guter Fußballer ist und sich seit längerer Zeit aufgrund seiner zunehmenden Sehschwäche auf der Ersatzbank seines Clubs wieder findet, möchte eigentlich am liebsten mit mir Fußball spielen oder um die Wette laufen. Kinder an dieser Schule kommen nicht als Blinde in die Musiktherapie, sondern sie kommen als Persönlichkeiten mit individuellen Vorlieben, Fertigkeiten, Abneigungen, Sorgen und Ängsten und sie kommen, weil sie etwas *erleben* wollen.
Das Kennen-Lernen dieses Erlebens-Horizontes bot für mich viele überraschende Erfahrungen: „Was gefällt Ihnen besser, das Bellen eines Hundes oder die Geräusche einer Baustelle?", fragte mich einer der älteren Schüler. Darüber hatte ich mir nun wirklich noch keine Gedanken gemacht. Ich habe oft die Erfahrung gemacht, dass es an meiner „Blindheit" für die speziellen Erlebens- und Daseinsweisen der Kinder lag, wenn ich das Gefühl hatte, mit meiner Arbeit nicht weiter zu kommen. Auch die Musiktherapie ist kein konfliktfreier Raum, manchmal *kracht und raucht* es auch hier. Die Stunden sind von begrenzter Dauer: Während das eine Kind sich nicht vom Spiel lösen kann, wartet schon ein anderes auf seine Stunde, Instrumente können nicht so einfach mitgenommen werden, bestimmte Instrumente sollten nicht umgeworfen werden, Lautstärke hat ihre Grenzen. In der Einzeltherapie bleibt jedoch mehr Zeit zum Nachdenken und Handeln als in der Hektik des Schulalltages in Zeiten des Personalmangels. Die meisten meiner Klienten gelten als blind und mehrfachbehindert. Die Begegnung mit ihnen erscheint mir häufig als Exkursion in fremde Welten, welche sich nur langsam, mit viel Geduld und Zeit, ansatzweise erschließen lassen.

Exemplarisch für eine Einzeltherapie soll im Folgenden die musiktherapeutische Arbeit mit einem vietnamesischen Jungen, den wir Van Giang nennen, dargestellt werden. Dokumentiert wird ein sechswöchiger Ausschnitt einer bereits mehrjährigen Behandlung. Die Therapie wurde von Andreas Stark durchgeführt, ich (F.A.) begleitete ihn in dieser Zeit als Co-Therapeut. Nach der Skizzierung des Verlaufs der musiktherapeutischen Einzelsitzungen folgt eine Beschreibung der aktuellen Lebenssituation und der Entwicklung des Jungen. Mit der von Schumacher (2000) und Schumacher/Calvet-Kruppa (1999, 2001) entwickelten Untersuchungsmethode der Einschätzung der Beziehungsqualität (EBQ) wird anhand des beobachteten Verhaltens der aktuelle Entwicklungsstand dargestellt, bevor in der abschließenden Reflexion vor dem Hintergrund der jeweiligen Lebenssituation das methodische Vorgehen begründet wird und eine Einschätzung des eigenen Erlebens der Therapiesituationen erfolgt.

Van Giang: „Ins Gesicht schauen"

Als ich Van Giang zum ersten Mal in den Raum kommen sehe, fallen mir gleich seine geröteten und sehr ausgeprägten Narben an den Augen auf. Er sieht fast ein wenig *„gruselig"* aus und wirkt auf mich *„irgendwie abstoßend"*, sodass ich mich - insbesondere in der ersten Stunde - dabei ertappe, dass ich ihm nur sehr sporadisch ins Gesicht schaue. Es ist, als hätte ich Angst, er würde Verunsicherung und Abscheu in meinem Blick erkennen. Andreas setzt ihn auf den Gymnastikball und spielt das Begrüßungslied: „Hallo Van Giang, hallo!" Dieser wippt vergnügt auf dem Ball und stößt zwischendurch ein lautes „Iihh" heraus. - *Ausgerechnet „Iihh", als wenn er wüsste, was ich insgeheim denke. Aber warum lautiert er es so vergnügt? Ich bin irritiert.* - Zwischendurch trommelt Van Giang mit seinen Händen an beide Seiten des Balls einen kurzen Rhythmus. Ich nehme mir eine Djembe und versuche, den Rhythmus aufzunehmen, doch Van Giang spielt nicht weiter. Auch Andreas imitiert die Rhythmen und dazu die Lautierungen Van Giangs. Ich erwarte eine Reaktion, aber es sind immer nur Fragmente, und jedes Mal spielt er einen anderen kurzen Rhythmus. Ich bin noch mehr verunsichert und ziehe mich aus der Dreierkonstellation erst einmal zurück. - *Liegt es vielleicht an meiner Anwesenheit, dass kein Kontakt entsteht?* - Andreas setzt sich zu ihm auf den Boden und nimmt die Gitarre. Van Giang klopft sie mit seinen Fingern ab - wieder nur Fragmente. Gerade kommt etwas in Gang, schon wird es abgebrochen. Ich erahne, dass vielleicht gerade dieses Abbrechen seine Methode ist, sein Umgang mit Gegenständen und Kontakt zu anderen. Als Andreas einen Akkord anschlägt, lauscht Van Giang gespannt. Er tastet die Saiten ab, schlägt sie kurz mit seinen Fingern an, um dann ihre Oberflächenbeschaffenheit näher zu untersuchen. Dann kratzt er mit seinen Fingernägeln über eine Saite und lacht. Dieses Geräusch scheint ihn mehr zu faszinieren als die Töne der einzelnen Saiten. Van Giang genießt offensichtlich auch die körperliche Nähe zu Andreas, der in seinem Spiel ausschließlich auf Van Giangs Impulse eingeht, indem er sie mehr oder weniger exakt imitiert. Die Stunde endet schließlich mit einem Abschiedslied: „Langsam, langsam, ganz gemütlich, ist die Stunde gleich vorbei."

Wir holen Van Giang vor den nächsten Stunden gemeinsam von seiner Klasse ab. Dabei ist seine Bereitschaft mitzukommen - je nach Verfassung - höchst unterschiedlich. Vor allem, wenn er müde ist, legt er sich so geschickt auf den Boden, dass es nahezu unmöglich ist, ihn wieder aufzurichten. Seine Körpersprache wirkt auf mich *„irgendwie kratzbürstig"*, wie das Spiel mit den Fingernägeln. In diesen Situationen ist viel Geduld und Ruhe nötig, um ihn

zum Mitgehen zu motivieren. Wir versuchen dann, einen Kontakt herzustellen, indem wir uns zu ihm herunter auf den Boden begeben und vorsichtig einen Körperkontakt suchen, z.B. durch Streicheln seines Kopfes.
Van Giang lautiert: „Mmmhh". Wir imitieren, möglichst gleich in Intonation und Timbre. Nach einer Weile versuchen wir, ihn wieder aufzurichten. Van Giangs Körperspannung lässt nach, er steht auf und kommt mit. Vor einer anderen Stunde sitzt er bewegungslos in der Klasse auf dem Ball. Ich nehme mir eine kleine Trommel und schlage einen kurzen Rhythmus. Plötzlich fängt Van Giang an, auf dem Ball zu hüpfen und lautiert: „Umdei, umdei" im Rhythmus des Hüpfens. Ich begleite ihn dabei weiter auf der kleinen Trommel und nach ca. zwei Minuten ist Van Giang bereit, mit zur Therapie zu kommen.

Es gibt Stunden, in denen er müde und antriebslos ist und dazu neigt, sich mit seinen Armen aufzulehnen, sobald er eine Unterlage spürt (z.B. den Klavierdeckel). Nach diesen Stunden, die sehr zäh verlaufen, fühle ich mich auch recht müde.
In anderen Stunden ist Van Giang jedoch recht aktiv und experimentiert sehr viel mit Klängen. Er klopft immer wieder verschiedene Instrumente ab, neben der Gitarre vor allem das laut scheppernde Becken und die Kalimba. Dabei entstehen jeweils rhythmische Fragmente über ein bis maximal zwei Takte. Sein Spiel ist durch fortlaufende Umbildung geprägt, ein Spannungsbogen ist nicht erkennbar, vielmehr besteht seine Methodik in Abbrüchen. Ich merke, wie anfängliche Unsicherheit und Abscheu meinerseits mit zunehmendem Maße abnehmen, je mehr ich versuche, nicht jeder musikalischen Äußerung Van Giangs einen Sinn zu verleihen, sondern einfach akzeptiere, dass gerade das „Nichtmusikalische", das Ungeordnete, das *„Abstoßende"* seine Lebensmethode widerspiegelt. Ich erkenne, dass ein Kontakt und letztlich ein Verstehen nur durch das Annehmen dieser Methodik möglich sein kann. In dieser Stunde habe ich zum ersten Mal das Gefühl, dass sogar ein kurzer Dialog zwischen uns entsteht und Van Giang auch auf Andreas und mich reagiert und nicht nur wir auf ihn. Sein „Iihh" klingt in meinen Ohren auch nicht mehr so *„zweideutig"* wie noch in der ersten Stunde. Ein immer wieder zu beobachtendes Handlungsschema Van Giangs ist das Fallenlassen und sofortige Wiederaufheben von kleineren Instrumenten wie z.B. der Kalimba. Denke ich zu Beginn noch, es sei ein motorisches Problem, erkenne ich jedoch schnell, dass dieses vielmehr ein Spiel mit der Schwerkraft ist. Man könnte dieses Handlungsschema auch deuten als Reinszenierung seiner Lebenserfahrungen, als das ständige „Fallengelassen-Werden" verbunden mit dem Wunsch danach, wieder aufgehoben zu werden.

In der letzten Stunde, die ich (F.A.) als Co-Therapeut begleite, ist Van Giang in besonders guter und aufgeweckter Verfassung. Es entsteht ein längeres Zusammenspiel. Er hüpft auf dem Ball, wobei ich jedes Hüpfen in einen Rhythmus auf der großen Trommel umsetze. Ebenso achte ich genau darauf, wann er sich ausruht, und stoppe umgehend auch mein Spiel. Andreas spielt dazu verschiedene Akkorde auf der Gitarre. Van Giang reagiert mit Freude, seine Lautierungen klingen vergnügt. Wir imitieren diese und integrieren sie in die Musik, indem wir z.B. ein aufsteigendes „Iihiihii" nicht nur vokal, sondern auch instrumental nachahmen. Zwischendurch stoppt er das Hüpfen ab, um auf das Becken zu schlagen. Es kommt ein - wenn auch nach wie vor sehr fragmentierter - Dialog zustande, der nahezu die gesamte Stunde andauert. In einer kurzen Phase lässt Van Giang sich von der Musik förmlich mitreißen und hüpft sehr wild auf dem Ball. Dieses begleitet er rhythmisch mit einem seiner wenigen Worte, die er spricht: „Umdei, umdei". Das Ende der Stunden kann Van Giang gut akzeptieren und geht bereitwillig mit zurück in seine Klasse.

Lebenssituation und Entwicklung

Van Giang ist ein 14-jähriger vietnamesischer Junge. Er wurde in Bulgarien geboren, lebt seit einigen Jahren mit seiner Familie in Deutschland und ist aktuell Tagesschüler im Landesbildungszentrum. Van Giang ist mit einer seltenen Entwicklungsstörung, dem Kryptophthalmus-Syndaktylie-Syndrom (auch Fraser-Syndrom genannt), zur Welt gekommen. Dieses bezeichnet eine Fehlbildung mit unvollständiger Entwicklung der Augen (Kryptophthalmus) in Verbindung mit Verwachsungen bzw. Nichttrennung von Zehen- oder Fingeranlagen (Syndaktylie) (vgl. Pschyrembel 1998, 875, 1534). Die Behandlung der Fehlbildungen zog in der Folge zahlreiche Operationen nach sich, bei denen u.a. ein Auge zugenäht sowie Finger und Zehen getrennt wurden. Die Narben sind heute noch deutlich sichtbar und müssen ständig vor Infektionen geschützt werden. Er ist auf beiden Augen vollblind ohne Sehrest. Über seine familiäre Situation ist nur wenig bekannt, da seine Eltern kaum deutsch sprechen. Die Familie ist während seiner ersten Lebensjahre häufiger umgezogen und besitzt in Deutschland derzeit nur aufgrund Van Giangs Behinderung eine Aufenthaltsgenehmigung, sodass seine zukünftige Lebenssituation ungewiss ist.
Van Giangs Grundstimmung ist sehr ambivalent. Bei Unwohlsein ist sein Verhalten von einer komplexen Verweigerungshaltung geprägt. Er wirft sich dann auf den Boden und ist auch mit größten Anstrengungen nicht zu einer Aktivität zu bewegen. Häufig reagiert er in diesen Situationen mit Wutausbrüchen, verbunden mit Auto- oder Fremdaggressionen wie Beißen, Kratzen oder Kneifen. Seit gut einem Jahr wird er aufgrund dieser Ausbrüche mit einem Neuroleptikum (Dipiperon) behandelt, woraufhin Wut und Aggression bei ihm nachließen. Sein Antrieb ist seitdem jedoch zeitweise deutlich vermindert.
Ist Van Giang fröhlich und geht es ihm gut, lacht er viel, schüttelt sich und hüpft sehr gern auf einem großen Gymnastikball. Neuerdings fährt er auch mit Begleitung sehr gerne Inline-Skates. Er nimmt von sich aus keinen direkten Kontakt zu anderen auf, sucht aber immer wieder die körperliche Nähe zu Erwachsenen und fordert insgesamt viel Aufmerksamkeit und Zuwendung ein. Mittlerweile ist Van Giang zeitweise in der Lage, seine Bedürfnisse zumindest nonverbal verständlich zu machen. Zudem lautiert er viel und spricht wenige Worte, deren Ursprung allerdings unbekannt ist. Eines dieser Worte ist „ogul", was offensichtlich ein Ausdruck für den Wunsch nach Zuwendung bedeutet. Ein weiteres Wort „umdei" deuten seine Bezugspersonen als einen Ausdruck für Kraft oder für „Hier bin ich!".
Sein Sprachverständnis ist hingegen deutlich besser ausgeprägt, er nimmt seine Umwelt offensichtlich sehr interessiert wahr und verfolgt Gespräche aufmerksam. Van Giang spielt gerne mit Gegenständen, die Geräusche machen, wie Holz, Plastik und Blech. Seine

Erkundung besteht dabei in z.T. stereotypem Abklopfen dieser Gegenstände mit seinen Fingern. Ein wichtiges Handlungsschema für ihn scheint das Ein- und Ausräumen von Gegenständen in Gefäße und anschließendes Schütteln dieser Gefäße zu sein. Zudem ist eine hohe Affinität für Musik und insbesondere für Rhythmen zu erkennen. Er bedient mit Vorliebe elektronische Geräte, die Geräusche oder Klänge erzeugen, sein Lieblingsschalter am Keyboard der Klasse erzeugt sich immer wiederholende Schlagzeugpatterns.

Exkurs zur „Einschätzung der Beziehungsqualität" nach Karin Schumacher

Wie insbesondere Brambring (1993, 1999) und Hammer (2000) in verschiedenen Untersuchungen feststellten, sind ein Großteil der frühgeborenen bzw. von Geburt an blinden Kinder und Jugendlichen in ihren Interaktionsmöglichkeiten eingeschränkt. Karin Schumacher (Schumacher 2000 und Schumacher/Calvet-Kruppa 1999, 2001) entwickelte in Zusammenarbeit mit der Entwicklungspsychologin Claudine Calvet-Kruppa ein Evaluierungsinstrument, mit dem die Kontakt- und Beziehungsfähigkeit von Menschen beschrieben werden kann, die qualitativ in ihrer zwischenmenschlichen Beziehungsfähigkeit eingeschränkt sind (EBQ = Einschätzung der Beziehungsqualität). Dabei kann sowohl ein Entwicklungsverlauf, als auch, wie es in diesem Fall eher zutrifft, ein augenblicklicher Entwicklungsstand dargestellt werden. Die unterschiedlichen Qualitäten der Beziehung zu Gegenständen wie zum Therapeuten äußern sich im instrumentalen, vokalen sowie im körperlich-emotionalen Ausdruck des Kindes. Schumachers Skala umfasst insgesamt sieben Beziehungsqualitäten, die sie mit dem Begriff Modi (lat. „modus", Art und Weise) bezeichnet.

Modus 0 : Kontaktlosigkeit

Personen und Gegenstände werden scheinbar nicht wahrgenommen, erste therapeutische Interventionen zeigen keine sichtbare „Wirkung". Das Kind bleibt in seinen stereotypen Verhaltensweisen gefangen.

Modus 1: Kontakt-Reaktion

Das „Gewahrwerden" eines Reizes, ein flüchtiger, beiläufig erscheinender Kontakt. Die Kontakt-Reaktion bezeichnet den Moment, in dem noch offen ist, ob das Kind sich erneut verschließt oder ob es die Chance einer möglichen Beziehung nutzt. Die Funktion eines Instrumentes wird noch nicht erkannt, es wird angefasst, aber meist noch nicht gespielt.

Modus 2: Funktional-sensorischer Kontakt

Das Kind stellt den Kontakt zu den Personen oder zu den Instrumenten her, um eigene (sensorische) Kontaktbedürfnisse zu befriedigen, ohne dass sein Gegenüber als eine Person mit eigenen Wünschen und Bedürfnissen verstanden wird. Die Person oder das Instrument wird für die eigenen Bedürfnisse „funktionalisiert". Die Aufmerksamkeitsfähigkeit steigt, damit aber auch die Gefahr einer Über- bzw. Unterstimulierung

Modus 3: Kontakt zu sich / Selbsterleben

Das Bewusstsein für die eigene Person wächst. Dadurch ist das Kind in der Lage, die eigene Stimme und die Musikinstrumente auszuprobieren. Das Kind hört sich selbst beim Musizieren zu, erkennt sich als Urheber seines Handelns. Der Therapeut hat eine bestätigende Funktion und fühlt sich weder überflüssig, noch „benutzt".

Modus 4: Kontakt zum Anderen / Intersubjektivität

Durch die Sicherheit der eigenen Existenz entsteht das Bedürfnis, Wahrnehmungen und Gefühle mit anderen Menschen zu teilen. Es entsteht der Wunsch, die eigene Wahrnehmung im Anderen bestätigt zu finden (soziale Rückversicherung). Das Kind ist in der Lage, sein Gegenüber wahrzunehmen und ihn in das eigene Erleben einzubeziehen.

Modus 5: Beziehung zum Anderen / Interaktion

Die Spieler hören, sehen und spüren sich. Sie reagieren aufeinander, indem sie die Musik gegenseitig aufgreifen. Im Zusammenspiel sind im klanglichen, melodischen und rhythmischen Ausdruck Abstimmungen erkennbar. Der Therapeut fühlt sich als eigene Person wahrgenommen und entwickelt eigene Ideen.

Modus 6: Begegnung / Interaffektivität

Kind und Therapeut machen gemeinsame musikalische Erfahrungen. Es kommt zu einem gemeinsamen Affekt und die Fähigkeit, miteinander zu musizieren, dynamische Veränderungen gemeinsam zu entwickeln, wird deutlich. Der Therapeut fühlt sich aktiv in das Spiel mit einbezogen (vgl. Schumacher 2000 und Schumacher/Calvet-Kruppa 1999, 2001).

Zwischen den verschiedenen Modi besteht sowohl ein qualitativer als auch ein quantitativer Unterschied. Die Qualität der Beziehung zeigt sich in der beschriebenen Art und Weise. Außerdem nimmt die Dauer der Kontakte von Modus zu Modus zu (vgl. Schumacher/Calvet-Kruppa 1999, 248). Die Analyse und Bewertung der einzelnen Verhaltensweisen erfolgt aus einer rein subjektiven Einschätzung meiner Beobachtungen. Da sich qualitativ sowohl niedrigere als auch höher einzustufende Modi in der Beziehung abwechseln, bezeichnet die Einstufung denjenigen Modus, der aus meiner Sicht am häufigsten bzw. längsten zu beobachten war. Schumachers Skala der Einschätzung der Beziehungsqualität ist ein mögliches Instrument zur Evaluierung des musiktherapeutischen Vorgehens mit entwicklungsverzögerten blinden Kindern und Jugendlichen. Ebenso könnten hierfür die von Nordoff und Robbins (1986) entwickelten Auswertungsskalen hinzugezogen werden, in denen eine Analyse der

Kind-Therapeut-Beziehung in der musikalischen Aktivität sowie der musikalischen Kommunikativität des Kindes erfolgt. Das von Schumacher entwickelte Untersuchungsinstrument hat aus meiner Sicht den Vorteil, dass anhand einer Skala eine verhältnismäßig unaufwendige Einschätzung aller in der Musiktherapie auftretenden Ausdrucksmöglichkeiten (vokal, instrumental und körperlich-emotional) möglich ist.

Einschätzung der Beziehungsqualität

Van Giangs vokale Äußerungen sind noch vorsprachlich, sie intendieren in den meisten Fällen keine Kommunikation mit anderen Personen, ein vokaler Dialog kommt nicht zustande. Mit seinen Lautierungen sowie den beiden Worten „ogul" und „umdei" drückt er seine aktuelle vegetative und affektive Befindlichkeit aus. Er lautiert größtenteils abgehackt und mit hoher Lautstärke, wobei das Repertoire relativ gering ist. Selbst für Bezugspersonen ist oftmals ein direkter Zusammenhang mit Bedürfnissen oder Geschehnissen nicht erkennbar. Der Signalcharakter eines intendierten Einsatzes von Sprache zur Bedürfnisbefriedigung, des *„Funktional-sensorischen Kontaktes"* (Modus 2), ist nur in einzelnen Wunschsituationen feststellbar, in denen Van Giang das Wort „umdei" verwendet, um seinem Bedürfnis nach Körperkontakt Ausdruck zu verleihen.
Aufgrund seiner Blindheit und des folglich fehlenden Blickkontaktes zwischen Van Giang und seinen Mitmenschen ist die Fähigkeit zur Imitation menschlichen Verhaltens nicht oder nur sehr eingeschränkt möglich. Umso wichtiger ist daher für die Methodik einer entwicklungsfördernden Therapie die Beachtung der Art seines Erlebens in der unmittelbaren Begegnung mit Menschen. Ist Van Giang durch die Wahrnehmung seines Gegenübers emotional berührt, äußert er Freudevokalisationen wie ein aufwallendes, manchmal auch berstendes „Iihh". Im Gegensatz zu den kategorialen Affekten wie Trauer, Freude etc. sind Van Giangs Äußerungen und Bewegungen vielmehr als dynamische Aktivierungs- und Erregungsprozesse, sogenannte *Vitalitätsaffekte* (Stern 1992), einzuordnen. Vitalitätsaffekte setzen die Fähigkeit zur amodalen Wahrnehmung voraus, die es ihm erlauben, bestimmte Eigenschaften von Menschen oder Instrumenten, z.B. dessen Intensität oder Rhythmus (vgl. ebd. 83) trotz fehlender visueller Eindrücke wahrzunehmen und darauf mit einer Änderung des Spannungszustandes zu reagieren. Aus Sterns Untersuchungen geht hervor, dass Säuglinge dieser Entwicklungsstufe nach Entsprechungen suchen und ein synchron dargebotenes Geschehen bevorzugen. So bietet sich ein entsprechendes methodisches Vorgehen mit Kindern dieses Entwicklungsstadiums in der Musiktherapie an, um ein „charakteristisches Auftauch-Erlebnis" (ebd. 81) zu ermöglichen. Für kurze Momente ist Van Giang dann in der Lage, die beiden Sinnesmodalitäten des Hörens unserer musikalischen Einwürfe mit seinen propriozeptiven Empfindungen sinnstiftend miteinander zu verbinden. Insgesamt betrachtet überwiegt aber die vokale und körperlich-emotionale Beziehungsqualität einer *„Kontakt-Reaktion"* (Modus 1). Im Umgang mit Instrumenten zeigt sich nicht zuletzt infolge seiner Vorliebe für Geräusche und Rhythmus eine höher entwickelte Form der Beziehungsqualität eines *„Funktional-sensorischen Kontaktes"*. Van Giang stellt bewusst Kontakt zu Instrumenten her, um die eigenen sensorischen Bedürfnisse zu

befriedigen, z.B. das Schlagen des Beckens oder das Kratzen an der Gitarrensaite. Auch das Fallenlassen und Wiederaufheben der kleineren Instrumente sind von ihm bewusst intendierte Handlungen. Diese auch bei kleinen Kindern häufig zu beobachtende Spielform zeigt das Vorhandensein eines motorischen Plans und die Entstehung von Willenskraft. Van Giang erlebt, dass er Urheber seiner eigenen Handlungen ist. Dieses deutet - in Bezug auf die Beziehungsqualität - sogar auf die Anbahnung von *„Kontakt zu sich selbst / Selbsterleben“* (Modus 3) im Umgang mit Instrumenten hin. Das eigene Gewahrwerden und das eines Mitspielers im Instrumentalspiel werden schließlich auch in der letzten der oben kurz skizzierten Stunden in den fragmentarischen Ansätzen eines gemeinsamen Spiels, eines Dialogs, erkennbar.

Reflexion

Die unvermittelten Abbrüche in Van Giangs Spiel spiegeln seine Lebensmethode wider. Der zu frühen Geburt als erstem Abbruch folgten viele Operationen und Aufenthalte in Krankenhäusern, getrennt von seinen Bezugspersonen. Zudem ist er in der Folgezeit mit seiner Familie häufig umgezogen, so dass immer wieder in gewisser Weise ein Neuanfang stattfinden musste. Der Hoffnung auf Sicherheit folgte in der Regel ein neuerlicher Abbruch. Dieser Mangel an Halt führte dazu, dass er in seinem bisherigen Leben kein Vertrauen zu anderen Menschen und seiner Umgebung aufbauen konnte. Selbst die Möglichkeit, seinen Unmut durch Aggressionen zu äußern, wird ihm, wenn auch sicherlich sinnvoll, durch sedierende Medikamente genommen.
Der Abbruch als Methode ist ein Schutz. Zu oft wurden seine Bedürfnisse nach Nähe und positiver Zuwendung enttäuscht, erfolgte vielleicht sogar Abscheu („Iiihh“) wegen seiner entstellten Augen. Das mich *„Gruselnde“* und *„Abstoßende“* ist eine Reaktion, der Van Giang wahrscheinlich schon häufig in seinem Leben begegnet ist. Die vielen Operationen stellen sich als immer wiederholendes Nicht-Annehmen und Abstoßen seines Äußeren und damit auch des gesamten Menschen dar. Nichtgetrennte Finger erzeugen bei seinen Mitmenschen, wenn auch unbewusst, Assoziationen mit dem Unmenschlichen, z.B. mit Monstern und Mutationen wie man sie aus Gruselfilmen kennt. Van Giang setzt dieses Monster in Szene, indem er an der Tür (der Gitarrensaite) kratzt, sich wehrt durch Kratzen und Beißen oder dadurch, dass er sich (regungslos auf dem Boden liegend) tot stellt, ganz so wie es sich sein Gegenüber in unbewussten Tötungsphantasien wünscht (vgl. Niedecken, 1989, 179f).
Die Musiktherapie bietet Van Giang zumindest in einer Stunde pro Woche die Möglichkeit, seinem Bewegungsdrang und seiner Experimentierlust mit Rhythmen und Geräuschen Raum zu verschaffen. Kontakt zu finden, ist für beide Seiten schwierig. Möchte ich als Therapeut seinem Spiel musikalischen „Sinn“ verleihen, endet die Begegnung im Nichts. Frustrationen auch auf Seiten des Therapeuten sind die Folge. Erst ein Akzeptieren, dass gerade der Beziehungsabbruch, das Abstoßende, der Ekel und Abscheu das Leben Van Giangs bestimmen, kann im musikalischen Spiel einen Kontakt und letztlich eine Art Verstehen ermöglichen. Was hilft ihm ein schön vorgetragenes Lied auf dem Klavier, mit dem sich vielleicht der Therapeut wohl fühlt? Van Giang wird sich wohl einmal mehr unver-

standen fühlen. Er selbst gibt den Weg vor, ein Kratzen auf der Gitarrensaite, das donnernde Scheppern des Beckens, das ständige Abbrechen und Zerstören. Ein Gefühl von Sicherheit und Halt kann nur vermittelt werden, wenn ich dem Unschönen und Abstoßenden ins Gesicht schaue, anstatt mich abzuwenden. Daraus folgt jedoch nicht, dass das unstrukturierte Spiel in unstrukturiertem Rahmen stattfindet. Begrüßungs- und Abschiedslied, feste Therapiezeiten und der gleiche Raum geben die nötige Sicherheit, um einen behutsamen Beziehungsaufbau zu ermöglichen.

Ein weiterer entscheidender methodischer Ansatzpunkt einer Musiktherapie ist die Beachtung und Imitation von Van Giangs Vitalitätsaffekten. Die anzustrebende Synchronizität bezieht sich allerdings nicht auf das, was wiedergegeben wird, sondern vielmehr darauf, *wie* es geschieht. Nicht die möglichst genaue Wiedergabe seines Hüpfens, Klopfens oder Lautierens, sondern das Auffangen und musikalische Widerspiegeln der in diesen körperlich-emotionalen Äußerungen innewohnenden Dynamik kann einen entscheidenden Zugang bieten, um Kontakt aufzubauen. In der letzten der skizzierten Stunden schaffen wir es, diese Synchronizität über einen längeren Zeitraum in seinem Erleben herzustellen. Seine Aufmerksamkeit steigt und es entsteht erstmals ein Spannungsbogen. Van Giang geht in der Musik „förmlich auf", das von Stern beschriebene „Auftauch-Erlebnis" ist in dieser Situation offensichtlich.
Meine Unsicherheit in Bezug auf sein „Iihhiiih" ist schließlich auch vor dem Hintergrund verständlich, dass ich dieser vokalen Äußerung einen kategorialen Affekt (Freude) zuschreibe, den Van Giang aber noch gar nicht imstande ist zu äußern.

Gesamt betrachtet besteht die blindenspezifische Methodik einer Musiktherapie mit entwicklungsverzögerten Kindern zum einen darin, dass aus unserer Erfahrung der Körperkontakt eine zentralere Rolle spielt, da das Bedürfnis nach Sicherheit und Halt nicht über den Blickkontakt erfahren werden kann. Zum anderen bedarf es bei einigen blinden Kindern spezieller Vorsichtsmaßnahmen, damit sie sich nicht an den Instrumenten verletzen. Insbesondere, wenn das Kind aufgrund emotionaler Erregungszustände einen großen Bewegungsspielraum einnimmt, muss genügend Platz geschaffen werden, um das Kind und letztlich auch die Instrumente zu schützen. Das methodische Vorgehen orientiert sich bei allen Kindern allein an ihren aktuellen Bedürfnissen, sodass zumindest langfristige Zielsetzungen schwierig und aus meiner Sicht auch nicht angezeigt sind.
Der Musiktherapeut ist in der Arbeit mit blinden Kindern und Jugendlichen im wahrsten Sinne des Wortes mit dem *Unvorhergesehenen* konfrontiert. Einmal sind es unvorhergesehene Lebensumstände, z.B. der plötzliche Tod eines Elternteils, die Gegenstand der Therapie werden. Ein Kind beginnt nach zwei Jahren in der Therapie unvorhergesehen damit, mit eigenen Händen Klavier zu spielen, während die Gefühle in der musikalischen Beziehung zu einem anderen Kind unvorhergesehen von Freude in Angst umschlagen. Sich auf *Unvorhergesehenes* einlassen bedeutet aber auch, sich in die *Sichtweise* eines blinden Menschen hineinzuversetzen, sich hineinfühlen zu können, seine ganz individuelle Lebensmethode verstehen und akzeptieren zu lernen. Der wiederkehrende Kontaktabbruch bei Van Giang wird erst vor dem Hintergrund seiner Lebensgeschichte verständlich. Gerade sein Fallbei-

spiel verdeutlicht, dass auch das Selbstempfinden und die Gefühle des Therapeuten eine entscheidende Rolle spielen, um einen *Einblick* in die Gefühlswelt dieses Menschen zu bekommen. Vor allem in der therapeutischen Arbeit mit schwer kontakt- und beziehungsgestörten Menschen ist eine oftmals schockierende und schmerzvolle Konfrontation mit eigenen Impulsen und Ängsten unabdingbar. Erst in der psychoanalytischen Gegenübertragung konnte ich überhaupt erahnen, wie sehr Van Giang unter dem Nicht-Verstehen seiner Umwelt leiden muss.

Entwicklung vollzieht sich niemals ausschließlich in einem bestimmten Bereich, sondern geschieht immer auf verschiedenen Ebenen, die sich gegenseitig beeinflussen. Im Gegensatz zu vielen früheren defizitorientierten Sichtweisen von Therapie mit Behinderten muss meiner Ansicht nach diese Wechselwirkung dahingehend genutzt werden, die Potentiale, die Stärken des Menschen als Ausgangspunkt für Entwicklung zu sehen. Gleiches gilt für den Umgang mit den, gerade bei blinden Menschen häufig auftretenden, stereotypen Verhaltensweisen. Die Stereotypie als Symptom ist aus Sicht des Kindes die beste Lösung, den momentanen Zustand zu ertragen. Wie am Beispiel Van Giang ersichtlich, kann gerade das Abnorme, das Unerträgliche und Abstoßende ein Anknüpfungspunkt sein, um Kontakt zu schließen.

Eine aus entwicklungspsychologischen Erkenntnissen erwachsene Musiktherapie sieht Entwicklung nur in Beziehung, im Dialog, im Austausch mit dem Anderen. Wie sich die Mutter im frühen Dialog mit ihrem Säugling austauscht, sich in ihn einfühlt, so kann sich der Therapeut im musikalischen Dialog in die Welt des blinden Kindes einfühlen und *„mit seinen Augen"* ein Wiederherstellen positiver zwischenmenschlicher Erfahrungen beeinflussen.

Musiktherapeutische Ansätze mit hörgeschädigten Kindern

an einer Sonderschule für Hörsprachgeschädigte

Hannelore Guth

Die Schule, an welcher ich mit Ausnahme eines zehnjährigen Erziehungsurlaubes seit 1973 arbeite, ist ein großes Haus. Es beherbergt unter einer Vielzahl von Dächern verschiedene Schulformen einschließlich je einer integrativen Grundschulklasse pro Klassenstufe, in der auch nicht hörgeschädigte Schüler unterrichtet werden. Zur Einrichtung gehören außerdem die Frühförderung mit der Abteilung Hausspracherziehung, d.h. ambulanter Betreuung hörgeschädigter Kinder vor dem Kindergarteneintritt, ein integrativer Sonderkindergarten, eine pädo-audiologische, eine schulpsychologische, eine nachschulische Beratungsstelle sowie ein großes Internat. Da unsere Schüler hörgeschädigt sind, müssen die Klassen im Vergleich zu Regelschulklassen klein sein. Ein hoher Anteil unserer Schülerklientel besucht aufgrund bester Voraussetzungen die Regelschule, wo er von Sonderpädagogen unseres Hauses mitbetreut wird.

Dieser zweigleisige Ansatz hat nicht nur Auswirkungen auf die Leistungsfähigkeit unserer eigenen Schulklassen. Er führt auch zu einer entsprechenden sozio-psychologischen Auslese: Massive Verhaltensauffälligkeiten von Schülern sind trotz kleiner Klassen und guter äußerer Voraussetzungen tägliche Herausforderung im sozialen Miteinander.

Vor zweieinhalb Jahren wurde ich nach Abschluss des Diploms in Musiktherapie und meiner Rückkehr an die Schule mit dem Aufbau der musikalischen Früherziehung im Sonderkindergarten unseres Hauses betraut. Ursprünglich waren Einzeltherapien für stark verhaltensauffällige Schüler im Rahmen von Einzelfördermaßnahmen ins Auge gefasst worden. Dies scheiterte jedoch an Deputatkürzungen in diesem Bereich. Inzwischen bin ich stattdessen neben der Früherziehung im Fach „Rhythmisch-musikalische Erziehung“ der Primar- und Sekundarstufe 1 eingesetzt, wo ich in einigen der relativ problematischen Klassen mit gruppenmusiktherapeutischen Ansätzen arbeite. Mit dem Aufbau einer ersten Therapiegruppe außerhalb der Schulzeit bin ich seit Beginn des Schuljahres 2004/2005 beschäftigt.

„Musik und Hörschädigung, geht das überhaupt?“

Schon zu einer Zeit, als die Hörgerätetechnologie noch weit vom heutigen Entwicklungsstand entfernt war, hatte das Unterrichtsfach „Rhythmisch-musikalische Erziehung“ an den entsprechenden Sonderschulen schon wegen der ihm impliziten Möglichkeiten der Förderung lautsprachlicher Kompetenz einen relativ hohen Stellenwert. Der Schwerpunkt der

Unterrichtsarbeit lag besonders bei hochgradig schwerhörigen und tauben Schülern auf der Sensibilisierung des Rhythmusgefühls und der Einschränkung des akustischen Spektrums auf entsprechend geeignete, tieffrequente Klänge, die mittels elektro- oder mechano-kutaner Hilfen gut abfühlbar waren, und deren Schwingungen, die über den Schwingboden des Rhythmikraumes mittels Tast- und Hautsinn für den ganzen Körper wahrnehmbar gemacht wurden.
Der Standard moderner Hörhilfen (vgl. Breiner 2000, 205 ff) ermöglicht heute auch hochgradig hörgeschädigten Menschen neben einer zumindest partiellen auditiven Sprachwahrnehmung auch eine weit differenziertere Musikrezeption als in früheren Zeiten. Man denke nur an die Bedeutung des Einsatzes von Musik für cochlearimplantierte Menschen (vgl. Prause 2000). Die „Rhythmisch-musikalische Erziehung" Hörgeschädigter orientiert sich inzwischen am „Lehrplan Musik" der Regelschule.
Ein ganzheitlich geprägter Musikunterricht in der Primarstufe der Regelschule (vgl. Lehrplan Rheinland-Pfalz; W. Mahns 1999, 426 ff) beinhaltet eine ganze Menge heilpädagogischer und auch weitergehender therapeutischer Ansätze. Einige Zitate aus dem Vorspann zum Lehrplan der Grundschule Rheinland-Pfalz mögen dies verdeutlichen: Die Erziehung hin zur Musik „soll (...) den Kindern die vielfältigen musikalischen Erscheinungsweisen und Wirkkräfte näher bringen und die Beziehungen zwischen Kind und Musik vertiefen" (ebd. 5). Die didaktische Konzeption des Musikunterrichts zielt wortgemäß dahin, die Kinder erfahren zu lassen, „dass Musik die persönliche Lebensgestaltung und das Zusammenleben mit anderen Menschen bereichern kann" (ebd.).
Eine der wichtigsten Funktionen von Musik im Unterricht ist das Erfahren ihrer „entspannenden und beruhigenden, anregenden und antreibenden, tröstenden und ermunternden, helfenden und heilenden Kräfte" (ebd.). In der Sonderschule werden Musik, Bewegung und Kunst nicht nur als Unterrichtsfächer gesehen. Vielmehr haben sie „im Sinne eines multisensorischen Konzepts von Lernen" (W. Mahns 1999, 426) folgende Funktionen:

Ausgleichsfunktion	zur Behebung psychosozialer Folgen von einseitigen kognitiven und verbalen Leistungsanforderungen,
Kompensationsfunktion	zur Vermittlung von Erfolgserlebissen, die andern Orts versagt bleiben,
Integrationsfunktion	als besonderer Anreiz zur Integration durch enge Verbindung mit außerschulischen Freizeitangeboten und
Therapeutische Funktion	zur Erreichung spezifischer „Effekte hinsichtlich kognitiver, affektiver, motorischer und/oder sozialer Ziele" (ebd.)

Gerade die therapeutische Funktion dieser Fächer ist im hörbehinderungsspezifischen Bereich wichtig: Empirische Untersuchungen (vgl. Jamieson 1994) verweisen auf die erhöhte Möglichkeit gestörter Eltern-Kind-Interaktionen im Falle von prä-, peri- oder postnatalen Hörschädigungen. Ungeachtet des jeweiligen entwicklungspsychologischen Ansatzes kann man davon ausgehen, dass sich solch **frühe** Hörschädigungen aufgrund erschwerter Sozialisationsbedingungen negativ auf die Identitäts- bzw. Selbst-Entwicklung des Menschen auswirken können (vgl. Hintermair 1999, 25 ff; Horsch 1993, 4 ff; Prause 2001, 25). Horsch zieht zur Klärung dieses Phänomens das Motherese-Konzept von Szagun heran, „den bereits präverbalen Dialog innerhalb der Mutter-Kind-Beziehung" (Horsch 1993, 13 f) und zeigt auf, wie das von Säugling und Mutter gleichermaßen gesteuerte differenzierte Interaktionsgeschehen (vgl. auch Stern 2000; Dornes 1999) besonders im Falle einer Hörschädigung aus der Balance geraten kann. Dies geschieht z.B., wenn mütterliche Anregungen nicht auf die (quasi als dem Beziehungsspiel inhärente Spielregel) erwartete Reaktion des Kindes treffen. Dann können die Beziehungspartner in einen negativen Regelkreis geraten, der von Resignation und Rückzug bis hin zu vernachlässigenden Reaktionen führt (vgl. Bowlby in: Horsch 1993, 13). Sowohl Mutter als auch Kind können sich dann in ihrem Bedürfnis nach positiver Beachtung vernachlässigt fühlen. Dies hat sicher negative Auswirkungen auf die von Rogers als Kongruenz, Empathie und Akzeptanz beschriebenen Grundvoraussetzungen für eine lebenswichtige entwicklungs-notwendige Beziehung (vgl. Rogers 1989, 276 f).

Auch Bölling-Bechinger (1998, 79 ff) geht davon aus, dass von Behinderung bedrohte Kinder unklare Signale aussenden und so von ihren Eltern nicht verstanden werden. Dies führt zu einem negativen Regelkreis, aufgrund dessen es zu immer wiederkehrender Verwirrung und Verunsicherung auf beiden Seiten kommt. In diesem Falle ist der „Grundstein für eine unsichere Bindungsentwicklung" (ebd. 81) hörgeschädigter Kinder gelegt. Gegebenenfalls entfällt die ihrer Sinnesschädigung adäquate Feinfühligkeit der engsten Bezugspersonen „auf Grund ihrer veränderten Wahrnehmungssituation und den daraus folgenden Reaktionsgewohnheiten" (Hintermair 1999, 29). Diese Gefahr einer gestörten Eltern-Kind-Interaktion ist für Eltern hörbehinderter Kinder sogar noch größer, wenn sie selbst nicht hörgeschädigt sind. (vgl. ebd.).

Tritt der Hörschaden erst **später** auf, so geschieht dies oft schleichend. Er wird vielleicht lange Zeit nicht bemerkt. Das betroffene Kind kommt dann in der Schule einfach nicht mehr mit. Fatale Fehleinschätzungen seiner eigentlichen Leistungsfähigkeit können die Folge sein. Oft durchläuft es – auch aufgrund akzeptanzbedingter Fehleinschätzungen durch das Elternhaus – viel zu lange Phasen der Frustration, was zu Minderwertigkeitsgefühlen führt und somit der Entwicklung eines gesunden Selbstbewusstseins und der Möglichkeit zur Selbstverwirklichung entgegensteht. „Wo Selbstverwirklichung blockiert wird, wo der Mensch gehindert ist, den innersten Bewegungen seiner Seele nachzuleben, entsteht seelische Krankheit" (Nicolay 1995, 365).

Aber auch eine rechtzeitige Diagnose und die Möglichkeit adäquater Reaktionen darauf verhindern nicht immer eine psychologisch problematische Entwicklung. Man denke z.B. an mögliche einseitige Überlastungen des Kindes aufgrund des ständigen Bemühens um dessen lautsprachliche Befähigung in Elternhaus und/oder Schule.

Auch im Falle einer Versorgung mit einem Cochlear-Implantat, die heute zunehmend jüngere Kinder – etwa ab dem neunten Lebensmonat – erreicht, „treten in der Regel (…) gravierende Probleme auf" (Prause 2001, 18, 33). Die Suche des CI-Kindes nach einer Identität als Hörender kann zu lebenslangen Identitätskonflikten führen, weil es trotz neu eröffneter Möglichkeiten des Hörens „in hohem Maße hörbehindert und ein lebenslanger (CI-)Patient" (ebd. 33) sein wird.

Erstes Fallbeispiel: Eine fünfte Klasse für Hörgeschädigte

Die Klasse bestand aus sechs Jungen im Alter zwischen 10 und 14 Jahren. Alle Schüler waren bezüglich ihrer sprachlichen Kommunikationsfähigkeit stark eingeschränkt und hatten Teilleistungsschwächen auf unterschiedlichen Gebieten.

Tim, ein hübscher Junge, war das, was man umgangssprachlich einen „Blender" nennt. Hinsichtlich seiner lautsprachlichen Kommunikationskompetenz den anderen Mitschülern z.T. überlegen, überschätzte er seine Leistungsfähigkeit, fühlte sich als „Boss" der Klasse und versuchte verdeckt aggressiv das Klassengeschehen zu beeinflussen.

Zeno, ein Junge aus dem ostasiatischen Kulturkreis, war cochlear-implantiert, jedoch noch ohne Sprache. Er zeigte alle Anzeichen einer psychischen Verwahrlosung, fühlte sich oft missverstanden oder verstand andere nicht. Er hatte Distanzprobleme, eine äußerst niedrige Frustrationsschwelle und neigte zu aggressiven Ausbrüchen. Seine Abneigung gegen Frauen bekam ich in den ersten Monaten deutlich zu spüren. Der Zugang zu ihm war mir regelrecht versperrt, konnte aber später durch eine gemeinsame musikalische Interaktion im musiktherapeutischen Sinne „frei-gelegt" werden.

Ali, ein ausgesprochen netter Junge, hatte nur noch ein schwaches Restgehör und konnte nicht lautieren, verständigte sich schrift- und gebärdensprachlich, konnte aber Lautsprache bis zu einem gewissen Grad vom Mundbild ablesen. Er stammte wohl aus einer kurdischen Asylbewerberfamilie und man konnte nicht davon ausgehen, dass zu Hause deutsch gesprochen wurde. Ali brachte eine hohe soziale Kompetenz mit und wirkte gern schlichtend und ausgleichend.

Ela war ein irakisch-kurdischer Junge, dessen Entwicklung – wohl aufgrund einer tragischen Flüchtlingsproblematik – sehr schwierig verlaufen war. Er war hochgradig schwerhörig und besaß eine relativ gute lautsprachliche Kommunikationskompetenz, war aber aufgrund einer spastischen Lähmung in seiner Artikulation behindert und für Außenstehende nur sehr schwer zu verstehen.

Chris, hochgradig hörgeschädigt, war in reduzierter Form lautsprachbefähigt. Seine Hörbehinderung wurde überlagert von seiner zwanghaften Persönlichkeitsstörung mit zum Teil paranoiden Zügen. Der Junge musste ständig ordnen und saubermachen und konnte durch bestimmte plötzlich auftauchende innere Bilder, die wahrscheinlich seinem häuslichen Überkonsum von Computerspielen übelster Couleur entsprangen, plötzlich in panische Angst verfallen. Nicht verifizierbare Vermutungen bezüglich körperlicher Gewalt im Elternhaus standen im Raum. Panische Szenen gab es auch in den Gruppenstunden beim Auftauchen bestimmter Klänge in bestimmten Frequenzbereichen. Diese Attacken mündeten dann zum Teil in Inszenierungen wahrscheinlich früher Szenen, in welchen der Junge auf beruhigendes Singen ansprach. In diesen Situationen wäre ich ohne meine musiktherapeutische Ausbildung vollkommen überfordert gewesen und hätte auch mit Sicherheit nicht zum Wohle des Jungen reagieren können. Er bedurfte offensichtlich dringend einzeltherapeutischer Hilfe. Doch jede diesbezügliche Initiative des Klassenlehrers stieß bei den Eltern auf Ablehnung.

Stefan kam zum zweiten Halbjahr aufgrund einer gravierenden Überforderung in die Klasse. Das brachte das ohnehin labile soziale Gefüge vollends durcheinander. Der Junge litt neben einer hochgradigen Hörstörung und diversen anderen körperlichen Beeinträchtigungen an einer (anscheinend) alle anderen Probleme überlagernden extremen Entstellung seines Gesichtes und seiner Mimik. Er war äußerst unruhig, körperlich sowie verbal aggressiv und in seinen Reaktionen genauso impulsiv und unberechenbar wie der relativ gut aussehende Zeno.

Die beiden in ihrem äußerlichen Erscheinungsbild so gegensätzlichen Jungen besetzten die Schlüsselrolle für die der Klasse eigene Dynamik. Unter der Oberfläche einer nur mühsam aufrecht zu erhaltenden äußeren Disziplin brodelte ein explosives Aggressionsgemisch, das sich innerhalb von Sekundenbruchteilen in aggressiven Attacken entlud, bevor man gegensteuern konnte. Im Nu waren auch die scheinbar nicht beteiligten Schüler involviert. Solch offen auftretende Aggressionen konnten die Kinder nicht ohne die Hilfe durch die erwachsenen Bezugspersonen bewältigen. Körperliche Verletzungen waren an der Tagesordnung. Die seelische Not der einzelnen Schüler war deutlich spürbar. Zermürbende Er-Klärungsversuche machten solche Situationen nur ansatzweise rational verstehbar und waren nicht die für diese Gruppendynamik geeignete Behandlungsmethode.

Eckpfeiler der musiktherapeutischen Arbeit

Drei Elemente waren die wichtigsten Eckpfeiler der musiktherapeutischen Arbeit mit dieser Klasse: **Rituale** als Halt gebender Rahmen der Doppelstunden, die **Kontinuität** des äußeren Rahmens und die musikalische **Improvisation**. Besonders die später beschriebene „Trommel-Improvisation“ entwickelte sich zum Leitfaden für die Behandlung der Aggression innerhalb der Gruppe.

Klangschalenrituale

Erfahrungsgemäß sind Kinder unabhängig von Alter und Hörvermögen gleichsam verzaubert, wenn sie den Klang der Schale zum ersten Mal hören. Meistens gehen sie damit sehr vorsichtig um und geschieht dies einmal nicht in ausreichendem Maße, dann spüren sie die Schwere der Folgen ihres Handelns buchstäblich am Gewicht des Instruments, das man so lange (er-)tragen muss, bis der Klang verklungen ist.
Die Klangschalenrituale für den Ein- und den Ausstieg waren einfach. Wir saßen im Kreis und reichten die große obertonreiche Klangschale herum. Die unausgesprochene, durch Beobachtung des Einzelnen leicht erfahrbare Regel lautete „Schlage die Schale an, ganz gleich in welcher Lautstärke! Halte sie so lange in der Hand, bis sie ganz verklungen ist! Reiche sie dann deinem Nachbarn!“

Wenn die Schale die morgendliche Runde gemacht hatte, herrschte meist eine besondere Stimmung, die die Jungen sehr liebten. Was spielte sich dabei auf sozialer und individueller Ebene ab? Die Jungen machten eine anscheinend unbekannte Erfahrung von Ruhe. Sie warteten geduldig, lauschten „auf den Klang des Anderen" und duldeten diesen, auch wenn er nicht ihrer eigenen Vorstellung entsprach, weil er dem einen vielleicht zu leise, zu laut, zu hell oder zu dunkel erschien. Sie nahmen freundlich Kontakt auf, wenn sie den Klang selbst besonders schön fanden. Dass man auch mal weghören durfte, war ein besonders Erlebnis für Schüler, bei denen der Unterrichtsfokus ganz besonders auf Hörtraining und die Erziehung zu auditiver Aufmerksamkeit gerichtet ist. Aber bereits nach relativ kurzer Zeit spielte „Weghören" keine Rolle mehr, da es kaum noch vorkam, dass der Klang der Schale z.B. die Schmerzgrenze erreichte. Alle schienen darauf aus zu sein, „einen schönen Klang" zu erzeugen und entwickelten erstaunlich schnell einen guten Umgang mit dem Instrument. Es schien, als hätten die Kinder schon lange „auf andere Umgangstöne" gewartet. Das Ritual ermöglichte es jedem Einzelnen, seinen „eigenen" Klang zu erzeugen, der andere wie ihn selbst faszinierte, in den er „hineinhorchen" und somit „etwas Schönes von sich selbst" erfahren konnte. Neben der Wertschätzung seiner selbst durch die Gruppe erlebte der Einzelne gleichsam ein potentiell neues Erfahrungsmoment von „Selbst-Wert-Schätzung".

Für das Kreisen der Klangschale zum Schluss der Doppelstunde gab es zwei beliebte Varianten: Die Schüler wollten oft die entspannende Wirkung der Klangschale auf dem Rücken spüren und gingen danach wirklich sehr entspannt in den Tag. Oder sie ließen die Schale einmal oder mehrmals kreisen und versuchten, sich diese weiterzureichen ohne den einmal angeschlagenen Klang abreißen zu lassen. Das war immer wieder eine Herausforderung für die ganze Gruppe und schuf ein Gemeinschaftserlebnis besonderer Art.

Gemeinsames Singen

Ein zweites Ritual war das Singen eines sehr einfachen Begrüßungsliedes. Jeder Schüler wurde von mir namentlich mit einer eigenen Strophe zur Gitarre singend begrüßt, wobei er selbst das Tempo an einer kleinen Pauke vorgab und bestimmte. Die anderen Schüler sangen mit oder hörten zu. Es bereitete allen Vergnügen, das Schlusswort „Hallo!" mitzusingen und oft entstand ein kleiner Wettstreit, bei dem jeder versuchte, den Schlusston so lange wie möglich auszuhalten. Diese Situation endete meist mit Gelächter, Staunen über das eigene Fühlen der Stimme (respektive Stimmung) oder den z.T. „gewaltigen" Gesamtklang der Gruppe, eine für die Kinder vollkommen neue und faszinierende Erfahrung im Umgang mit sich selbst. Nie gab es etwa alberne Kommentare, nie wurde in dieser Situation ein Mitschüler ausgelacht.

Kontinuität des äußeren Raumes

Die Klasse war vom Experimentieren mit den vielen für sie vollkommen neuen Musikinstrumenten fasziniert und ich sorgte über einen Zeitraum von vielen Wochen dafür, dass diese im Rhythmikraum stets in einem ästhetisch ansprechenden Rahmen präsent waren.

Die Schüler waren unsicher, ob das in der darauf folgenden Stunde wieder so sein würde. Also achtete ich auf Kontinuität des äußeren Rahmens, was nicht immer einfach war, da der Rhythmikraum sehr unterschiedlich genutzt wurde. Die Schüler in die dadurch notwendigen Aufräumarbeiten mit einzubeziehen, war gut für ihr Selbstwertgefühl. Die Kontinuität der Existenz eines eigens für die Gruppe geschaffenen äußeren Raumes war die notwendige Voraussetzung für die Kinder, auch einen geschützten inneren Raum erfahren zu können. Mein Aufwand ließ die Kinder spüren, wie wichtig sie mir waren, dass ich zu ihnen in Beziehung treten und sie kennen lernen wollte. Bisher so nicht gemachte Erfahrungen konnten in diesem besonderen Raum erlebt werden. Dies traf für die Gruppe genauso zu wie für mich. In der weiten Offenheit des Zeitrahmens konnten die Kinder in aller Ruhe – und das schien für diese äußerst unruhige Klasse ein geradezu kostbares Erlebnis – ihr Instrument aussuchen, erkunden, erfahren, zu Anderen und anderen Instrumenten in Beziehung setzen, und ich konnte über jeden einzelnen viel Neues, bisher nicht Entdecktes erfahren. Die Schüler agierten äußerst neugierig, konzentriert und zum Teil sehr kreativ und dachten sich im Laufe der Zeit Themen für die freien Improvisationen aus.

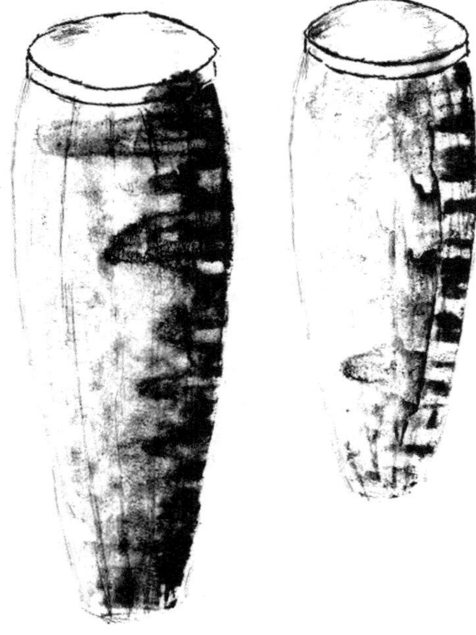

Sehr wichtig war für diese Klasse das gemeinsame Spiel auf den Kongas, das sie „richtig gut“ lernen wollte. Dieser Gruppenwunsch führte zu regulären Unterrichtseinheiten, in denen die Klasse das Notenlesen und die rhythmische Notation erlernten. Ohne jede Anstrengung und ohne Streit hörte man aufeinander, bewunderte die musikalischen „Erfindungen“ der Mitschüler. Jedes Kinder machte z.B. die Erfahrung, dass es möglich war, als Einzelner die ganze Klasse zum Träumen zu bringen, wenn man die großen Becken und den Gong nur einfühlsam genug spielte. Die Schüler lernten den einfühlsamen Umgang mit den Mitschülern bei der Klangschalenmassage und kamen so in eine ihnen unbekannte Art des Körperkontaktes mit sich selbst und anderen. Sie beachteten nach einiger Zeit sogar, dass Stefan auf bestimmte Klangqualitäten „seltsam“ reagierte und berücksichtigten dies beim Spiel. Nach einiger Zeit waren solche Verhaltensweisen eher die Regel als aggressives Verhalten oder Angst vor dem eigenen „Ver-sagen“, ein Begriff, welcher unter dem Aspekt der Sprachbehinderung eine besondere Bedeutung zu haben scheint.

Therapeutische Krisenintervention – ein Trommelkampf

Die beiden Musikstunden in dieser Klasse lagen freitags früh, weshalb ich die Schüler immer in ihrem Klassenzimmer empfing, da die meisten das für die Wochenendheimfahrt mitgebrachte Gepäck zuerst einmal dort unterbringen mussten. Schon bald fand ich besonderen Gefallen an dieser Situation, denn so konnte ich die Kinder „aus ihrem Raum heraus“ abholen, um mit ihnen gemeinsam in „unseren Musikraum“ hinüber zu gehen. Und wirklich verhielten die Schüler in diesen beiden Räumen gänzlich unterschiedlich. Der Klassenraum war eigentlich groß genug, um jedem Schüler ausreichend Platz zu gewähren, aber das schien von den Schülern weder realisiert noch erwünscht zu sein. Die Jungen saßen stets viel zu dicht im Halbkreis „aufeinander“. Diese Sitzordnung ist für die lehrerzentrierte Arbeit in Gehörlosenklassen typisch und besonders wichtig für das Absehen vom Mund des Lehrers. Sie war im Klassenzimmer nicht veränderbar, obwohl ausreichend Raum dazu vorhanden gewesen wäre. Besonders un-heilvoll war sie für die Schüler Zeno und den neu hinzugekommenen Stefan. Sie saßen nebeneinander. Wie Pech und Schwefel schienen die beiden sich körperlich anzuziehen, um sich im nächsten Augenblick tretend und boxend wieder abzustoßen, weil sie sich „nicht riechen“ konnten. Zeno hänselte Stefan wegen seines krankheitsbedingten Aussehens, Stefan bezeichnete Zeno als „dumm“ und „doof“. Eine kleine zufällige Berührung mit den Füßen genügte, um die beiden aufeinander losgehen zu lassen und die ganze Klasse in Aufruhr zu versetzen. Schlichtungsversuche durch andere Schüler verschärften die Situation dann stets und zogen diese in die Auseinandersetzung mit hinein.

Im Rhythmikraum hingegen erwartete die Kinder ein hinreichend großer Sitzkreis, dessen Mitte ein großes Tuch mit der Klangschale für das Anfangs- und Schlussritual bildete. Wenn wir in diesem Kreis saßen, schienen alle sonst vorrangigen Probleme auf magische Weise in den Hintergrund zu treten.

Eines Morgens traf ich vor Schulbeginn auf eine „aufgeheizte Truppe junger Männer". Bereits im Flur gab es Aufregung, Gerangel, Flucht und Verfolgung, Pöbeleien, Gehänsel, kurz: Vor dem Klassenzimmer wartete ein jeder Zeit zum Ausbruch bereiter, brodelnder Vulkan auf mich. Das Krisenzentrum bildeten Stefan und Zeno, die beide vor Wut schier zu platzen schienen. Der Versuch der anderen Kinder, beschwichtigend auf die beiden einzuwirken, schlug fehl. Im Klassenraum wollten diese „die Sache besprechen" – eine von der Klasse eingeübte Konfliktlösungsstrategie, die wieder einmal wirkungslos verebbte. Wichtig schien hier einzig eine sofortige Krisenintervention.
Wir nahmen daher gar nicht erst in der Klasse Platz, sondern gingen sofort in den Rhythmikraum, nachdem ich die beiden Streithähne eindringlich gebeten hatte, mit ihrem Streit noch einen kleinen Augenblick zu warten. Ich versprach ihnen, dass sie diesen viel besser im Rhythmikraum würden austragen können. Das ließ die beiden erstaunt innehalten. Zusammen mit den anderen Jungen wandelte ich den Sitzkreis in einen großen Halbkreis um und postierte an dessen Stirnseite zwei Kongas in respektablem Abstand – auch von den „Zuschauersitzen". Die Arena war erbaut, die Situation eindeutig. Unaufgefordert setzten Stefan und Zeno sich an den Kongas gegenüber, wir anderen nahmen auf den Sitzen des Halbkreises Platz, die Jungs als aufgeregte Zuschauer. – Warten, Spannung im Raum! – Da sprang Ali auf, holte ein kleines Becken mit Schlägel und bedeutete, er wolle der Schiedsrichter sein und das Zeichen zum Beginn des Kampfes geben. Das gefiel mir zuerst gar nicht, weil ich die beiden ohne eventuelle Einmischung von außen agieren lassen wollte. Sie jedoch zeigten sich einverstanden, wenn nicht sogar ein wenig erleichtert, und so ließ ich Ali gewähren. Auf seinen Beckenschlag hin fingen die beiden Streithähne gleichzeitig an zu trommeln.
Sie trommelten wild darauf los, wobei sie sich wütend anstarrten. Ihr Gebaren ließ erahnen, dass beide bereit waren, bis zur Erschöpfung zu „kämpfen" um zu siegen. Die Trommelklänge wirbelten wild durcheinander, ein richtiges Tohuwabohu, währenddessen die Spieler noch Blickkontakt hielten. Nach einiger Zeit tauchte in all dem wilden chaotischen Getrommel eine andere Tendenz auf: Irgendetwas „zwanghaft Beharrendes" war da zu hören. Die Musik schien ihre Lebendigkeit zu verlieren. Diese Tendenz ging Hand in Hand mit den ersten Ermüdungserscheinungen der Spieler.
Stefan hatte weniger geschickte Hände als Zeno und trommelte daher nach einiger Zeit nur noch mit einer Hand, indem er die Konga ziemlich weit ausholend bearbeitete. Das veränderte Tempo und Rhythmus stark und nahm der Musik die Dynamik. Sie wurde eintönig. Zeno war zwar der technisch versiertere Spieler, hatte aber prinzipiell stets wenig Ausdauer gezeigt und nun bereits ungewöhnlich lange gespielt. Auch sein Spiel verlor nun an Druck und Tempo. Beide Jungen trommelten jetzt eher müde vor sich hin, hatten auch keinen Blickkontakt mehr, sondern waren mit der Organisation ihrer Hände oder dem Kampf gegen die eigene Müdigkeit beschäftigt.

Da kam mir die Idee, die Zuhörer mit einzubeziehen. Ich bot ihnen unauffällig einen Korb mit kleinen Perkussionsinstrumenten an und sie griffen sofort zu. Relativ leise begannen sie, das Spiel der beiden „Kämpfer" zu unterstützen oder zu „kommentieren", schienen ihm eine neue Basis anzubieten. Zeno und Stefan registrierten dies sofort und ließen diese

Unterstützung von außen in ihr Spiel mit einfließen. Nun sahen sie einander wieder (an), jedoch auf andere Weise als zuvor. Zeno schien sich für einen Moment ausruhen zu können. Das ließ Stefans Spiel deutlich hervortreten. Er genoss diese Situation, kostete sie aus. Aber anstatt wie zu erwarten dies als Sieg oder Triumph zu feiern, spielte er auf einmal leise. Zeno nahm dies zum Anlass, sich wieder in das Spiel einzuklinken. Und nun brachten die beiden ihr Werk gemeinsam zum Abschluss. Der Schlusspunkt wurde von Ali intuitiv richtig abgespürt. Er hatte die ganze Zeit nahe zwischen den „Kämpfern" gesessen und in aller Ruhe das Ende abgewartet ohne einzugreifen. Zum Schluss teilte er den Trommlern gebärdend seine Zufriedenheit über das Spiel mit und entließ sie, indem er eindringlich erklärte, er habe zuerst eine „Streit- und dann eine Freundschaftsmusik" gehört. Beide Spieler stimmten ihm zu und gaben sich die Hand.

Der Zeitrahmen der Doppelstunde war ausgeschöpft. Zum Abschluss kreiste die Klangschale und es gelang uns wieder einmal mehr, den Klang weiterzureichen, bis er zur Zufriedenheit aller einmal rundum gewandert war.

Reflexion

Durch die Improvisation konnten sich die in dieser Gruppe scheinbar unvermeidlichen und un-(auf-)lösbaren Aggressionen in einer neuen, symbolischen Gestalt zeigen und so anders ausgelebt werden (vgl. Behne 1982, 129). Die entstehende Trommelmusik hatte etwas Wildes, Faszinierendes – auch für die Zuhörergruppe, die gleichzeitig quasi „Muttergruppe" der Protagonisten war – und war zugleich in eine kulturell akzeptable Form gebracht. Viel Kreativität war spürbar – besonders im ersten Teil der Musik, als beide Trommler sich auf musikalischer Ebene bekämpften. Die heftige Auseinandersetzung der beiden Spieler nahm im Werden der Musik Gestalt an, unterlag jedoch durch das Wesen der Musik als Zeitgestalt auch dem sofortigen Wandel und war dadurch zu einer „Sache auf Zeit" geworden. Zuhörer und Spieler konnten diese „Verwandlung im Lauf der Zeit" hautnah miterleben. Faktoren wie die Sperrigkeit des Materials (z.B. die Härte des Trommelfells), Müdigkeit und Erschöpfung spielten ihre Rolle mit in diesem sublimierten Kampf. Auch durch sie steuerte die Improvisation letztendlich auf eine Wendung zu.

Die Spieler befanden sich in einer Situation der Entlastung durch die Musik als „mitspielendem Dritten", die es dem Einzelnen erlaubte, müde (im Sinne von schwach) werden zu dürfen. Das Sich-Zurücknehmen des Spielers Zeno wurde von Stefan anscheinend nicht als Schwäche gedeutet, so dass er sich aus der Auseinandersetzung zurückziehen konnte, ohne das Gesicht zu verlieren. Gleichzeitig konnte er in Stefans Musik dessen „Persona" „durchtönend" wahrnehmen. Stefan schien – so müde und angestrengt sein Spiel nun auch klang – auf einmal zu strahlen und auf paradoxe Weise eigen-artig groß zu werden. Er musste und konnte sein Gegenüber auch nicht mehr wie sonst üblich verspotten, hatte er doch zu sehr mit sich selbst zu kämpfen, als dass da Raum gewesen wäre für Spott und Hohn. Gleichzeitig konnte Stefan den starken Zeno als nachgiebig und fast bedürftig erleben. Er schien seine eigene Überlegenheit zu spüren, ohne den anderen angreifen zu müssen. Das war für beide Jungen eine vollkommen neue Erfahrung. Das Spiel wendete sich,

nahm als „veränderte Erzählweise" Gestalt an im Sinne einer beginnenden Transformation (vgl. Tüpker 1996b, 13).
Durch die Einbettung der Trommelmusik in das leise Mitspiel der Zuhörergruppe entstand der soziale Nährboden für das nachfolgende „Spiel der Freundschaft". Im Gegensatz zu den sonst üblichen durch Wertungen und Schuldzuweisungen geprägten erfolglosen Beschwichtigungsversuchen der Gruppe kamen nun deren notwendige empathische Potentiale wirkungsvoll zum Tragen.

In den beiden nachfolgenden Stunden bauten die Kinder dasselbe Instrumentarium erneut auf, um wie zur Übung und Festigung der Erfahrung mit wechselnden Rollen ähnliche Szenarien immer wieder zu erleben. Dabei fand eine interessante Entwicklung statt. Frage-Antwort-Passagen nahmen allmählich immer mehr Raum ein. Auf symbolischer Ebene vollzog sich der Übergang vom Kampf zum Dialog. Systematisch erarbeitete sich die Gruppe ein Instrumentarium zur Bewerkstelligung von Kommunikationsstörungen und Konflikten.
Eine Grundvoraussetzung für die Entfaltung der geschilderten Dynamik war der geschützte äußere Raum als Rahmenbedingung für die Erfahrung geschützter innerer Räume. Eine andere Prämisse lag im gegenseitigen Vertrauen. Die Kinder der Gruppe hatten instinktiv meinen Vorschlag als möglichen Lösungsweg angenommen und ich hatte darauf vertraut, dass sie im Spiel losgelöst von Eingriffen durch einen (erwachsenen) Dritten selbst eine Lösung würden entwickeln können.
Die spürbare Echtheit dessen, was sich da abspielte, war nur möglich durch „die Bereitschaft zur Selbstoffenbarung" als „Voraussetzung für ‚echte' Kommunikation in der Improvisation" (vgl. Niederschlag 1999, 56). Dazu war für beide Spieler der Zugang zum eigenen Erleben und Fühlen notwendig. Die Gruppe spiegelte das Empfundene dadurch wider, dass die Lautstärke keinen der Anwesenden störte. Das lässt auf Stimmigkeit der Situation schließen, aus der heraus sich die Akzeptanz durch die Gruppe erklärt. Allen Gruppenmitgliedern war die Überführung des real drohenden Kampfes auf eine symbolische Ebene spürbar. Der Streit zwischen den beiden konkurrierenden Jungen hatte einen therapeutisch wirksamen Ausdruck erfahren, der in der Musik von der Gesamtheit der Gruppe nachvollzogen und am Schluss aktiv im Sinne einer Halt gebenden Einbettung in einen größeren sozialen Zusammenhang mitgetragen wurde.

Zweites Fallbeispiel

Eine Hörgeschädigten-Klasse 5/7 der Lernbehinderten-Abteilung

Diese Klasse setzte sich aus fünf lernbehinderten Schülern im Alter von elf bis fünfzehn Jahren zusammen und ich hatte das Glück, dass mir Frau M. als pädagogische Fachkraft zugeteilt wurde. Sie hatte eine heilpädagogische Ausbildung und kannte sowohl die einzelnen Schüler als auch das komplizierte Beziehungsgeflecht der Gruppe sehr genau. Das war hilfreich für die Arbeit in zweierlei Hinsicht: Frau M. war durch ihren regelmäßigen Einsatz

in der Klasse stets bestens auf dem Laufenden und konnte mich gegebenenfalls über für die Gruppensituation wichtige Ereignisse informieren. Außerdem war sie für meine Arbeit ein wertvoller Indikator für Veränderungen im Verhalten der Gruppe oder einzelner Schüler, da sie zu jedem der Kinder eine von großer Empathie geprägte Beziehung unterhielt. Die Klasse war mir als Gruppe mit großen sozialen Integrationsschwierigkeiten geschildert worden, aufgrund derer ein fruchtbarer Unterricht sich nur schwer entwickeln ließe.
Insgesamt beruhte die Gruppenarbeit auf den gleichen Grundsätzen wie im ersten Fallbeispiel, weshalb hier nur einige Besonderheiten dieser einjährigen Gruppenarbeit erwähnt und die Entwicklung zweier Kinder ausführlicher dargestellt werden sollen.

Die Gruppenarbeit

Die Klasse nutzte den angebotenen therapeutischen Spielraum in sehr eigenen Formen. Dafür wurde sogar auf die Hofpause verzichtet, welche die Doppelstunde zweigeteilt hätte. Dieses Bedürfnis der gesamten Gruppe, im Raum und „bei der Sache" zu bleiben, war von Anfang an sehr stark. Als Phänomen von Übertragung und Gegenübertragung schien das auf kindlicher Seite ein Bedürfnis nach Geborgenheit zu sein, welches einem starken Bedürfnis nach „mütterlicher Sorge" auf Seiten der erwachsenen Bezugspersonen entsprach.
Zwischen den ritualisierten Eckpfeilern war der Raum frei für die Erkundung und das Erproben der Instrumente und das freie Improvisieren. Spätestens jetzt galt es für uns Bezugspersonen, den Rollenwechsel vom Lehrer zum Therapeuten zu vollziehen. Das war anfangs nicht immer einfach. Man spürte deutlich, wie sehr man als Lehrer Gefahr läuft, einzugreifen, zu steuern oder Hilfestellungen zu geben, wo dies aus therapeutischer Sicht weder hilfreich noch notwendig ist. Besonders hier schien es wichtig, gelassen darauf zu vertrauen, dass die Kinder einzeln und als Gruppe einen Weg der Entwicklung finden würden. Erst dieses Vertrauen konnte den notwendigen Freiraum schaffen für die Erfahrung dessen, was die Kinder im Sinne der morphologischen Methodik zur Analyse von Behandlungsverläufen therapeutischer Prozesse „leiden" bzw. „nicht leiden" konnten, oder dafür, dass ein „Anders-Werden" wirklich möglich war (vgl. Tüpker 1996a, 98 ff). Das Zulassen eines – von den Kindern handelnd geforderten – langen Zeitraums für den ganz individuellen Umgang mit den Instrumenten und der Verzicht auf das Einwirken von Seiten der erwachsenen Bezugspersonen waren das entscheidende Moment der Entwicklung dieser Klasse.
Selbstständig forschend und experimentierend schafften es die Kinder, mit allen verfügbaren Instrumenten in Kontakt zu kommen, sich auf sie einzulassen, sie wieder zur Seite zu legen, je nach persönlichem „Leiden-Können" (vgl. ebd. 100). Die lange Phase des ganz individuellen Umgangs mit dem angebotenen Material ermöglichte jedem einzelnen Kind spielend „Situationen des Anders-Seins" zu erproben, wenn es z.B. das eine oder andere Instrument, das es anfangs anscheinend nicht leiden konnte, doch in die Hand nahm. So nahm es mit anderen Klängen und mit anderen Seiten seines Selbst Kontakt auf. Handelnd

sich selbst zu erfahren, das hatte für jedes Kind auch positive Auswirkungen auf sein Dasein in der Gruppe und somit auf deren gesamte Dynamik.
Die Kinder kamen in diesen entspannten Phasen des Zusammen-Seins mit den Instrumenten immer wieder auch miteinander in Kontakt. Im Gegensatz zum sonst für die Klasse typischen Verhalten spielte Aggression im Rahmen der musiktherapeutischen Ansätze konkret kaum eine Rolle oder wurde auf musikalischer, symbolischer Ebene ausgetragen. Unter der Prämisse größter sozialer Interaktionsschwierigkeiten verdeutlichen die Themen, um die die musikalischen Improvisationen der Gruppe kreisten, dass die Kinder durch das gemeinsame Improvisieren in Kontakt kamen und wie vielgestaltig sich die musikalische Kommunikation dieser Gruppe entwickelte (vgl. Friedemann 1973, 70 f). Den Stundenprotokollen wurden folgende Improvisationsthemen der ersten Zeit in der Reihenfolge ihrer Entstehung entnommen:

- Das Baby und sein Spiel-Zeug
- Mutig zusammen gespielt
- Durch Zusammenspiel bewegt
- Reden, aufeinander hören
- Zarter Umgang
- Leises Spiel
- Auseinander-Setzung
- Ein-fühlsam-keit
- Özgür wachsen Flügel

Die hier nur angedeutete Beziehungsgestaltung der Gruppe konnte sich paradoxerweise gerade dadurch vollziehen, dass die Kinder in einen Zustand des „Sich-Vergessens“ verfielen, dem meines Erachtens in der Musiktherapie eine besondere Bedeutung zufällt und den Gabler wie folgt beschreibt: „Und so kann es geschehen, dass die Kommunikation (der persönliche Austausch) unter den Spielern um so vollkommener ist, als sie unwichtig wird – daß die Beziehungen am positivsten sind, wo sie nicht artikuliert werden, wo der Mitspieler beglückt ist, indem er nur der Sache gehorcht, indem er der Eigengesetzlichkeit des musikalischen Geschehens folgt“ (Gabler 1975, 66).
Der weitgehende Verzicht auf Sprache war für die sprachlich stark retardierten Kinder der Klasse besonders segensreich in Verbindung mit der Möglichkeit, durch die leicht spielbaren Instrumente in eine Beziehungsentwicklung einzutreten. Angesichts der großen Eingeschränktheit der sprachlichen Kommunikationsfähigkeit dieser Klasse musste auch das für die Entwicklung der Gruppe bedeutsame Feedback (vgl. Mayr 1996, 118) auf einer anderen Ebene stattfinden und war durch die Besonderheit anderer kommunikativer Elemente der Musiktherapie möglich.
Diese Veränderungen zeigten sich in der gestalteten Musik selbst, die spürbar werden ließ, dass sich Beziehungen und später veränderte Beziehungen bildeten. Des Weiteren atte-

stierte Frau M. dass das direkt beobachtbare Verhalten der Kinder in den Gruppenstunden oft „so anders" war. Als dritte Möglichkeit, verändertes Verhalten punktuell und in seinem Entwicklungsverlauf zu registrieren, bot sich mir die Auswertung des auf einem Zeitstrahl vermerkten Gesamtentwicklungsverlaufs. Dieser zeigte eine eindeutige Drehung im Gruppenprozess. Etwa in der Mitte des Schuljahres bewegte sich die Gruppe weg von den ganz freien Improvisationen hin zu mehr Struktur. Nach den Weihnachtsferien brachte ich eine Bilderbuchgeschichte mit, zu welcher die Klasse ausgiebig und einfühlsam improvisierte[1].
In der nachfolgenden Zeit verlangten die Kinder immer mehr nach gemeinsamen auch nicht-musikalischen Spielerfahrungen, hatten Anregungen für Spiele auch außermusikalischer Natur. Gleichzeitig waren sie bereit für Angebote der Erwachsenen. Dieses Bedürfnis nach mehr Struktur veranlasste mich wiederum, der Klasse auch musikpädagogische Angebote wie das Anhören von geeigneten Musikstücken zu machen, welche die Gruppe offen und neugierig annahm. Die hohe Motivation, Konzentrations- und Kooperationsbereitschaft der Klasse zu diesem Zeitpunkt sowie die Kreativität einzelner Kinder fand u.a. Ausdruck in eigenen Improvisationen zu Prokofjews musikalischem Märchen „Peter und der Wolf" oder Saint-Saëns „Karneval der Tiere". Der Reifungsprozess der Gruppe spiegelte sich auch in der wachsenden Fähigkeit der Kinder, ihre individuellen Bedürfnisse zugunsten äußerer Anforderungen durch das Thema hintanzustellen. So war es für diese Entwicklungsphase typisch, dass sich die Instrumentenwahl weit mehr an der musikalischen Themengestaltung als an persönlichen Präferenzen orientierte. Im eigentlichen wie auch im übertragenen Wortsinn erarbeitete sich die Klasse im Laufe des zweiten Schulhalbjahres „spielend" einen eigenen Stoffplan. Dass sie nie das Interesse für die gewählten Themen verlor, erklärt sich durch den von Rogers geprägten Begriff des signifikanten Lernens, das durch Psychotherapie ermöglicht wird. „Es ist das Lernen, das etwas ändert – im Verhalten des Einzelnen, in seinen Einstellungen und in seiner Persönlichkeit. Es ist ein durchdringendes Lernen, nicht nur die Zunahme an Wissen, sondern etwas, das jeden Teil der Existenz betrifft und durchdringt." (Rogers 1989, 274) Im Nachhinein betrachtet, erzählt der Verlauf des Gruppenprozesses davon, wie die musiktherapeutische Arbeit mit einer Klasse eine Transformation Richtung Musikpädagogik erfuhr (vgl. Tüpker 1996b, 14).

Özgür: Beflügeltes Spiel – eine Selbst-Entdeckung mit Hand und Fuß

Özgür war ein hoch aufgeschossener Junge mit zarten Gesichtszügen und kindlich dreinschauenden Augen, die so gar nicht zu seinen abrupten Bewegungen und seinem oft ruppigen und machohaften Auftreten passten. Er war hochgradig hörgeschädigt, mit 15 Jahren Schüler der siebten Klasse und hatte in einer früheren Klassenkonstellation eine unterwürfige Position innegehabt. Dort sei er, so wurde mir berichtet, von einem Mitschüler buch-

---

[1] Tüpker weist darauf hin, dass „in der Arbeit mit Kindern oder mit geistig Behinderten (…) sich das Anders-Werden auch in neuen Handlungsformen (…) bisweilen auch in der spontanen Einführung einer neuen Spielform durch die Therapeutin" (Tüpker 1996c, 14). zeigen kann. Dieses Anders-Werden beschreibt Tüpker auch als eher leisen „Prozeß, dessen Kern sich zumeist dem Bewußtsein entzieht und oft als ‚Drehpunkt' erst im Nachhinein benennbar wird" (ebd.).

stäblich „wie ein Hund“ – aber bei „guter Führung“, (d.h. strengstem Gehorsam) „immerhin gut“ – behandelt worden. Özgür galt aufgrund großer Leistungsdefizite als besonders schwer integrier- und beschulbar. Nach einer langen schulischen Odyssee durch verschiedene Abteilungen unserer Schule war er endlich in der „Abteilung mit Förderschwerpunkt Lernen“ gelandet und selbst da ständig überfordert. Seine schulische Laufbahn war gekennzeichnet von Widersprüchen aufgrund einer durch Realitätsverlust geprägten Fehleinschätzung seiner Fähigkeiten von Seiten des Elternhauses.

„Der böse Fuß“ ist an allem schuld

Durch die Missbildung eines Beines wurde Özgür im reinsten Sinne des Wortes am *rechten Auftreten* gehindert und wirkte in seinen Bewegungen immer so, als stünde er *„auf der Kippe“* oder sei im Begriff, von der Erde abzuheben. Große Schwierigkeiten innerhalb seines sozialen Umfeldes bereiteten ihm die Unfähigkeit, sich in Andere hinein zu versetzen. Seine geringe Frustrationstoleranz, gepaart mit vollkommener Selbstüberschätzung, wirkte als zusätzlicher Verstärker in einem latenten Verstricktsein in Missverständnisse mit seiner Umwelt, was sich nicht selten in aggressivem Verhalten manifestierte.
Im Familiensystem hatte der Vater eine besonders un-heilvolle Rolle inne. Verwöhnung und z.T. harte Bestrafung bei vermeintlichem Versagen des Kindes bestimmten das Erziehungsverhalten. Die für seine Entwicklung notwendige Orientierung an den richtigen Grenzen hatte der Junge im Elternhaus nicht erlernt. Die geradezu grotesk wirkenden Versuche des Vaters, das Kind schon früh über sportliche Aktivitäten – wie das Fußballspiel(!) – zu definieren oder das deformierte Bein durch erfolglose Operationen „zurechtbiegen“ zu lassen, erklären die große seelische Not des Kindes beim Versagen auf fremde und eigene Leistungsanforderungen. Die so entstandene Not des Jungen manifestierte sich auf geradezu makabere Weise, wenn er sich in Versagensmomenten mit schmerzverzerrter Miene auf den Boden setzte und sich – die Beine ausgestreckt wie ein gefoulter Profifußballer – seinen deformierten Fuß zurechtbog.
Dann verwandelte sich sein seelischer vor aller Augen in einen körperlichen Schmerz, den es nicht gab und der dennoch eine paradoxe Sinnhaftigkeit hatte: Der „böse“ Fuß war wieder einmal an allem schuld!

Vielseitiges Spiel verleiht Flügel

In der Musiktherapie griff Özgür von Anfang an am liebsten zur Djembe. Sie verlieh ihm Flügel, wenn seine Hände sich auf dem Trommelfell zu verselbständigen schienen und spielend leicht darüber hinweg flogen. Sein Größenselbst konnte in solchen Momenten ungehindert wachsen. Am besten gelang das, wenn er allein spielte. Beim Zusammenspiel kam er in Berührung mit Grenzen, welche ihm das Spiel der Gesamtgruppe setzte. Er musste dann z.B. feststellen, dass er „wieder einmal zu laut“ geworden war. Diese Grenzen lernte er ganz allmählich zu akzeptieren. Wenn sein Spiel passte, machte Özgür für ihn neue Erfahrungen des Akzeptiert-Werdens durch Andere. Seine Mitschülerin Sabrina z.B. – selbst ein Fan lauter Töne – genoss Özgürs wildes Trommeln. Brian, ein schmächtiger elfjähriger, sehr schüchterner Junge, bewunderte Özgürs Fertigkeit auf dem Instrument

und schlüpfte ab und zu in die Rolle des Trommelschülers. Er zog sich jedoch sofort aus dieser Beziehung zurück, wenn Özgür seine Lehrerrolle zu dominant ausübte. Das wiederum veranlasste diesen zu einem vorsichtigeren Umgang mit Brian – ein kleiner Nebenschauplatz spielerischen Übens im Beziehungsaufbau, auf dem Özgür andere Strategien der Kontaktaufnahme entwickeln musste, wollte er seinen Partner nicht verletzen.
Mit Gabi, einem körperlich frühreifen elfjährigen Mädchen mit großen Problemen im Elternhaus, und Nathie, einem ebenfalls elfjährigen zurückhaltenden, hochgradig hörgeschädigten und sprachlich stark retardierten Mädchen, kam er durch das „Gitarre-Üben" in Kontakt. Die drei Kinder setzten sich in manchen freien Phasen zu mir, um „Gitarre zu lernen". Hier konnte Özgür viel Zeit darauf verwenden, die ersten Spielversuche der beiden Mädchen zu beobachten, ein für Özgür sonst eher ungewöhnliches Verhalten. Danach nahm er die Gitarre selbst in die Hand und übte die einfachen Griffe mit erstaunlichem Geschick.
Eher zwangsläufig kam Özgür mit den kleineren Perkussionsinstrumenten in Kontakt. Das geschah meist durch Improvisationen mit Instrumentenwechsel. Wenn er an ein für ihn vermeintlich zu kindliches Instrument geriet, winkte er zuerst verlegen ab und schien sich zu schämen. „Ich – Profi!" war dann sein wichtigster Satz. Aber meist ließ er sich dann doch darauf ein, auch die kleinste Maraca oder Triangel auszuprobieren, um zu seinem Erstaunen über den Klang des Instrumentes und sein eigenes Können die Improvisation mitzugestalten. Die Führungsposition einzunehmen und dadurch die Mitschüler zu bereichern, anstatt sie zu drangsalieren, war für Özgür eine vollkommen neue Erfahrung. Özgür konnte andere mit seinem Instrumentalspiel wirklich beeindrucken, auf sie einwirken und so sich selbst im sozialen Bezug von einer ganz anderen Seite erleben. Seine behänden Hände spielten manchmal regelrecht zum Tanz auf. Dass er selbst ebenso gerne wie gut tanzte, demonstrierte er eines Tages völlig überraschend. Gabi hatte eine CD-Musik mitgebracht, die Özgürs staksig hinkende Gangart in einen fliegenden Tanz verwandelte. Er schien dabei vollkommen über sich selbst hinaus zu wachsen, registrierte sein eigenes Tun mit erstaunter Miene und glänzte danach öfter durch die Inszenierung performance-artiger Tanzeinlagen zu Musik aus dem Pop-Bereich. Tanz und „Instrumentenspiel" schienen dem Jungen buchstäblich Flügel zu verleihen. In diesen Momenten hatte „der böse Fuß" seine Macht, Özgürs Dasein zu bestimmen, verspielt.

Behände Hände auf „Leisen-Seiten-Saiten"

Als Özgür zum ersten Mal eine Kantele in die Hand nahm, reagierte er so verwundert und neugierig darauf wie ein kleines Kind auf die Geschenke unterm Weihnachtsbaum. Er fing an, zaghaft darauf zu spielen. Dieses Instrument erlaubte ihm anscheinend keine lauten Töne. Auch hier ganz in die zarten Klänge versunken saß Özgür da und alle anderen lauschten seinem Spiel. Es war, als entdeckte er seine zarte Seite durch das Spiel auf zarten Saiten. Die Situation war zauberhaft: Da saß Orpheus und zog die anderen in seinen Bann. Die Szene wiederholte sich auf noch beeindruckendere Weise, als Özgür mit dem Monochord in Berührung kam. Dieses Instrument zog ihn magisch an. Wieder einmal lauschten seine Mitschüler gebannt dem nicht enden wollenden Spiel. Dass sie es nicht durch eigene

Ansprüche auf das neue Instrument störten, war bemerkenswert. Die Szene dehnte sich zeitlich aus und als sie endete, konnte Özgür sogar auf allürenhaftes Gehabe verzichten. Sein Satz „Ich – Profi!“ hatte hier plötzlich keinen Platz mehr. Vielleicht war Özgür seinem wahren Selbst ein bisschen näher gekommen.
Seine behänden Hände waren auf dem Monochord einmal mehr ins Blickfeld gerückt. Und das Spiel auf diesem Instrument schien Özgür erneut Flügel zu verleihen. Ein altes Bild, das sich mir von ihm als kleiner Junge eingeprägt hatte, tauchte auf: Özgür lief damals oft, einen Vogel nachahmend, über den Pausenhof, schwang seine kleinen Arme wie Flügel, als könne er so der Schwerkraft und seinem hinkenden Gang entfliehen. Beim Tanz ebenso wie beim Schlagen der Djembe oder beim Streicheln der Monochordsaiten schien auf einmal das Bild von ihm ins rechte Licht gerückt. Man konnte es sehen: Nicht auf seine Füße, nein, besonders auf seine Hände musste man achten, wenn man Özgür „gerecht werden“ wollte! Das setzte sich sehr deutlich in Szene, als Özgür das Klavier für sich entdeckte.

Klavierspiel - Spiegel der Seele

Gabi hatte sich auf dem Instrument eine ganze Zeit lang mit „Hänschen klein“ abgemüht und war der Sache überdrüssig geworden. Özgür näherte sich dem Instrument vorsichtig und setzte sich erst daran, nachdem er sich rückversichert hatte, dass „die Lehrer“ nichts dagegen hatten. Er begann zaghaft wie ein Kind, das laufen lernt, die ersten Schritte setzt. Allmählich wurden seine Hände mutiger und glitten schließlich über die gesamte Klaviatur. Özgür schien wie verzaubert von seinem eigenen Spiel: Die Musik sein Spiegelbild? Er in sich selbst verliebt? – Eine sehr narzisstisch anmutende Szene! Es war beeindruckend, diese mitzuerleben. An einem Klavier hatte Özgür zuvor wahrscheinlich noch nie gesessen. Und dennoch bewegten sich seine Hände mit schlafwandlerischer Sicherheit auf dem Instrument und Özgür hörte – vollkommen in sein Spiel versunken – den Klang seines Spiels. Er hörte „etwas Schönes“ im doppelten Sinne (vgl. B. Mahns 1997), etwas von und somit etwas über sich selbst, etwas, das nicht hinkte, das nicht polterte, das nicht aneckte oder lächerlich wirkte. Diese Szene hatte etwas von der Magie des Mahler'schen Bildes vom Antlitz der Mutter als Spiegel des in der Entstehung begriffenen Selbst ihres kleinen Kindes, das im besten aller Fälle sagt: Ich liebe dich so, wie du bist, und daran wirst du (über dich selbst hinaus-)wachsen.
Özgür erfuhr in dieser Situation zusätzlich die ungeteilte Beachtung und Bewunderung durch seine Mitschüler. Wieder einmal hatten seine Hände so ganz andere Saiten in ihm zum Schwingen gebracht. Wieder einmal wurde durch sein Spiel wahrnehmbar, wie zart besaitet dieser Junge war.

Sabrina: Unerwartet große Sprünge und eine (kleine) wundervolle Verwandlung

Auch Sabrina, 13 Jahre alt, hatte unter der vorherigen Klassenstruktur sehr gelitten. Sie war aufgrund ihrer an Taubheit grenzende hochgradigen Schwerhörigkeit sprachlich entwicklungsverzögert. Sie kommunizierte vornehmlich gebärdend, wenngleich sie Lautsprache bis zu einem gewissen Grad verstand und sich ihrer im gewohnten Umfeld auch bedienen konnte. Doch war sie aufgrund eines extrem hypertonen Stimmdrucks nur relativ schwer und somit nur von Personen zu verstehen, die ständig mit ihr in Kontakt standen.
Sabrina war körperlich relativ klein, etwas zu dick und wirkte aufgrund ihrer Schwierigkeiten im grobmotorischen Bereich noch zusätzlich schwerfällig und so tapsig wie ein Kleinkind. In der angedeuteten veränderten Gruppensituation der Klasse strebte sie nach Dominanz: Sie zeigte sich in der Durchsetzung ihrer Meinungen und Interessen hartnäckig und stur, was auf sozialer Ebene zu Konflikten führte, zumal Sabrina ebenso verletzlich wie dickköpfig war. Verstärkt wurden solche Konflikte auch durch ihren häufigen Drang, andere zu bevormunden.

Anfangs kam Sabrina oft weinend zur Musikstunde, weil sie – meist mit Özgür – wieder einmal Streit gehabt oder sich in die Auseinandersetzungen anderer eingemischt hatte. Sie war dann nur schwer zu beruhigen. Im Rhythmikraum verhielt sich die Dreizehnjährige bei der Exploration der Instrumente oft regressiv. Sie ließ sich wie ein zweijähriges Kind schwerfällig auf den Boden plumpsen und saß dann mit gegrätschten Beinen da, um wie der Zeit vollkommen entrückt ihr Instrument zu erforschen, – ein irgendwie anrührendes Bild, das aufgrund der offensichtlichen Diskrepanz zwischen Alter und Verhalten einer gewissen Komik nicht entbehrte.

Im geschützten therapeutischen Raum konnte man Sabrinas Nachreifungsprozess „spielend" zulassen. Ich ließ ihr alle Zeit der Welt und verfolgte solche Szenen mit empathischer Verbundenheit, was wohl auch die anderen Kinder spürten. Sabrina wurde in diesen Situationen nie belächelt oder gar ausgelacht. Sie verlangte von allen stets ein großes Maß an Zuneigung und Zuwendung, z.B. wenn sie ihr frisch erworbenes Können auf den Instrumenten stolz demonstrierte, und liebte es, in einer für Andere oft unerträglichen Lautstärke laut zu spielen. Mit der Zeit aber verstand sie es immer besser, den Instrumenten die zarten Klänge zu entlocken und lauschte ihnen dann verzückt. Dies war im Hinblick auf die Schwere ihrer Hörschädigung besonders bemerkenswert.

Frau M. registrierte in dieser Zeit des Experimentierens ein regelrechtes Aufblühen des Mädchens, das durch das „Gelassen-Sein" ganz andere Seiten seines Selbst durchschimmern ließ als im gewohnten Rahmen. Hand in Hand mit der Akzeptanz ihres regressiven Verhaltens durchlief Sabrina eine progressiv dynamische Entwicklung bezüglich ihres musikalischen Tuns innerhalb der Gruppe. Die Schlüsselszene, in welcher sie uns allen vortanzte, was sich hinter ihrem „Elefantenbaby-Dasein" verbarg, soll hier beschrieben werden.

„Tanz des Kängurus"

Etwa in der Mitte des Schuljahres hatte ich einfache Schwarzweiß-Tierbilder mitgebracht, die für die Entstehung sehr kontrastierender Improvisationsmusiken geeignet waren: Elefant, Bär, Löwe, Känguru, Katze, Vogel und Schwan. Das dafür angebotene Instrumentarium bestand aus großem Gong, großem Xylophon, Djemben, großem Becken, Röhrenglockenspiel, Rainmaker, Monochord, Bassstäben, Klangschale und verschiedenen kleinen Glöckchen. Brian schlug als erstes vor, „eine Känguru-Musik" zu spielen. Er spielte musikalisch durch die Wahl seines Lieblingsinstrumentes, dem Xylophon, eindeutig die Hauptrolle im musikalischen Geschehen. Die Improvisation wurde dem Bild eines durch die weite Steppenlandschaft springenden Kängurus wirklich gerecht und die Kinder waren mit großer Freude beim Spiel. Es kam zu geradezu witzig wirkenden Passagen. Mitten in der Improvisation verließ Sabrina plötzlich und völlig überraschend ihr Instrument. Sie stellte sich in die Mitte des Instrumentenkreises und bedeutete mir, sie wolle hüpfen. Es fiel ihr im wahrsten Sinne des Wortes „schwer", große Sprünge zu machen. Sabrina jedoch ließ sich durch nichts entmutigen und hüpfte, in ihrer ganzen Schwerfälligkeit den Raum durchmessend auf und ab, hin und her, war plötzlich selbst das Känguru – war wie eine kleine Dreijährige magisch in ihre Rolle gebannt: Das Tier blieb stehen, hielt, die Hand über die Augen haltend forschend Ausschau in der unermesslichen Weite der Steppe, fraß Gras und holte sich die Blätter von den Bäumen, um dann, das kleine Kängurubaby sicher in seinem Beutel bergend, weiter zu springen. Die Szene war gleichermaßen grotesk wie anrührend. Sabrina sprang und hüpfte und die Musik wollte nicht enden. Spieler und Zuschauer wurden förmlich in die Szenerie mit hinein gezogen. Frau M. beobachtete die Szene von einer Ecke aus mit einem zärtlich lächelnden mütterlichen Ausdruck. Am Ende des Spiels plumpste Sabrina erschöpft auf den Boden und saß dort schwer atmend und wieder einmal glücklich lächelnd wie ein dreijähriges Kind.

„Schwanensee"

Aber es blieb nicht dabei. Schon nach kurzer Zeit stürzte sie sich auf das Bild vom Schwan. Den Mitschülern blieb keine Chance, eigene Ansprüche anzumelden, so vehement wirkte Sabrinas Auftritt. Sie verlangte eine „Schwan-Musik" für ihren nächsten Tanz. Die Szene hatte etwas Zwingendes und die Erwachsenen beschlich ein leichtes Gefühl des Unbehagens bei der Vorstellung dieses plumpen Mädchens in der Rolle des Schwans. Das Bild schien nicht zu stimmen. Zum ersten Mal kostete es Mühe, hier nicht einzugreifen und das Kind zu lassen. Wir „übten uns in Zurückhaltung" und warteten ab, was geschehen würde. Und es geschah das Unerwartete.
Die Musik der Kinder entwickelte sich ganz zart aus der Stille heraus. Sie spielten einen großen klaren See. Man konnte das leise Rauschen des Windes hören, ein Plätschern hier und da, Wassertropfen, sonnige Wärme. Später beschrieben die Kinder selbst ihr eigenes Spiel mit großer Zufriedenheit. Für sie hatte es ebenso gestimmt wie für die Zuhörer – ein einfühlsames zartes Spiel.
Sabrina kam mit langsamen großen Schwimmbewegungen aus einer Ecke des Raumes gezogen. Sie war der Schwan: majestätisch, groß, sich langsam aufrichtend, die großen Flügel

ordnend, den langen schlanken Hals reckend, strahlend und stolz. Der Schwan zog uns in seinen Bann. Uns stockte der Atem. Die Szene war schlicht und ergreifend, „wunder-voll“. Das Wunder vollzog sich vor unseren Augen: Sabrina nahm sich alle Zeit der Welt für ihren Tanz auf dem „Schwanensee“ – und aus dem „hässlichen jungen Entlein“ wurde – für eine gemeinsam erlebte Weile – ein schöner Schwan.

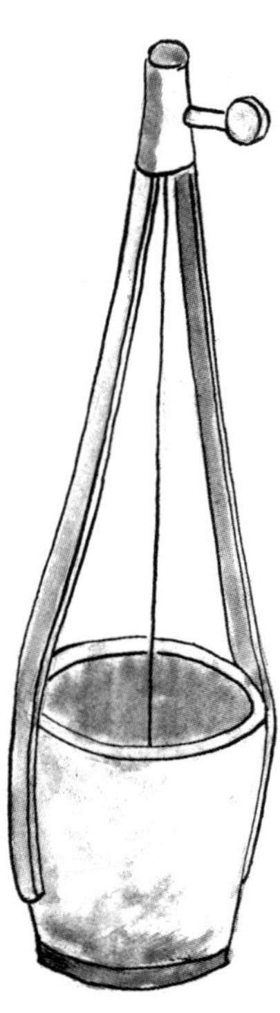

Reflexion

Für den Gruppenprozess waren die individuellen Erfahrungen der Kinder in der Phase der Instrumentenexploration sowie die freien und thematisch festgelegten Improvisationen der Klasse von übergeordneter Bedeutung.

Nach etwa zehn Wochen hatten sich die Kinder alle zur Verfügung stehenden Instrumente angeeignet und z.T. besondere Beziehungen zu bestimmten Instrumenten entwickelt, nie das Interesse verloren und eine ganze Menge an erlebnistherapeutischen Improvisationen gestaltet.

Die intensive Beziehungsentwicklung einzelner Kinder zu ganz bestimmten Instrumenten hat aus therapeutischer Sicht insofern großes Gewicht, weil die Instrumente im Spiel die Interaktion mit bestimmten Personen symbolisieren können. Das Fallbeispiel des Jungen Özgür kann an dieser Stelle nicht im Sinne einer umfassenden musiktherapeutischen Analyse untersucht werden, lässt aber deutlich die Selbstmächtigkeit von Musikinstrumenten als Symbol durchschimmern. „Im Symbol selbst wirkt eine Macht, durch die es an dem Anteil hat, worauf es verweist“ (Decker-Voigt 2000, 258). Die ausgewählten Beispiele, anhand derer „Özgürs Verwandlungen“ beschrieben wurden, lassen erahnen, mit welcher Intensität sich dessen außergewöhnliche Erfahrungen mit der Symbolkraft der Instrumente „abspielte“. Den Eindruck von der Stimmigkeit dessen, was sich für Özgür selbst, seine Mitschüler sowie die Therapeutin abspielte, bezeichnet Rogers als Kongruenz: „Wir spüren, dass ein Mensch nicht nur genau das meint, was er sagt, sondern auch dass seine tiefsten Empfindungen dem entsprechen, was er äußert“ (Rogers 1998, 276). Özgürs Äußerungen konnten trotz oder auch gerade wegen seiner sprachlichen Retardierung sowie zusätzlicher kommunikativer Einschränkungen durch sein Spiel mit den Instrumenten zum Ausdruck gebracht und auf symbolischer Ebene verstanden werden.

Das gilt ebenso für Sabrinas Umgang mit den Instrumenten in der Explorationsphase und muss aus therapeutischer Sicht auch für ihre beschriebenen Tänze als bewegten und bewegenden Ausdruck von Kongruenz im Sinne von „In-Kontakt-mit-sich-selbst-Sein“ verstanden werden. Kommunikation verläuft auch in Gruppenimprovisationen nie eingleisig. Da sie sich auf verschiedenen Ebenen abspielt, muss bei der Analyse des Prozesses auch der „Handlungsaspekt musikalischer Kommunikation“ Beachtung finden (vgl. Niederschlag 1999, 57). Der Improvisationsimpuls ging im geschilderten Fallbeispiel von je einem Tierbild (Känguru und Schwan) aus. Insofern könnte man die sich darauf beziehende Improvisation als auf einen außerhalb der Gruppe liegenden Punkt bezogen deuten. Sabrinas Reaktion auf die Musik jedoch zeigt, dass die Themenvorgabe durch Bilder einer echten Gruppenimprovisation im Sinne „gegenseitiger wortloser Reaktion der Partner aufeinander“ (Friedemann 1973, 70) nicht im Wege stand. Das zeigt sich u.a. in der Intensität, mit der die Improvisationen das sonst so schwer bewegliche Mädchen bewegten: Sabrina schien zur Musik der Gruppe tanzen zu müssen. Sie tat das in ebenso authentischer Weise, wie Özgür sich auf dem Monochord, der Djembe oder dem Klavier bewegt hatte. Auch in Sabrinas Tanz zeigte sich, wie bestimmte Instrumente und gemeinsames Improvisieren eine katalysatorische Wirkung entfalteten. „Nicht nur das Instrument an sich bezieht durch seinen Spieler Symbolkraft, sondern auch – und das ist von zentraler Bedeutung – sein Spiel darauf" (Decker-Voigt 2000, 269). Diese Aussage lässt sich auf den Tanz ohne weiteres übertragen. Die Tänzerin spielt mit dem eigenen Körper mit und macht ihn so zum Instrument ihres eigenen Ausdrucks.

Schlussgedanken

Die Frage der Abgrenzung oder Vereinbarkeit pädagogischer und therapeutischer Ziele ist in der musiktherapeutischen Literatur viel diskutiert worden (s. auch Hippel in diesem Band). Die geschilderten Fallbeispiele zeigen, *wie* es in der Praxis möglich ist, dass Therapeutisches in der Institution möglich ist und wie es ohne Brüche in Pädagogisches übergehen kann, wenn die Zeit dafür reif ist. Sie zeigen, wie musiktherapeutische Ansätze Kindern eine Chance bieten, „neue emotionale Erfahrungen mit sich und anderen (zu) machen und eine neue Qualität von Geborgenheit und Neugierde (zu) erleben" (Bruhn, 2000, 5). Sie weisen darauf hin, dass durch erlebnisorientierte Musiktherapie die Förderung sowohl Ich-stützender als auch sozialer Reifungsprozesse auch in Klassen für hörsprachgeschädigte Kinder möglich ist.

MUSIK ALS BEZIEHUNG

Studiengang Musiktherapie an der Universität Münster
Ein persönlicher Rückblick[1]

ROSEMARIE TÜPKER

Die Aufgabe, die mich erwartete, als ich Ende 1990 die Stelle als Leiterin des Zusatzstudiengangs Musiktherapie an der Westfälischen Wilhelms-Universität Münster annahm, lässt sich ebenso salopp wie zugespitzt formulieren als die Aufgabe, aus MusikpädagogInnen MusiktherapeutInnen zu „machen". Den Studiengang gab es schon gut drei Jahre. Die Struktur des Studiengangs war – und ist seither unverändert – vorgegeben und damit auch die Zulassungsvoraussetzung, aus der heraus sich dieser Auftrag ergibt: Alle, die diesen Studiengang beginnen möchten, müssen das erste Staatsexamen in Schulmusik (oder einen vergleichbaren Abschluss) vorweisen. Diese Bedingung schafft eine gewisse Zentrierung und bildet eine vergleichbare Plattform, von der aus die gemeinsame Arbeit beginnen kann. Sie lässt sich von da aus verdeutlichen von drei eher pragmatischen Fokussierungen: der Musik, der Frage der Vorbereitung oder Planung und der Kontrastierung von Handeln versus Verstehen.

Die Musik der Subjekte

Bezogen auf die Musik bedeutet die gegebene Voraussetzung, dass die Studierenden über eine langjährige musikalische Praxis verfügen, mit all den Fähigkeiten, Erfahrungen und Erlebnissen, die damit verbunden sind, mit Sehnsüchten wie Frustrationen, Erfüllungen wie Enttäuschungen, Sicherheiten wie Entmutigungen, Formungen wie Deformierungen. Etwas im Umgang Musik noch nicht zufriedenstellend gefunden zu haben, scheint mir eine erste tiefere Gemeinsamkeit der meisten Studierenden. Ebenso aber die Beharrlichkeit weiter zu suchen, die sich oft in dem Wunsch ausdrückt, mit Musik anders mit anderen Menschen in Beziehungen treten zu wollen als dies im Lehrerberuf möglich ist. Äußerlich macht sich dieser Mangel immer noch – oder schon wieder – daran fest, dass viele Studierende in ihrer musikalischen Laufbahn noch nie, kaum oder zu wenig improvisiert haben.
Hier kann ich mich einer massiven Kritik an unserer musikalischen Ausbildungstradition nicht enthalten. Ich finde es schlicht moralisch nicht mehr vertretbar, immer noch Kinder, Jugendliche und Erwachsene in einer Kunst auszubilden und sie nur die Empfindungsgestalten anderer nachspielen zu lassen, statt ihnen diese Kunst auch als eigene Ausdrucksgestaltung verfügbar zu machen. Ich höre innerlich den Einwand, dass wir uns doch auch

[1] Erstveröffentlichung in: Musiktherapeutische Umschau 2004, Bd. 25, 314-318. Mit freundlicher Genehmigung des Verlages Vandenhoeck & Ruprecht.

in einer Beethovensonate zum Ausdruck bringen können. Das will ich damit überhaupt nicht bestreiten. Aber wir lernen auch nicht sprechen, indem wir Gedichte aufsagen. Und die fehlende Tradierung der Improvisation in der europäischen Musik, die nicht ergriffene Chance der Musikentwicklung der 70er Jahre, das Aufrechterhalten der Spaltung in ‚KomponistInnen – Ausübende – RezipientInnen', führt zu einer Entsubjektivierung der Musik, deren Verwertungscharakter sich nun zugespitzt in der aktuelle Welle von ‚Superstar' und ‚Fame Academy' zeigt.
Sie beginnt aber viel früher, auch und gerade in der klassischen Ausbildung, die zu sehr nach der Verwertbarkeit der Kinder für die Musik und zu wenig nach der Verwendung der Musik für die Selbstentwicklung der Kinder fragt. Und sie spiegelt sich in der Verengung eines musikwissenschaftlichen Werkbegriffs als alleiniger Seinsform (vgl. Tüpker 2001, 2002). Ein essentieller und oft auch existentieller Impuls, Musiktherapie studieren zu wollen, hängt nach meiner Wahrnehmung damit zusammen, die Suche nach der (Wieder-)Auffindbarkeit des eigenen Subjekts und der Subjektivität der Anderen in der Musik noch nicht aufgegeben zu haben.
Diese Suche gilt es zu ermutigen, zu unterstützen und in musikalische Praxis zu überführen. Erst einmal erlebbar zu machen, dass das Gesuchte keine Chimäre ist, gelingt aufgrund der musiktherapeutischen Erfahrungen im Umgang mit Musik vergleichsweise leicht, auch wenn das Improvisieren in den verschiedenen Unterrichtsangeboten innerhalb des Studiengangs nicht therapeutisch ist. Und auch, wenn sich die Aufforderung zur Improvisation im Erleben der Studierenden zunächst als eine schwer überwindbare Hürde darstellt.
Ob es dann gelingt, die Suche der Einzelnen so zu unterstützen, dass sie zu einer besseren Verfügbarkeit der Musik für das Subjekt führt, lässt sich im zeitlichen Rahmen einer universitären Ausbildung sicher nicht abschließend beurteilen. Wenn es gelingt, so wäre (mir) dies eigentlich schon genug. Nicht im Hinblick auf den Beruf, wohl aber im Hinblick auf die persönliche Entwicklung der Einzelnen. Ich bilde kein Humankapital aus, sondern Menschen. Dass es bei Einzelnen gelingt und wie sich das dann anhört und anfühlt, erlebe ich bisweilen in beeindruckender Weise in der musikalischen Ausdrucksgestaltung ehemaliger Studierender, unabhängig davon, ob sie als MusiktherapeutInnen arbeiten oder nicht – und übrigens auch bei MusiktherapeutInnen, die anderenorts ausgebildet wurden. Tröstlich erfahrbar wird – meist schon im Studium selbst – auch, dass die Leiden der Musikausbildung nicht umsonst waren: Die erlernten Fertigkeiten und Fähigkeiten stehen nach einer gewissen Umbruchzeit „wie neugeboren" der Improvisation zur Verfügung. Und das jahrelange Üben der „Werke Anderer" erweist sich, wenn die Anbindung an das Eigene gefunden ist, als ein wertvolles Können im Hinblick auf die mitbewegende Einfühlung in Andere, und als ein nicht zu unterschätzendes Repertoire an (unbewusstem) „Wissen" im Hinblick auf seelische Bewegungen und Bewegtheiten. Aufgrund der kunstanalogen Gesetzmäßigkeit des Seelischen gibt sich die Einübung in eine Kunst nun zugleich als eine Einübung in die Psychologie zu erkennen. (Zur biographischen Bedeutung von Improvisation s. Weymann 2004.)

Musik als Beziehung, als Kommunikation erlebbar und handhabbar zu machen, ist von diesem ersten Gedanken aus kein Gegensatz, sondern dasselbe in einer anderen Version:

ohne Beziehung kein Subjekt, ohne Subjekte keine Kommunikation. (Wir sprechen hier nicht von kommunizierenden Röhren.)

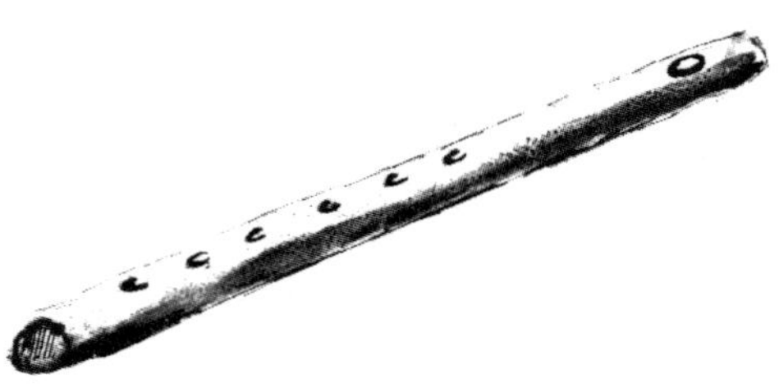

Planung versus Mitbewegung

Eine zweite Wandlung, um die es hier geht, ist mir – die ich selbst ja keine Schulmusikausbildung habe – durch nachträgliche Beschreibungen ehemaliger Studierender erkennbar geworden: MusikpädagogInnen haben gelernt, dass sie vor einer Stunde wissen müssen/sollen, wo sie (die SchülerInnen) hinbringen werden. Nach der Stunde sind sie angehalten zu überprüfen, ob sie dort angekommen sind. Haben die SchülerInnen das vom Lehrer zuvor festgelegte Lernziel erreicht? Nur dann war die Stunde gut. Hätten sie etwas ganz Wunderbares erreicht, was aber vorher nicht geplant war, so wäre das nicht das Gewünschte. Auch die Variante, auf einem anderen als dem vorher festgelegten Weg an dasselbe Ziel gelangt zu sein, wird den (angehenden) LehrerInnen als Versagen angerechnet.

Die angehenden MusiktherapeutInnen hingegen müssen lernen, sich darauf einzulassen, nicht vorher festzulegen, wohin es gehen soll. Mehr noch: Sie lassen sich vom Patienten führen. Sie sind dabei aber nicht orientierungslos, sondern können dies zulassen im Vertrauen darauf, dass sie wissen, wo diese Orte sind, die sie gemeinsam durchfahren. Sie können das, was geschieht, orten in einem psycho-logischen Koordinatensystem. Und wenn sie einmal nicht wissen, wo sie sich befinden, was zu Beginn der Arbeit naturgemäß häufiger der Fall ist, so geben sie diese Methodik deshalb nicht auf, sondern verbessern ihre psychologischen „Ortskenntnisse“ durch Supervision, Analysen der Musik, durch Nachlesen der „Reiseberichte“ anderer TherapeutInnen und durch verbale und musikalische Diskurse mit KollegInnen. Wenn sie dies konsequent verfolgen, können sie sich getrost auf die Führung ihres Gegenübers einlassen, auch wenn dieser nicht bewusst weiß, wo er hin will. So wie wir einem Kind in einer uns gut bekannten Gegend durchaus die Führung überlassen können, weil wir nicht befürchten müssen, dass wir uns dadurch gemeinsam verlaufen werden. Und weil Weg und Ziel hier nicht maßgeblich unterschieden sind.

Handeln versus Verstehen

Eine dritte Veränderungsnotwendigkeit auf dem Weg vom Pädagogen zum Therapeuten dreht sich um die Achse „verstehen – handeln". PädagogInnen werden dazu angeleitet, schon kurz nach der Entdeckung eines „Problems" sagen zu müssen, was sie dagegen zu unternehmen gedenken. Auf dem Weg zu der neuen Rolle ist – verglichen damit – eine größere Langsamkeit gefragt. Abwarten, wie sich das weiter entwickelt, was das werden will, welche Gestalt sich da abzeichnet, reicht oft schon. Sich mitbewegen und dabei so in sich hineinhören, dass ein Phänomen in seiner besonderen Qualität empathisch nachvollziehbar wird, ist ein Zweites. Wir können uns darauf einlassen, im ‚Werk des Patienten' mitzuspielen, so wie wir gelernt haben Bachs, Mozarts oder Keith Jarretts Empfindungen in uns musikalisch wieder aufzufinden und zu ‚interpretieren'.
Auch wenn wir die Musik des Patienten nicht in Noten vorgelegt bekommen, sondern sie mittels der musikalischen Andeutungen und mittels dessen, was diese in uns (im Sinne der Gegenübertragung) in Schwingung bringen, auslegen müssen.
Ein Drittes ist es zu verstehen, was sich da ausdrückt. Was will das Seelische uns im Symptom, im musikalischen Ausdruck, in den Erzählungen, in den vielfältigen Formen des Widerstandes an ‚anders nicht Mitteilbarem' erklären? Verstehen meint dabei durchaus etwas Vielschichtiges: meint erkennen und Verständnis haben, aufklären und mitempfinden, etwas durchschauen, begreifen und sich verstanden fühlen.
Und es ist immer ein gemeinsamer Prozess, an dem beide, PatientIn und TherapeutIn – mit unterschiedlichen Stimmen – beteiligt sind. Erst in einem vierten Anlauf – frühestens – wäre Handeln angesagt. Und viel gibt es dann schon nicht mehr zu handeln: Manchmal merkt man an dieser Stelle, dass das Seelische des Patienten längst die besondere Chance der musiktherapeutischen Situation ergriffen hat und sich auf einem Weg befindet, den wir vor allem nicht durch ‚tolle Ideen' oder ‚methodische Tricks' unterbrechen sollten. Gerade in der Supervision von Kindertherapien bin ich immer wieder beeindruckt, wie schnell und präzise Kinder allein durch eine gelungene therapeutische Haltung verstehen, welche Chance sich ihnen mit dem angebotenen Setting bietet. Während der Therapeut vielleicht noch darüber grübelt, wie er das Kind dazu bringen kann sich „einzulassen", hat dieses oft schon längst mit seiner speziellen Form der Therapie begonnen. Handeln in der Therapie kann hier heißen: Wir teilen dem Patienten unser Verstehen in der Musik oder in einer sprachlichen Deutung mit und lassen diese sehr einfachen Interventionen wirksam werden. Mehr Handlung ist selten gefragt. Und deshalb müssen wir auch nicht (besser) wissen, wie die Lebenssituation des Patienten zu bewältigen, auszuhalten oder zu verändern ist. Wir müssen also auch nicht wissen, wie wir an seiner/ihrer Stelle handeln würden. Und das ist wirklich anders als in der Pädagogik, wo es ja durchaus sinnvoll ist, dass der Lehrer weiß, wie eine Aufgabe zu lösen, welche Lerntechniken hilfreich, wie ein Schulabschluss zu erreichen ist und welche Zwischenschritte dazu nötig sind.

Hinsichtlich dieser Handlungsabgewandtheit zeigt sich für die Studierenden vielleicht am ehesten, ob sie die Wendung zu einer therapeutischen Tätigkeit wirklich wollen. Wer es als Erholung, Erleichterung, Zugewinn erlebt, nicht immer etwas tun zu müssen, der wird vermutlich in dem neuen Beruf das Seine finden. Für wen diese Haltung sich eher anfühlt als ein Sich-zurückhalten-Müssen, Geduldig-sein-Müssen, wer sich durch eine solche Haltung in seinem Ausbreitungswunsch, in der eigenen Kreativität beschränkt fühlt, der wird vielleicht in diesem Beruf entweder nicht glücklich oder nicht gut.

Paradoxes zum Schluss

Komme ich zurück zu der anfangs benannten Aufgabe, so erweist sich ihre Formulierung nicht nur als salopp, sondern als grundfalsch. Denn natürlich kann niemand aus MusikpädagogInnen MusiktherapeutInnen „machen". Wir können nur Prozesse anregen und begleiten aus der eigenen musikalischen und therapeutischen Erfahrung heraus.
Und hier wird es nun – wie könnte es anders sein – paradox. Therapie zu lehren bringt mich als Therapeutin zugleich in eine umgekehrte Entwicklungsbewegung. Indem wir über die Nichtmachbarkeit therapeutischer Prozesse nachdenken, wird zugleich offensichtlich, dass auch pädagogische Prozesse letztlich nicht „machbar" sind. Das ist – angesichts des gerade herrschenden Machbarkeitswahns – erfreulich. Insofern kann ich mich über Studierende, die durch den Studiengang ihren Weg zu irgendeinem anderen Beruf oder einer ihnen gemäßeren Lebenssituation finden, ebenso freuen wie über die, die MusiktherapeutInnen werden und damit nicht unglücklich sind. Und für mich habe ich das Gefühl, dass Lehren möglich ist, ohne die aus der therapeutischen Erfahrung gewonnene „Lebensphilosophie" aufzugeben. Es muss also auch ein Verbindendes von Therapeutik und Pädagogik geben. Das herauszuarbeiten wäre ein neues Thema.

Literaturverzeichnis

Aepkers, Frank (2003): „Mit deinen Augen“ – Musiktherapie mit blinden Kindern und Jugendlichen. Münster: Diplomarbeit Studiengang Musiktherapie. Universität Münster

Aliki (eigentl. Brandenberg, Aliki) (1987): Gefühle sind wie Farben. Weinheim: Beltz

BASS (Bereinigte Amtliche Sammlung der Schulvorschriften des Landes NRW) (2004/2005): Hg. vom Ministerium für Schule, Jugend und Kinder. 19. Aufl., Düsseldorf

Becker, Maria (1989): Die Entfaltung der unbewussten Gruppenphantasien am Beispiel einer musiktherapeutischen Gruppe mit behinderten jungen Erwachsenen. Hamburg: Diplomarbeit Studiengang Musiktherapie. Hochschule für Musik und Darstellende Kunst Hamburg

Behne, Klaus-Ernst (1982): Musik – Kommunikation oder Geste? In: Musikpädagogische Forschung 3. Osnabrück 1982. 125-143

Berger, Peter; Luckmann, Thomas (1987): Die gesellschaftliche Konstruktion der Wirklichkeit – Eine Theorie der Wissenssoziologie. Frankfurt am Main: S. Fischer

Bölling-Bechinger, Hiltrud (1998): Frühförderung und Autonomieentwicklung. Diagnostik und Intervention auf personzentrierter und bindungstheoretischer Grundlage. Heidelberg: Schindele

Bossmann, Annette (1993): „Musik mit Flüchtlingen“ – ein Projekttagebuch. Unveröffentlichte Protokolle zum Praxisprojekt Studiengang Musiktherapie. Universität Münster

Bowlby, John (2001): Das Glück und die Trauer. Herstellung und Lösung affektiver Bindung. 2. Aufl., Stuttgart: Klett-Cotta

Brambring, Michael (1993): „Lehrstunden“ eines blinden Kindes: Entwicklung und Frühförderung in den ersten Lebensjahren. Münster: Reinhardt

Brambring, Michael (1999): Entwicklungsbeobachtung und -förderung blinder Klein- und Vorschulkinder. Würzburg: edition bentheim

Breiner, Herbert (2000): Lautsprachliche Kommunikation und ihre Beeinträchtigungen. Praxis der Hör-Sprechbefähigung Gehörloser und Schwerhöriger. Frankenthal: Silanus

Bruhn, Herbert (2000): Musiktherapie. Geschichte – Theorien – Methoden. Göttingen: Hogrefe

Carle, Eric (1994): Die kleine Raupe Nimmersatt. Hildesheim: Gerstenberg

Datler, Wilfried (1997): Psychotherapie und Pädagogik. In: Reinelt, Toni; Bogyi, Gertrude; Schuch, Bibiana: Lehrbuch der Kinderpsychotherapie. München: Reinhardt. 111 - 116

Decker-Voigt, Hans-Helmut (Hg.) (1983a): Handbuch Musiktherapie. Funktionsfelder, Verfahren und ihre interdisziplinäre Verflechtung. Lilienthal/Bremen: Eres

Decker-Voigt, Hans-Helmut (1983b): Zur Ablösung der Musiktherapie von der Musikpädagogik – eine Zustandbeschreibung. In: Decker-Voigt, Hans-Helmut (Hg.) (1983a): Handbuch Musiktherapie. Funktionsfelder, Verfahren und ihre interdisziplinäre Verflechtung. Lilienthal/Bremen: Eres. 21-32

Decker-Voigt, Hans-Helmut; Knill, Paolo J.; Weymann, Eckhard (Hg.) (1996): Lexikon Musiktherapie. Göttingen: Hogrefe

Decker-Voigt, Hans-Helmut (2000): Aus der Seele gespielt – Eine Einführung in die Musiktherapie, München: Goldmann

Deuter, Martin (1996): Beziehungsformen in der musiktherapeutischen Arbeit mit psychotischen Patienten. „Wo treffen wir uns, wenn wir uns nicht treffen?". In: Tüpker, Rosemarie (Hg.) (1996b): Konzeptentwicklung musiktherapeutischer Praxis und Forschung. Münster: LIT. 38-60

Dornes, Martin (1999): Der kompetente Säugling, Die präverbale Entwicklung des Menschen, 9. Aufl., Frankfurt am Main: Fischer

Erikson, Erik. H. [1959] (1998): Identität und Lebenszyklus. Frankfurt am Main: Suhrkamp

Esch, Anke (1999): Improvisation und Identität. Identitätsbildende Aspekte aus morphologischer Sicht. In: Haffa-Schmidt, Ulrike; von Moreau, Dorothee; Wölfl, Andreas (Hg.): Musiktherapie mit psychisch kranken Jugendlichen. Grundlagen und Praxisfelder. Göttingen: Vandenhoeck & Ruprecht. 38-44

Freud, Sigmund (1999): Die Traumdeutung. In: Gesammelte Werke, Bd. 2/3. Frankfurt am Main: S. Fischer

Friedemann, Lilli (1973): Begegnungen mit der Gruppenimprovisation. In: Stumme, Wolfgang (Hg.): Über Improvisation. Bausteine für Musikerziehung und Musikpflege. Schriftreihe B 21. Mainz: B. Schott`s Söhne. 64-71

Friedemann, Lilli (1983): Trommeln-Tanzen-Tönen. Rote Reihe. Wien: Universal Edition.

Frohne, Isabelle (1983): Möglichkeiten integrativer Arbeit mit verschiedenen künstlerischen Medien in der Musiktherapie. In: Decker-Voigt, Hans-Helmut (Hg.) (1983a): Handbuch Musiktherapie. Funktionsfelder, Verfahren und ihre interdisziplinäre Verflechtung. Lilienthal/Bremen: Eres. 185-189

Gabler, Barbara (1975): Gruppenimprovisation als Methode der Interaktionspädagogik. In: Fritz, J.: Interaktionspädagogik, München: Juventa. 62-89

Gadamer, Hans-Georg (1993): Gesammelte Werke. Bd. 8. Ästhetik und Poetik I – Kunst als Aussage. Tübingen: Mohr

Gadamer, Hans-Georg (1997): Sprache und Verstehen. In: Gadamer Lesebuch, hg. v. Jean Grondin. Tübingen: Mohr. 71-85

Goll, Harald (1993): Heilpädagogische Musiktherapie. Grundlegende Entwicklung eines ganzheitlich angelegten ökologisch-dialogischen Theorie-Entwurfs, ausgehend von Jugendlichen und Erwachsenen mit schwerer geistiger Behinderung. Frankfurt am Main: Lang

Grootaers, Frank (1983): Improvisation. In: Decker-Voigt, Hans-Helmut (Hg.): Handbuch Musiktherapie. Funktionsfelder, Verfahren und ihre interdisziplinäre Verflechtung. Lilienthal/Bremen: Eres. 245-251

Grootaers, Frank (2001): Bilder behandeln Bilder. Musiktherapie als angewandte Morphologie. 2. Aufl. Münster: LIT 2004

Haffa-Schmidt, Ulrike (1999): Musiktherapeutische Vielfalt – Methodische Überlegungen und Besonderheiten. In: Haffa-Schmidt, Ulrike; von Moreau, Dorothee; Wölfl, Andreas (Hg.): Musiktherapie mit psychisch kranken Jugendlichen. Grundlagen und Praxisfelder. Göttingen: Vandenhoeck & Ruprecht. 31-37

Hammer, Andrea; Gruber, Hildegard (Hg.) (2000): Ich sehe anders. Medizinische, psychologische und pädagogische Grundlagen der Blindheit und Sehbehinderung bei Kindern. Würzburg: edition bentheim

Hedervari-Heller, Eva, [2000] (2002): Klinische Relevanz der Bindungstheorie in der therapeutischen Arbeit mit Kleinkindern und deren Eltern. In: Endres, Manfred; Hauser, Susanne (Hg.): Bindungstheorie in der Psychotherapie. München: Reinhardt

Hegi, Fritz [1986] (1997): Improvisation und Musiktherapie. Möglichkeiten und Wirkungen von freier Musik. Paderborn: Junfermann

Heidegger, Martin (2000): Brief über den Humanismus. 10. Aufl. Frankfurt am Main

Hering, Wolfgang (2000): Aquaka della oma. 88 alte und neue Klatsch- und Klanggeschichten mit Musik und vielen Spielideen. Münster: Ökotopia

Hesse, Hermann (1976): Eigensinn – Autobiographische Schriften. Frankfurt am Main: Suhrkamp

Hintermair, Manfred (1999): „Ich möchte die sein, die ich bin, und die werden, die ich sein kann" oder: Warum es sich lohnt, in der Hörgeschädigtenpädagogik wieder einmal über das Thema Identität nachzudenken. In: Hörgeschädigtenpädagogik 1999, Bd 1. Heidelberg: Groos. 25-31

Hippel, Natalie; Laabs, Friedemann (2001): Improvisieren mit älteren Menschen? Schwierigkeiten und Möglichkeiten. In: Tüpker, Rosemarie; Wickel, Hans Hermann (Hg.): Musik bis ins hohe Alter. Münster: LIT. 51-69

Horsch, Ursula (1993): Ist die Entwicklung eines positiven Selbstkonzepts Ziel der Früherziehung hörgeschädigter Kinder? Ein Beitrag zur Theoriebildung in der Gehörlosenpädagogik, In: Hörgeschädigtenpädagogik (1993), Bd 1. Heidelberg: Groos

Hortien, Richard (2002): Musiktherapie in der Regelschule? In: Musikpsychologie in der Schule. Hg. v. d. Akademie für Lehrerfortbildung Dillingen in Zusammenarbeit mit Herbert Bruhn und Helmut Rösing. 2. Aufl. Augsburg: Wißner (Forum Musikpädagogik Bd. 15). 99-118

Irle, Barbara (1996): Der Spielraum Musiktherapie als Ergänzung des pädagogischen Auftrages in einem Internat. In: Irle, Barbara; Müller, Irene: Raum zum Spielen – Raum zum Verstehen. Musiktherapie mit Kindern. Münster: LIT. 10-102

Irle, Barbara; Müller, Irene (1996): Raum zum Spielen – Raum zum Verstehen. Musiktherapie mit Kindern. Münster: LIT

Jamieson, J. R (1994). Teaching as transaction: Vygotskian perspectives on deafness and mother-child interaction. Exceptional Children, 60. 434-449.

Jooß, Erich; Bernard-Kress, Margret (2001): Das Geschenk des kleinen Hirten. Kevelaer: Butzon & Bercker

Junkers, Fritz (2004): editorial. In: nds 7. Essen: Neue Deutsche Schule Verlagsgesellschaft. 3

Kemmelmeyer, Karl-Jürgen; Probst, Werner (Hg.) (1981): Quellentexte zur Pädagogischen Musiktherapie. Zur Genese eines Faches. Regensburg: Gustav Bosse

Klein, Melanie (1997): Das Seelenleben des Kleinkindes und andere Beiträge zur Psychoanalyse. 5. Aufl., Stuttgart: Klett-Cotta

Kühn, Manfred (2001): „The times they are a'changing…" (Bob Dylan). Sehnsucht nach der Musik im Medienzeitalter. In: Musiktherapeutische Umschau 22. 83-92

Kultusministerium des Landes NRW (2004) (Hg.): Richtlinien Musik. Grundschule. Düsseldorf

Langen, Annette; Piel, Walter (Hg.) (1993): Musik und Heilpädagogik. Festschrift für Helmut Moog zum 65. Geburtstag. Frankfurt am Main: Lang

Langenberg, Mechthild (1988): Vom Handeln zum Be-Handeln. Stuttgart; New York: Gustav Fischer

Lenz, Martin (1998): Musik und Kontakt. Grundlagen und Modelle musik- sozialtherapeutischer Gruppenimprovisation. In: Lenz, Martin; Tüpker, Rosemarie (1998): Wege zur musiktherapeutischen Improvisation. Münster: LIT

Lenz, Martin; Tüpker, Rosemarie (1998): Wege zur musiktherapeutischen Improvisation. Münster: LIT

Lionni, Leo (1992): Swimmy. München: Middelhauve

Loos, Gertrud Katja (1986): Spielräume. Musiktherapie mit einer magersüchtigen und andern früh gestörten Patienten. Stuttgart; New York: Gustav Fischer

Loos, Gertrud Katja (2000): Der Dialog in der Musiktherapie zwischen diagnostischen und therapeutischen Dimensionen. In: Musiktherapeutische Umschau 21.383-393

Lorenzer, Alfred (2000): Sprachzerstörung und Rekonstruktion. Vorarbeiten zu einer Metatheorie der Psychoanalyse. 5. Aufl., Frankfurt am Main: Suhrkamp

Lorenzer, Alfred (2002): Die Sprache, der Sinn, das Unbewußte. Psychoanalytisches Grundverständnis und Neurowissenschaften. Stuttgart: Klett-Cotta

Lumer-Henneböle, Beatrix (1993): Musik in der Sonderpädagogik. In: Bruhn, Herbert; Oerter, Rolf; Rösing, Helmut (Hg.): Musikpsychologie. Ein Handbuch. Reinbek bei Hamburg: Rowolth. 367-381

Magai, Carol [1995] (1999): Bindung, Emotionen und Persönlichkeitsentwicklung. In: Spangler, Gottfried; Zimmermann, Peter (Hg.): Die Bindungstheorie. Grundlagen, Forschung und Anwendung. Stuttgart: Klett-Cotta

Mahler, Margret; Pine, Fred; Bergmann, Anni (2001): Die psychische Geburt des Menschen. Symbiose und Individuation. 17. Aufl., Frankfurt am Main: S. Fischer

Mahns, Beate (1985): Musik bei geistig Behinderten zwischen Beschäftigung und Therapie. In: Musiktherapeutische Umschau 6. 147-161

Mahns, Beate (1997): Musiktherapie bei verhaltensauffälligen Kindern. Praxisberichte, Bestandsaufnahme und Versuch einer Neuorientierung. Stuttgart: Gustav Fischer

Mahns, Wolfgang (1995): Da verschlägt es einem doch glatt die Sprache. In: Musiktherapeutische Umschau 16. 197-213

Mahns, Wolfgang (1996): Musiktherapie in der Schule (Schüler-PatientInnen). In: Decker-Voigt, Hans-Helmut; Knill, Paolo J.; Weymann, Eckhard (Hg.): Lexikon Musiktherapie. Göttingen.: Hogrefe

Mahns, Wolfgang (1999): Musik, Bewegung, Kunst, In: Borchert, Johan (Hg.): Handbuch der sonderpädagogischen Psychologie. Göttingen: Hogrefe

Mahns, Wolfgang (2004): Symbolbildung in der analytischen Kindermusiktherapie. Eine qualitative Studie über die Bedeutung der musikalischen Improvisation in der Musiktherapie mit Schulkindern. Münster: LIT

Marchand, Marlies (1989): Therapeutisch orientierte Musikpädagogik in der Heimerziehung. (Studienarbeiten aus der Fachhochschule Nordrhein-Westfalen). Dortmund: Verlag Modernes Leben

Mayr, Stella (1996): Gruppendynamik, In: Decker-Voigt, Hans-Helmut; Knill, Paolo J.; Weymann, Eckhard (Hg.): Lexikon Musiktherapie. Göttingen: Hogrefe. 133-137

Menebröcker, Erika (2001): Musiktherapeutische Förderangebote in der Grundschule – Allgemeine Begründung, Erfahrungen aus der Praxis und konzeptionelle Überlegungen. Diplomarbeit Studiengang Musiktherapie. Universität Münster

Merkt, Irmgard (Hg.) (2000): Ein Lied für Christina. Regensburg: ConBrio

Ministerium für Schule, Jugend und Kinder des Landes Nordrhein-Westfalen (2005): Sonderausgabe zum Amtsblatt Schulgesetz NRW-SchuleG, 57. Jahrgang. Düsseldorf (s. http://www.bildungsportal.nrw.de/BP/Schule/System/Recht/Vorschriften/Gesetze/SchulG_Info/SchulG_Text.pdf)

Moreau, Dorothee von (1999): Jugendliche Identitätsbildung aus entwicklungspsychologischer Perspektive. In: Haffa-Schmidt, Ulrike; von Moreau, Dorothee; Wölfl, Andreas (Hg.): Musiktherapie mit psychisch kranken Jugendlichen. Grundlagen und Praxisfelder. Göttingen: Vandenhoeck & Ruprecht. 20-25

Müller, Irene (1996): Ein Junge spricht nicht – auf der Suche nach Verstehen in der Kindermusiktherapie. In: Irle, Barbara; Müller, Irene: Raum zum Spielen - Raum zum Verstehen. Münster: LIT. 103-191

Nicolay, Lucien (1995): Adlerianische Psychoanalyse mit gehörlosen Menschen. In: Zeitschrift für Individualpsychologie, 49/6

Niedecken, Dietmut [1989] (1998): Namenlos. Geistig Behinderte verstehen. 3. überarbeitete Auflage. Berlin: Luchterhand

Niederschlag, Kerstin (1999): Musikalische Kommunikation am Beispiel der Gruppenimprovisation, Unveröffentlichte Hausarbeit im Rahmen der Ersten Staatsprüfung für das Lehramt für die Primarstufe, Fachbereich Musik. Universität Siegen

Nietzschke, Bernd (2000): Frühe Formen des Dialogs. Musikalisches Erleben – Psychoanalytische Reflexion. In: Musiktherapeutische Umschau 21. 324-344

Nordoff, Paul; Robbins, Clive (1986): Schöpferische Musiktherapie. Stuttgart; New York: Gustav Fischer

Paduch, Isabell. (2002): Musik als Erfahrungs- und Gestaltungsraum. Bericht über ein Musikprojekt „Der Seelenvogel“ mit Kindergartenkindern. Münster: Diplomarbeit Studiengang Musiktherapie. Universität Münster

Palmowski, Winfried; Heuwinkel, Matthias (2000): Normal bin ich nicht behindert! Dortmund: Verlag Modernes Lernen

Petersen, Dietrich (2001): „Musiktherapie light?“ Anmerkungen zum musiktherapeutischen Arbeiten mit Kindern und Jugendlichen. In: BVM (Hg.): Einblicke. Beiträge zur Musiktherapie, 11. 57-64

Prause, Manuela (2001): Zur Musiktherapie mit Cochlear-Implantat-Patienten. Münster: Diplomarbeit Studiengang Musiktherapie. Universität Münster

Pschyrembel (1998): Klinisches Wörterbuch. 258. Auflage. Berlin; New York: de Gruyter

Reichert, Bernd (2001): Musiktherapie mit Jugendlichen. In: BVM (Hg.): Einblicke. Beiträge zur Musiktherapie, 11. 44-56

Reinelt, Toni; Bogyi, Gertrude; Schuch, Bibiana (Hg.) (1997): Lehrbuch der Kinderpsychotherapie. München: Reinhardt

Reinhard, Wendi (1991): Der Weg zur Musiktherapie in einer Langzeiteinrichtung für geistig behinderte Menschen. In: Musiktherapeutische Umschau 12. 192-197

Rogers, Carl R. (1989): Entwicklung der Persönlichkeit, Konzepte der Humanwissenschaft. Stuttgart: Klett-Cotta

Rousseau, Jean-Jacques [1762] (1976): Emile oder Über die Erziehung. Stuttgart: Philipp Reclam

Schäfer, Magdalene (1976): Musiktherapie als Heilpädagogik bei verhaltensauffälligen Kindern. Frankfurt am Main: Fachbuchhandlung für Psychologie, Verlagsabteilung

Schiltz, Loni (2002): Musiktherapeutische Behandlung jugendlicher Borderline-Patienten im Rahmen eines schulpsychologischen Dienstes. Methodisches Vorgehen. In: Petersen, Peter (Hg.): Forschungsmethoden künstlerischer Therapien. Grundlagen-Projekte-Vorschläge. Stuttgart, Berlin: Johannes M. Mayer

Schmidt, Holger (1998): Musiktherapeutische Einzel- und Gruppenförderung in der Schule. In: Musiktherapeutische Umschau. 19, 206-211

Schön, Bärbel (Hg.) (1998): Wieviel Therapie braucht die Schule? Theoretische Reflexionen und praktische Erfahrungen. Donauwörth: Auer

Schumacher, Karin (2000): Musiktherapie und Säuglingsforschung. Zusammenspiel. Einschätzung der Beziehungsqualität am Beispiel des instrumentalen Ausdrucks eines autistischen Kindes. 2. Auflage, Frankfurt am Main: Lang

Schumacher, Karin; Calvet-Kruppa, Claudine (1999): Musiktherapie als Weg zum Spracherwerb. In: Musiktherapeutische Umschau 20. 216-231

Schumacher, Karin; Calvet-Kruppa, Claudine (2001): Die Relevanz entwicklungspsychologischer Erkenntnisse für die Musiktherapie. In: Decker-Voigt, Hans-Helmut (Hg.): Schulen der Musiktherapie. München: Reinhardt. 2-124

Schütz, Alfred (1981): Der sinnhafte Aufbau der sozialen Welt. Eine Einleitung in die verstehende Soziologie. 2. Aufl., Frankfurt am Main: Suhrkamp

Schwabe, Christoph (1973): Musiktherapie – Musikalische Heilpädagogik – Musikerziehung. In: Pahlen, Kurt (Hg.): Musiktherapie. München: Heyne. 98-106

Seidel, Almut (1976): Musik in der Sozialpädagogik. Dargestellt am Beispiel Randgruppenarbeit. Anregungen für die musikalische Arbeit mit sozial benachteiligten Kindern im Vorschul- und Grundschulalter. Wiesbaden: Breitkopf & Härtel

Snunit, Michal (1991): Der Seelenvogel. Hamburg: Carlsen

Stern, Daniel [1992] (2000): Die Lebenserfahrungen des Säuglings. 7. Aufl., Stuttgart: Klett-Cotta

Tischler, Björn; Moroder-Tischler, Ruth (1998): Musik aktiv erleben. Musikalische Spielideen für die pädagogische, sonderpädagogische und therapeutische Praxis. 4. überarbeitete Auflage. Frankfurt am Main: Diesterweg

Tüpker, Rosemarie (Hg.) (1996): Konzeptentwicklung musiktherapeutischer Praxis und Forschung. Münster: LIT

Tüpker, Rosemarie (1996a): Ich singe, was ich nicht sagen kann. Zu einer morphologischen Grundlegung der Musiktherapie. 2., überarbeitete und erweiterte Auflage. Münster: LIT

Tüpker, Rosemarie (1996b): Anders-Werden. In: Decker-Voigt, Hans-Helmut; Knill, Paolo J.; Weymann, Eckhard (Hg.) Lexikon Musiktherapie. Göttingen: Hogrefe. 13-15

Tüpker, Rosemarie (1998): Reflexion seelischer Verhältnisse in der musikalischen Improvisation. In: Lenz, Martin; Tüpker, Rosemarie (Hg.): Wege zur musiktherapeutischen Improvisation. Münster: LIT

Tüpker, Rosemarie (2001): Zum Musikbegriff der musiktherapeutischen Improvisation. In: BVM (Hg.): Einblicke. Beiträge zur Musiktherapie, 12. 44-69

Tüpker, Rosemarie (2002): Wo ist die Musik, wenn wir sie nicht hören? In: Oberhoff, Bernd (Hg.): Das Unbewusste in der Musik. Gießen: Psychosozial. 75-102

Tüpker, Rosemarie (2003): Einigung in Differenz. Zum Behandlungsauftrag der Musiktherapie. In: BVM (Hg.): Einblicke. Beiträge zur Musiktherapie, 14. 124-139

Weymann, Eckhard (1996): Improvisation. In: Decker-Voigt, Hans-Helmut; Knill, Paolo J.; Weymann, Eckhard (Hg.): Lexikon Musiktherapie. Göttingen: Hogrefe. 133-137

Weymann, Eckhard (2000): Neue Spielräume. Über das Improvisieren in der Musiktherapie. In: Decker-Voigt, Hans-Helmut (Hg.): Aus der Seele gespielt. München: Goldmann. 313-329

Weymann, Eckhard (2004): Zwischentöne. Psychologische Untersuchung zur musikalischen Improvisation. Gießen: Psychosozial

Winnicott, Donald W. (1991): Von der Kinderheilkunde zur Psychoanalyse. Frankfurt am Main: S. Fischer

Yalom, Irvin D. (1995): Theorie und Praxis der Gruppenpsychotherapie. München: Pfeiffer

Verzeichnis der Autorinnen und Autoren

Frank Aepkers

Jg. 1971, Diplom-Musiktherapeut; Sonderpädagoge; seit 2004 selbständiger ambulanter Musiktherapeut in Wohnheimen für alte bzw. behinderte Menschen („Musik auf Rädern").

Reinhild Boß

Jg. 1956, Diplom-Musiktherapeutin; Gestalttherapeutin; seit vielen Jahren Lehrerin an Gesamtschulen; seit 1997 musiktherapeutische Arbeit an der Gesamtschule Wulfen in Dorsten (NRW).

Hannelore Guth

Jg. 1950, Diplom-Musiktherapeutin; Sonderschullehrerin für Hörsprachbehinderte; seit 2002 ausschließlich als Fachlehrerin für Rhythmisch-musikalische Erziehung am Pfalzinstitut für Hörsprachbehinderte, Frankenthal, tätig, z. Zt. in den Bereichen musikalische Früherziehung, Grundschule und Sekundarstufe I.

Natalie Hippel

Jg. 1969, Diplom-Musiktherapeutin; Musikpädagogin; musiktherapeutische Tätigkeit mit chronisch psychisch Kranken und geistig behinderten Kindern; musikpädagogische Arbeit an einer Jugendkunstschule; z. Zt. Ausbildung in Psychotraumatologie, Traumatherapie und Traumaberatung.

Beate Klein

Jg. 1960, Diplom-Musiktherapeutin; Lehrerin der Sekundarstufe I für die Fächer Musik und Sport; musiktherapeutische Arbeit mit geistig behinderten und verhaltensauffälligen Kindern; seit 2005 freiberuflich als Musiktherapeutin tätig.

Friedemann Laabs

Jg. 1958, Diplom-Betriebswirt (VWA); Diplom-Musiktherapeut; Lehrer für Sonderpädagogik; seit 1989 tätig an verschiedenen Sonderschulen (Schule für Kranke, Schule für Lernbehinderte) und seit 1996 an einer Schule für Erziehungshilfe; musiktherapeutische Arbeit mit geistig behinderten und verhaltensauffälligen Kindern; z. Zt. Ausbildung in Psychotraumatologie, Traumatherapie und Traumaberatung.

Erika Menebröcker

Jg. 1962, Diplom-Musiktherapeutin und teilzeitbeschäftigte Grundschullehrerin; seit 2002 musiktherapeutische Arbeit in der Schule; in Planung: musiktherapeutische Entwicklungsbegleitung für Kinder in freier Praxis.

Isabell Paduch

Jg. 1966, Diplom-Musiktherapeutin; Lehrerin der Sekundarstufe I für die Fächer Musik und Kunst (Erste Staatsprüfung); Arbeit mit schwerhörigen Kindern und Jugendlichen; musikpädagogische Tätigkeit an der Westfälischen Schule für Musik der Stadt Münster; Musikkurse im Kindergarten, musische Kurse für Kleinkinder und deren Eltern bzw. Großeltern; Musikprojekt mit Flüchtlingskindern.

Petra Sproten

Jg. 1964, Diplom-Musiktherapeutin und Lehrerin der Sekundarstufe I für die Fächer Musik und Deutsch; mehrere Jahre Berufserfahrung als Lehrerin, Familienphase, Musiktherapiestudium; der demnächst erfolgende Wiedereintritt in den Schuldienst soll musiktherapeutische Arbeit in der Schule mit einschließen.

Andreas Stark

Jg. 1968, Diplom-Musiktherapeut; Grund- und Hauptschullehrer; tätig am Landesbildungszentrum für Blinde, Hannover, derzeit im Bereich Frühförderung.

Rosemarie Tüpker

Jg. 1952, Dr. phil. habil., Diplom-Musiktherapeutin – Psychotherapie, leitet seit 1990 den Studiengang Musiktherapie an der Universität Münster. Forschungsschwerpunkte: morphologische und psychoanalytische Aspekte der Musikpsychologie und Musiktherapie. Herausgeberin der Reihe „Materialien zur Musiktherapie“ im LIT-Verlag.

Verzeichnis der Fallbeispiele

Bildnachweise

Zeichnungen: Manfred Kühn

9 Kalimba
14 Maracas
17 Triangel
26 Xylophon
32 Chrotta
37 Snare-drum
53 Kinderharfe
60 Schellenkranz
66 Bassstab
97 Trompete
100 Klangröhren
111 Gitarre
128 Panflöte
143 Kongas
156 Gopichand
161 Flöte

Kinderzeichnungen

46 Das fliegende Einhorn von Paula
81, 83, 86, 87 Bilder aus dem Musikprojekt „Der Seelenvogel" mit Flüchtlingskindern

Zum Titelbild

„Farbenwelle" (130 x 110, Dispersion) von Danny Huber (15)
Schule an der Dorneburg (SfL und SfE), Herne

Das Bild entstand im Rahmen einer freien Atelierarbeit, die sich aus einem Projekt zur Gestaltung der Räume des 2004 errichteten Gebäudes für die neue Schule entwickelte. Es bot die Möglichkeit, im Rahmen des Stundenplanes ohne thematische oder technische Vorgaben den freien Ausdruck in der Malerei zu fördern und einen Prozess malerischer Auseinadersetzung zu initiieren. Die freie Gestaltung stellt hierbei an die Schüler eine hohe Anforderung, da sie innerhalb dieses Prozesses abstrakten Gestaltens mit Farben im ersten Moment eine ganz elementare Möglichkeit des Matschens und zufälligen Gestaltens erleben, ihnen dann aber jegliche Orientierung durch thematische Vorgaben fehlt. Hier werden Frustrationen ausgelöst, die bearbeitet werden müssen. Ein wichtiger Teil des Prozesses ist das Aushalten der erlebten Frustrationen, um sich dann wieder an die Gestaltung zu wagen. (Joachim Heinemann, Kunstlehrer)